# 당구 기술 교본

일신서적출판사

# 세리

세리(Series)란 쿠션 언저리에 모은 공을 득점하기 쉬운 삼각형으로 유지하면서 쿠션 언저리를 돌며 연속 득점해 나가는 숏으로서 고도의 테크닉을 필요로 한다. 한 경기를 내내 치는 플레이어는 이 세리의 명수이기도 하다. 얼핏 보기에는 쉬워 보이지만 그 형태는 유리처럼 깨지기 쉬우므로 섬세한 숏 감각이 필요하다.

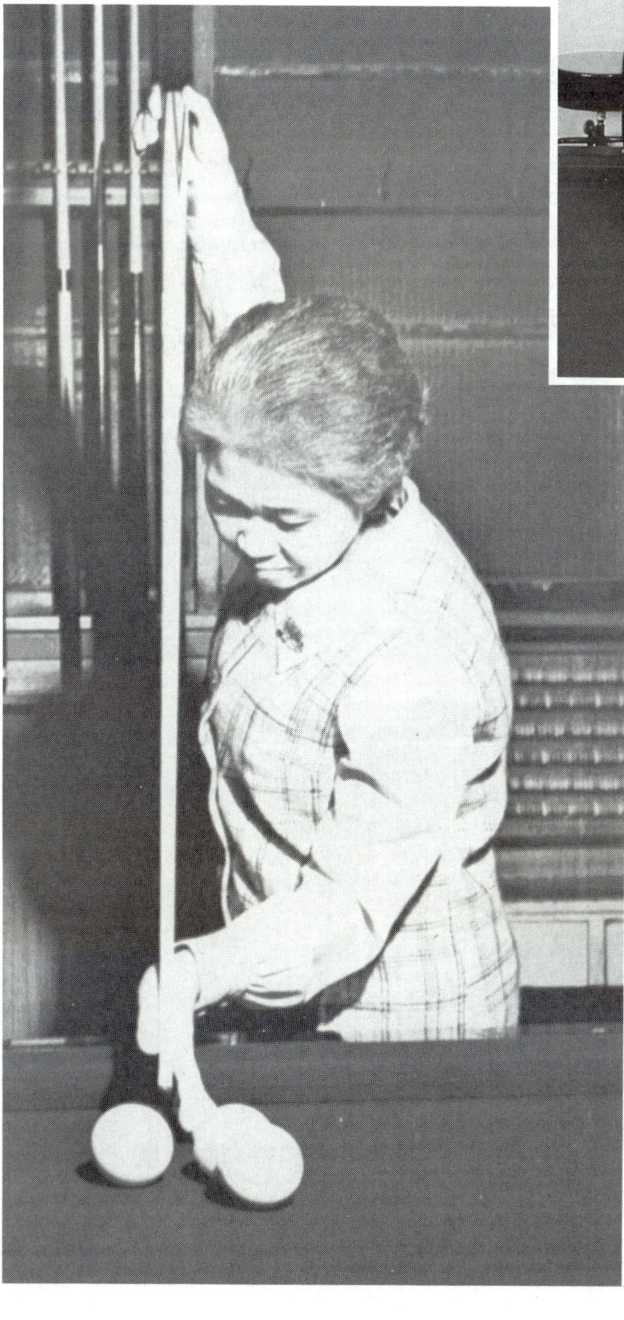

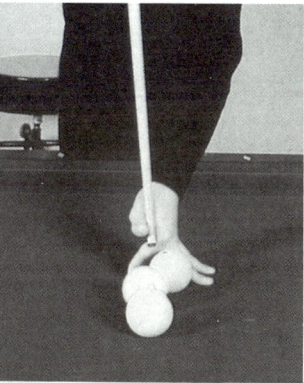

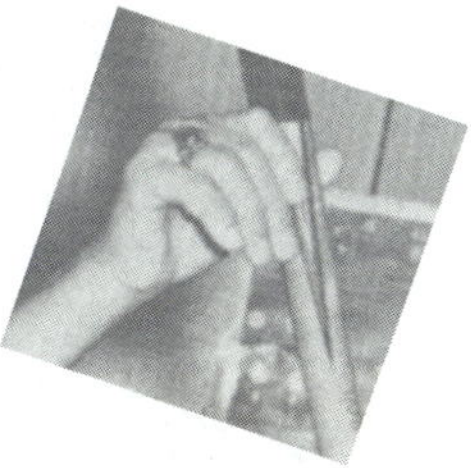

마세(Massé)란 직선적으로 늘어선 적구를 큐를 세워서 수구에 강한 비틀기를 주어 커브시켜 나가는 숏을 말한다. 마세의 테크닉을 터득함으로써 더욱 깊은 당구의 묘미를 즐길 수 있다.

# 마세의 폼과 브리지

## 4구경기

4구 경기는 당구의 여러 가지 종목중에서도 가장 보편화된 경기이며 이 4구 경기로부터 모든 테크닉을 익힐 수 있다.

# 포켓 경기

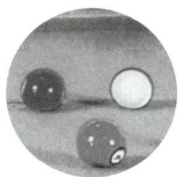

기본적으로 캐롬 경기의 기본 테크닉을 마스터하면 그것으로 충분히 포켓 경기를 즐길 수 있다. 다만, 포켓 경기는 공을 포켓하는 것이 최대의 목적이므로 여기에 신경을 쓰면서 플레이하면 된다.

# 나인 볼

# 식스 볼

캐롬용 당구대에서 이루어지는 나인 볼, 식스 볼 경기는 우리 나라의 당구장에서 흔히 볼 수 있는 경기이다. 물론 나인 볼 경기는 포켓 경기의 내용과는 완전히 다르다.

# 머리말

　당구는 건전한 게임이며 멋진 오락성을 지닌 스포츠이므로, 연령을 불구하고 많은 애호가가 증가하고 있다.
　그런데, 당구야말로 이론과 실전이 동시에 요구되는 게임인데도 당구를 시작한 사람 중에는, 큐잡는 법의 기초적인 기법을 무시하고 자기 나름대로 플레이하는 사람이 의외로 많다. 이론에 따른 기초적인 기법을 습득하지 않고 플레이를 계속하면, 어느 정도까지는 진전이 되나 그 이상의 향상은 기대할 수가 없다.
　이 책은 이러한 의미에서 우리 나라에서 가장 많이 하는 「4구 경기」에서 요구되는 초보적인 기법을 도해(圖解)로 친절히 풀이하였다. 아울러, 4구 경기의 중급 정도의 실력을 지닌 사람들을 위해, 「드리 쿠션 경기」 및 「보크라인 경기」 등의 공 잡는 법 기초를 구체적으로 엮어, 4구 경기의 고등기술에 응용할 수 있도록 구성하였다.
　또한 머지 않아 일반에게 보급화될 추세에 있는 「포켓 경기」의 포켓 기법도 소개하였다.
　본서는 실전과 이론을 겸한 기본적인 기법을 하나도 빼지 않고 수록하였으므로, 독자 여러분에게 충분한 실력을 길러주는 길잡이가 되리라 믿는다.
　또한 코치에 의해 지도를 받는(또는 지도하려는) 부교재로 활용하면 체계있는 발전을 기대할 수 있으리라 본다.

편집실

# 차 례

머리말 ·················································· 9

## 1. 경기 규칙과 동작 편

### 1 게임의 종류와 규칙 ─────────── 16
- 4구 경기 ·········································· 18
  - 뱅킹 / 18    서브 / 20    지점 / 23
  - 재서브 / 24    채점법 / 24    게임의 반칙 / 25
  - 코너의 제한 구역 / 26    승부 결정법 / 27
- 3구 경기 ·········································· 28
  - 코너의 제한 구역 / 28    뱅킹 / 28
  - 서브 / 30    채점법 / 30    지점 / 30
- 포켓 경기 ········································ 31
  - ※ 폴라드 경기 / 32
    - 래크 / 32    제1이닝 / 32
    - 제2이닝 / 33    게임의 반칙 / 33
  - ※ 로테이션 경기 / 34
    - 뱅킹 / 34    적구와 래크 / 34
    - 플레이어의 교체 / 36    지점과 채점 방법 / 36
  - ※ 14-1래크 경기 / 37
    - 래크 방법 / 37    경기 시작의 숏 / 38
    - 콜 숏과 득점 / 38    파울 / 38
    - 세이프티(방해 방법)의 인정 / 39
    - 스코어 보드에 기록되는 감점 / 39
    - 헤드라인 안의 공 / 40
    - 공의 래크가 방해된 경우의 규정 / 40
- 쿠션 경기 ········································ 42
  - ※ 원 쿠션 경기 / 42
    - 뱅킹 / 42    서브 / 44    지점과 득점 / 44
    - 게임의 반칙 / 44    재서브 / 44
    - 승부의 결정법 / 45
  - ※ 드리 쿠션 경기 / 45

뱅킹과 서브 /45    지점과 득점·게임의 반칙 /46
- 보크라인 경기 ························· 48
  특징 /50    서브 /50    채점법 /50
  초구 위치에서의 재서브 /54    승부 결정법 /54
- 프리 경기 ·························· 54
  득점법 /54

## 2 당구의 용구 ──────────────── 57
  당구대 /57    공(볼) /58    큐 /59
  초크 /60    채점반 /60

## 3 올바른 자세 ──────────────── 61
- 자세의 기본 동작 ······················ 61
  그립 /64    안면의 위치 /66
- 브리지 만드는 법 ····················· 67
  브리지의 순서 /67    브리지의 유형 /69
- 스트로크 ·························· 73
- 특수한 폼 ·························· 75
  닢 스루 /75    마세의 폼과 브리지 /76

# 2. 당구 기법 기초 편

## 1 공의 운동과 진로 ──────────────── 84
- 수구의 당점 ························· 84
  당점과 공 잡는 법의 관련성 /87
- 수구의 운동과 진로 ···················· 88
  중심 위를 쳤을 때의 회전 /88
  중심을 쳤을 때의 회전 /89
  중심 아래를 쳤을 때의 회전 /89
  오른쪽 옆, 왼쪽 옆을 쳤을 때의 회전 /90
  수구와 적구의 운동과 진로 /92
- 두께를 주는 방법 ····················· 94

두께의 목적 /94
- **힘의 조절과 진로** ················································ 96
- **공의 진로와 반사각** ············································ 100
　　　수구의 기본적인 반사각 /100
　　　두께 차이에 의한 수구의 반사각 /102
　　　당점 차이에 따른 수구의 반사각 /104
- **수구와 적구의 분리각** ········································ 106
　　　중심 위·왼쪽 위·오른쪽 위를 쳤을 때의 분리각 /109
　　　중심을 쳤을 때의 분리각 /110
　　　중심 아래를 쳤을 때의 분리각 /111
- **공과 쿠션의 관계** ················································ 112
　　　중심 아래치기의 입사각과 반사각 /114
　　　힘 조절 차에 따른 입사각·반사각 /115
　　　비틀기와 쿠션 /116
　　　비틀기의 강약과 반사각 /116
　　　보통 타구와 순비틀기의 반사각 /118
　　　순비틀기와 역비틀기의 반사각 /119
　　　수구의 입사각과 반사각 /120

# ② 공 잡는 법과 겨냥점 ──────── 123
- **3각구의 겨냥법** ···················································· 123
- **밀어치기의 겨냥법** ············································ 124
　　　먼 밀어치기 /125　　　밀어 빼어치기 /126
- **끌어치기의 겨냥법** ············································ 127
- **얇은 공의 겨냥법** ················································ 128
- **비틀어치기의 겨냥법** ········································ 130
- **밀어 마중나오기치기의 겨냥법** ······················ 132
- **빈 쿠션의 겨냥법** ················································ 134
- **공 쿠션의 겨냥법** ················································ 136
- **반사구의 겨냥법** ················································ 137
- **걸쳐치기의 겨냥법** ············································ 138
- **쿠션의 겨냥법** ···················································· 139

투 쿠션 / 144    드리 쿠션 / 148
크게 돌려치기 / 152
- 죽여치기의 겨냥법 ·································· 154
  죽여 밀어치기 / 154    죽여 끌어치기 / 156
- 모아치기의 겨냥법 ·································· 158
- 마세의 겨냥법 ········································ 160
  밀기 마세 / 162    끌기 마세 / 163
  특수한 마세 / 164
- 세리의 겨냥법 ········································ 166

## 3. 당구 기법 응용 편

### 1 3구 경기의 기초 ——————————— 176
서브 / 176    모아치기의 정석 / 176
모아치기의 조건 / 180    모아치기의 모양 / 180
수구가 1의 위치에 있을 때 / 182
수구가 2의 위치에 있을 때 / 183
수구가 3의 위치에 있을 때 / 184
수구가 4의 위치에 있을 때 / 185
수구가 5의 위치에 있을 때 / 186
수구가 6의 위치에 있을 때 / 187
수구가 7의 위치에 있을 때 / 188
수구가 8의 위치에 있을 때 / 189
수구가 9의 위치에 있을 때 / 190
수구가 10의 위치에 있을 때 / 191
수구가 11의 위치에 있을 때 / 192

### 2 드리 쿠션 경기의 기초 ——————————— 194
- 파이브 앤드 하프 시스템 ·································· 194
  수구 15와 20에서의 계산법 / 196
  수구 25에서의 계산법 / 197    수구 30에서의 계산법 / 198

　　　　　수구 35에서의 계산법 /199　　수구 40에서의 계산법 /200
　　　　　수구 45에서의 계산법 /201　　수구 50에서의 계산법 /202
　　　　　수구 60에서의 계산법 /203　　수구 70에서의 계산법 /204
　　　　　수구 80에서의 계산법 /205
　　● 플러스 토우 시스템 ················· 206
　　　　　기본적인 겨냥법 /207　　수구 25에서의 겨냥법 /208
　　　　　수구 30에서의 겨냥법 /209　　수구 35에서의 겨냥법 /210
　　　　　수구 40에서의 겨냥법 /211　　수구 45에서의 겨냥법 /212
　　● 맥시멈 잉글리시 시스템 ················· 213
　　　　　시스템의 겨냥법 /213
　　　　　수구의 80과 70에서의 겨냥법 /214
　　　　　수구의 60과 50에서의 겨냥법 /215
　　　　　수구의 45와 40에서의 겨냥법 /216
　　　　　수구의 35와 30에서의 겨냥법 /217
　　　　　수구의 25와 20에서의 겨냥법 /218
　　　　　수구의 15에서의 겨냥법 /219
　　● 리보이즈 시스템 ················· 222
　　● 노 잉글리시 시스템 ················· 224

## 3 보크라인 경기의 기초 ─────── 226
　　　　　판정 방법 /226
　　● 보크라인 경기의 공 잡는 법 ················· 230

## 4 포켓 경기의 기초 ─────── 240
　　● 포켓하는 방법 ················· 242
　　● 두께를 거는 법과 겨냥법 ················· 242
　　　　　브레이크 볼 /245
　　● 포켓 경기의 기법 ················· 246
　　　　　뱅크 숏 /246　　키스 숏 /249
　　　　　컴비네이션 숏 /250　　캐논 숏 /251

# Billiards

## ① 경기 규칙과 동작

# 1 게임의 종류와 규칙

당구는 누구나 쉽게 배울 수 있는 실내 경기이다. 그러나 쉽게 배울 수 있는 반면, 기법의 연습이나 연구를 쌓으면 쌓을수록 묘미가 더해지는 게임은, 이 외에는 없다고 해도 좋을 것이다.

얼마 전까지만 해도 이 게임을 스포츠와는 무관한 일종의 단순한 오락으로만 생각하여 경원시하는 사람이 많았으나, 차츰 게임의 즐거움뿐만 아니라 건전한 스포츠로 인식하게 되었다.

당구를 애호하는 젊은이들이 급격하게 증가한 것도, 레저 시대를 배경으로 해볼 만한 스포츠로서 높이 평가되기에 이르렀기 때문이다.

당구는 실내 스포츠이며 게임이기 때문에 계절이나 날씨에 구애됨이 없어 언제든지 여가를 기법이나 연구에 충당할 수가 있다. 남녀 젊은이들뿐 아니라, 나이에 관계없이 쾌적한 운동을 하면서 게임을 즐길 수 있으므로 당구 인구는 앞으로 더욱 증가하리라 본다. 당구야말로 레저 시대에 안성맞춤의 게임이라 말할 수 있다.

당구 게임이나 시합에 강해지기 위한 연습법 등을 소개하기 전에, 기초적인 기법을 익히는 데 필요한 게임의 예비 지식을 알아보자.

세계 각국의 당구 협회는 세계 빌리어드 연맹의 경기 규칙을 기본으로 다음과 같은 『경기 규칙』을 사용하고 있다. 기법이나 연구 및 연습을 쌓아 게임에 강해지려면, 이들 게임의 종류와 경기 규정을 알아둘 필요가 있다. 각국의 당구 협회가 정한 게임의 운영이나 경기 규정 등을 상세히 설명하기에 앞서 우선, 공식경기에서나 선수권 대회에서 행하는 주요 경기의 이름부터 알아보기로 한다.

① **쿠션 경기**(cushion game) : 우리나라에서는 별로 하지 않는 원 쿠션 경기와 드리 쿠션 경기의 두 가지 종류가 있다.

② **보크라인 경기**(balkline game) : 제한된 당구대의 크기에 따라 42cm 1회치기, 42cm 2회치기, 47cm 1회 치기, 47cm 2회 치기, 71cm 2회 치기의 다섯 종류가 있다.

③ **프리 경기**(free game)

④ **4구 경기**(carom game)

⑤ **3구 경기**(three-cushion game)

⑥ **포켓 경기**(pocket game) : 로테이션 경기(rotation game), 14−1래크 경기, 에이트 볼(eight ball), 골프 포켓(golf pocket billiards), 스누

커(snooker) 등의 경기법이 있다. 이 밖에 규정된 문제(타구 방법)를 치면서 감점제에 의해서 득점을 다루는『예술구 경기』도 있다.

당구의 경기법은 이토록 많은 종류로 나누어져 있으나, 그 중에서도 당구장에서 널리 행하고 있는 것이 4구 경기이다.

4구 경기는 당구 인구의 증가에 따라 보급되어, 현재 이 4구 경기는 우리 나라를 비롯하여 일본, 대만 등 동남아 지역에서만 행하고 있다.

외국에서는, 미국이 쿠션 경기와 포켓 경기, 영국이나 프랑스에서는 보크라인 경기와 쿠션 경기가 가장 성행하고 있다. 그런데 우리 나라는 4구의 나라라고 할 만큼, 이 게임이 주종을 이루고 있다. 그 원인은 다른 게임에 비해 네 개의 공을 사용하는 만큼 치기 쉽기 때문인데, 4구 경기는 배우기 쉬운 동시에 기법의 오묘한 맛이 깊다. 4구 경기는 모든 당구 종목의 기본이 되는 요소를 지닌 것이라 할 수 있다. 기초적인 기법을 완전히 익히고 끊임없는 연구와 연마를 계속하지 않으면 지점(持点)을 올려 실력을 기를 수 없을 뿐더러 게임이 지니는 진수를 맛볼 수도 없다.

4구 경기의 기법을 익히려면 오랜 수련이 필요하다. 이 게임의 고수가 되려면 공의 운동에 관한 법칙을 이해하고, 당구의 기초적인 기법을 정확히 습득해 두지 않으면 안 된다. 이것을 게을리하면 게임에 일시적으로 강해지기는 하지만, 지점이 어느 정도(50~60점)에 이르면 그 이상 늘지 못한다.

3구 경기, 쿠션 경기, 보크라인 경기, 프리 경기 등은 4구 경기를 어느 수준까지 일단 칠 수 있게 된 다음에 행하는 게임이다.

당구의 기초적인 기법과 4구를 어느 정도 구사할 수 있는 실력을 갖기 전에 이들 게임을 즐기려고 해도 기초가 확립되어 있지 못하면 고점자가 될 수도 없고 게임의 재미도 맛볼 수 없다.

포켓 경기는 다른 경기법과 달라서 사용하는 공 수도 많고, 당구 중에서 가장 스피드와 스릴을 맛볼 수 있다. 이 경기법은 구미에서는 일찍부터 보급되어 있으나, 우리 나라에서는 현재 일부 지역과 외국인 클럽 등 국한된 곳에서 행해지고 있을 뿐이다.

이 게임은 스피디한 터치를 즐기는 현대인의 감각에 어울리는 것인데, 이 역시 어느 정도는 4구를 충분히 칠 수 있어야 한다.

# 4구 경기

4구 경기(carom game)는 구대(球臺)(경기 가능 범위가 254cm× 127cm)를 사용하며, 빨간공·흰공이 각 2개, 합계 4개의 공을 치며 시합을 행한다.

시합은 2명 또는 여러 명까지도 하는데, 3, 4명이 게임을 할 때는 2명이 대전한 다음, 승리한 플레이어에 나머지 플레이어가 대전하는 형태를 취해도 좋다. 또, 여러 사람이 한꺼번에 하는 게임의 경우에는, 각자의 지점(持点)을 되도록 균등하게 하여, 청·백으로 나누어 득점에 따라 승부를 겨룰 수도 있다.

4구 경기는 공식 경기나 선수권 대회 등에서 실력이나 기량을 다루는 것 외에, 갖가지 게임 방법이 있다. 그러나 어떠한 시합 운영이나 대전을 하든간에, 4구 경기에는 4구 경기의 룰이 있으므로 이 룰을 무시해서는 안 된다. 세계 빌리어드 연맹에서 정한 경기 규정에 따라 4구의 룰부터 설명하기로 한다.

## 뱅킹

게임 개시에 앞서 우선 대전자와의 치는 차례를 정한다. 이 차례는 보통 행하는 게임일 때, 하점자가 선공하거나 대전자 서로가 가위 바위 보를 하여 이긴 자가 선공이 되기도 한다.

그러나 공식 경기나 선수권 시합일 때는, 뱅킹을 하여 선공과 후공 및 수구(자기가 칠 공)를 선정한다.

플레이어 중에는 특히 지점이 많이 벌어지는 경우에 초조해져 플레이하기에 거북하다는 사람이 있다. 그러나 같은 횟수로 시합을 행하기 때문에, 선공하는 쪽이 지점을 한 번에 다 쳐냈다 해도, 다음 후공 쪽이 역시 시합 점수(지점)를 한 번에 쳤을 때는 선공과 후공에 관계없이 그 시합은 무승부가 된다. 가령 실력에는 차가 있다 해도, 4구 경기는 자기의 지점을 기준하여 시합 점수를 빨리 쳐낸 쪽이 승리하므로, 치는 차례는 그다지 문제삼지 않아도 좋다.

게임 개시에서는 뱅킹에 의해 선공이 정해져도, 구태여 선공을 원치 않을 경우에는, 흑공(외국에서 흑점표가 있는 흰공)이든 백공(흑점표가 없는 다른 흰공) 중, 자기의 수구(手球 : cue ball)를 정해 놓으면 상대방에게 먼저 서브를 하도록 해도 좋다.

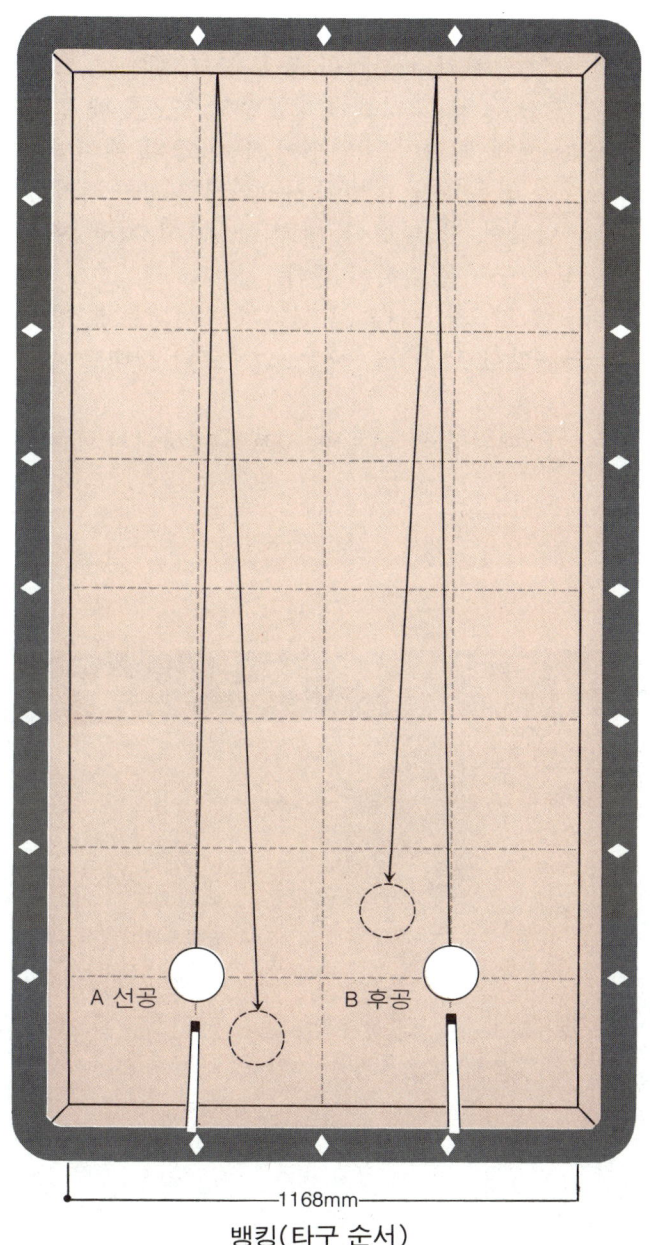

뱅킹(타구 순서)

# 서브

선공과 후공이 결정되면, 다음에 서브를 넣는다.

서브를 하는 법은 그림 1과 같이 긴 쿠션의 좌우 제1포인트(다이아몬드)를 잇는 선 중앙에 자기가 선정한 볼을 놓고, 제2포인트와 제6포인트의 중앙에 각기 빨간공, 제7포인트에 상대방의 수구를 배치한다.

이것이 새로운 세계 빌리어드 연맹이 정한 공의 배치법이다. 그러나 보통 다음 그림 2와 같은 초구 방법이 사용되지만 공의 배치법은 같다. 테이블 면에 공을 나란히 한 다음에 제1적구나, 제2적구 또는 제3적구의 그 어느 2개 이상에 수구를 맞혀야 한다.

2개 이상 적구에 맞으면 계속 칠 권리가 부여되는데, 만약, 수구가 2개 이상의 적구에 맞히지 못했을 때는, 그대로의 상태로 후공의 경기자와 교체한다.

그림 1,2는 서브 때의 공의 배치와, 서브하는 하나의 예를 든 것이다.

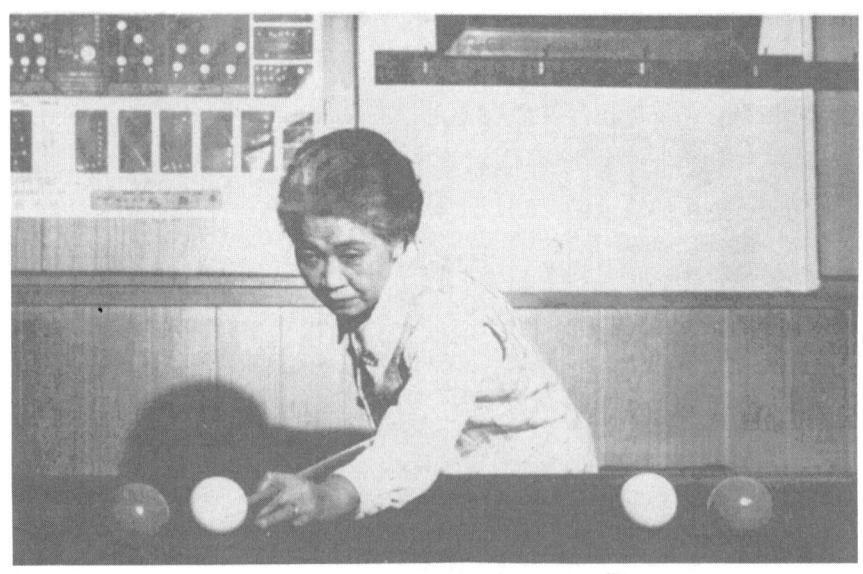

4구 경기

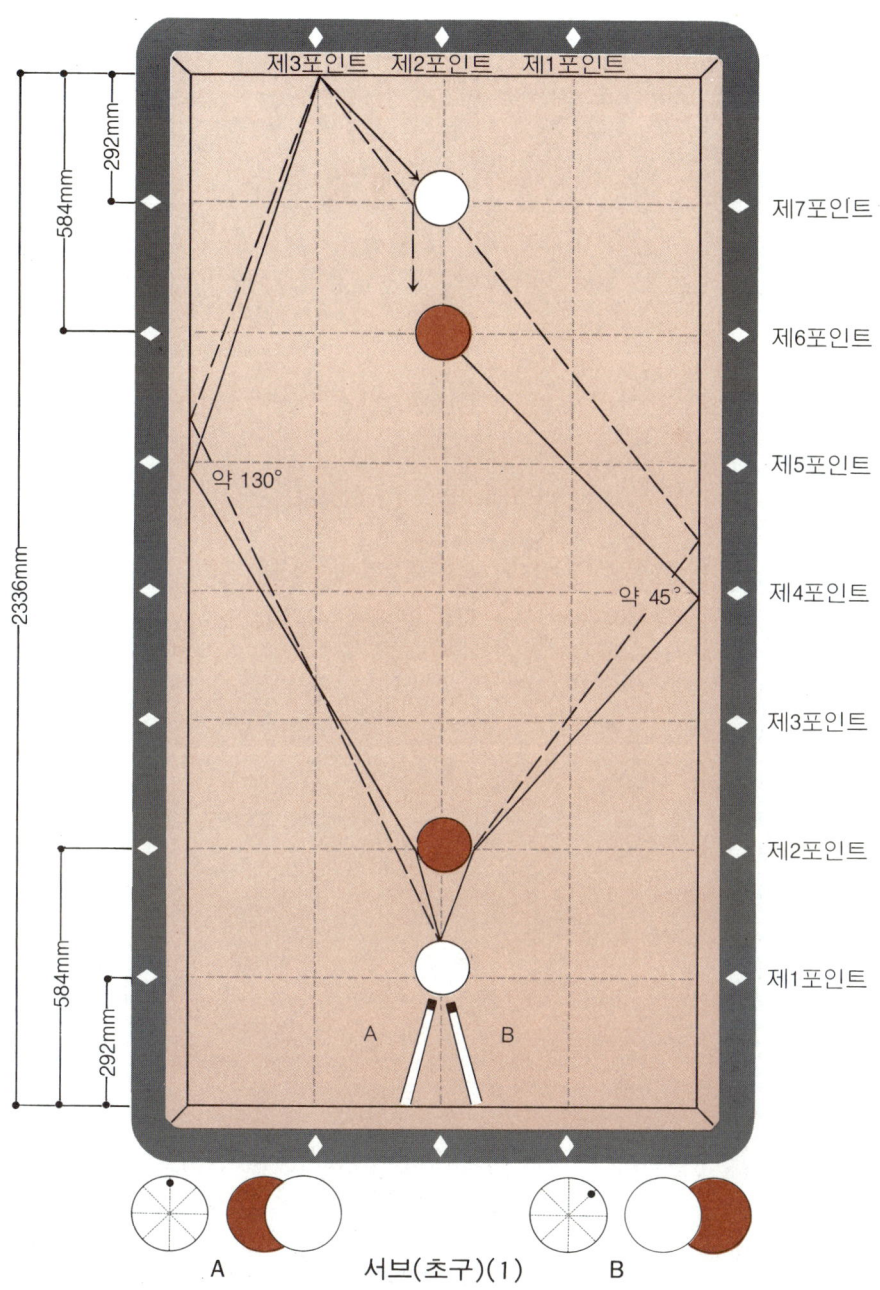

1. 경기 규칙과 동작편

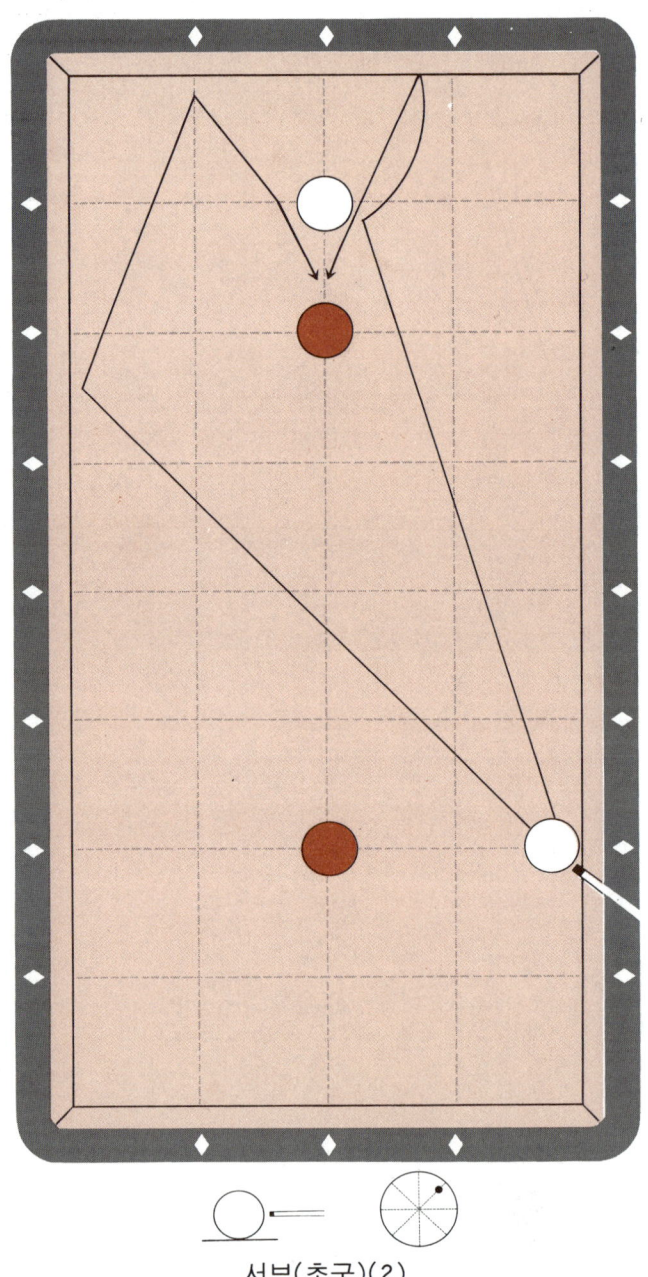

서브(초구)(2)

# 지점

게임 개시 전에는 플레이어들이 미리 자기 지점을 공개하지 않으면 안 된다.

4구 경기에서는, 5~6회(5~6큐)로 득점할 수 있는 자기의 실력이 지점이다. 따라서, 실력이 좋을수록 자기의 지점이 많아진다.

당구는 신사적인 스포츠이므로 실력을 속여 지점을 적게 하면 당연히 상대방을 이길 수 있겠지만, 게임의 매너를 지키지 않고 이긴다 해도 부정한 승리에 지나지 않는다.

이 지점에 대하여 좀더 상세히 말하면, 평소 자기의 득점력이 평균 5~6회 사이에 몇 점 정도 치는가를 기준으로 정한다.

예를 들면, 지점이 30점인 경우 1회에 평균 6점씩 치면 되는데, 실패하는 수도 있고 때로는 1회에 10점 또는 15점도 치는 경우가 있다. 반면, 5~6회까지 가도 전혀 맞지 않는 경우도 있다.

그러나 평균하여 5~6회로 득점할 수 있는 실력을 그 사람의 지점으로 하고 있다.

지점은 지역차에 따라 일정하게 사정(査定)하기 어려우나, 지점을 속인다는 것은 당구인의 첫 에티켓에 어긋나는 것이므로 공정한 지점을 서로 공표해야 한다.

더구나 처음 만나는 사람 앞에서 지점을 속였다는 것에 대한 양심의 가책은 두고두고 자신에게 씻을 수 없는 오점이 되므로, 그 게임이 끝날 때까지 수모를 스스로 감수해야 한다.

|  | E급 | D급 | C급 | B급 | A급 | 챔피언급 |
|---|---|---|---|---|---|---|
| 공식전의 시합점수 | 15 | 25~30 | 40~50 | 70 | 100 | 200 |
| 4구 지점 | 8, 10, 12 | 15, 20, 25 | 30, 35 | 50, 65 | 80, 100 | 140, 200, 240, 280, 320, 400 |
| 1큐 득점 | 1, 2, 2, 3 | 4, 5, 6 | 7, 8 | 12, 16 | 20, 25 | 35, 50, 60, 70, 80, 130 |

**4구 지점표**

# 재 서브

선공·후공이 결정되고, 실전에 들어가면 잘못쳤거나 반칙을 범했을 때까지는 몇 회이든 계속쳐서 득점을 올린다. 그러나 잘못치거나 뒤에 설명할 반칙 중에서 어떤 것이라도 범하면, 상대방과 플레이를 교체해야 한다.

선공이든 후공이든 잘못쳤을 때는, 그대로의 공 배치로 플레이어가 교체되는데, 선공이 자기의 지점(시합 점수)을 한꺼번에 다 쳤을 때는, 후공자가 앞의 그림1과 같이 공을 나란히 놓고 서브에서 시작, 1회로 자기 지점에 도달하지 못하면 패하는 것이 된다.

# 채점법

세계 빌리어드 연맹에서 규정하는 채점법으로 빨간공과 흰공의 구별 없이, 수구와 적구 2개 이상에 맞히면 1점의 득점으로 한다. 따라서 적구 2개에 맞거나 3개에 맞아도 모두 1점이다. 잘못치거나 반칙을 범할 때까지는 1숏 1점으로 카운트하게 된다.

이렇게 각자의 지점을 치는 것으로, 시합을 계속하여 한 시합에 이긴 사람이 2점, 진 사람은 0점, 무승부 1점씩의 점수제를 채택하여, 전 게임의 종료시에는 총득점을 자기 지점에 비교하여 승부 또는 순위를 정한다.

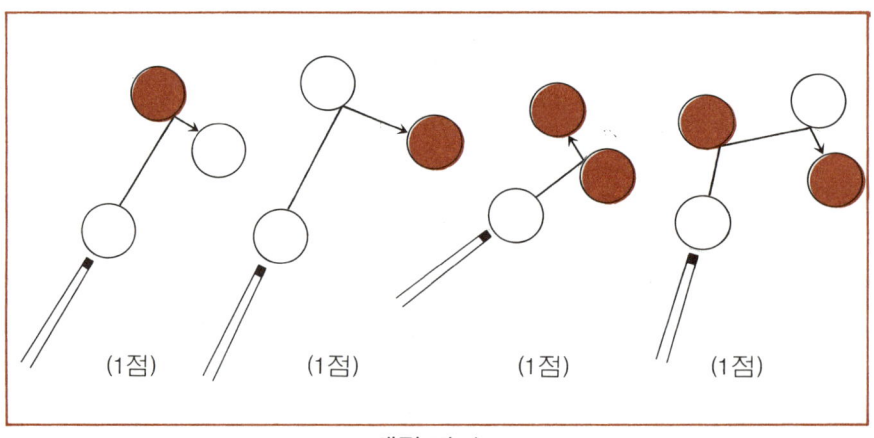

채점 방법

# 게임의 반칙

4구 경기에서 실수하여 득점과 연결하지 못했을 때는 계속칠 권리가 없어진다. 그러나 반칙을 범한 경우 계속칠 권리는 상실해도 그 앞에서의 득점은 유효하며, 플레이를 교체한 다음에는 다시 게임을 계속하여 가산한다.

### 1. 두 번 치기를 할 때

플레이중에는 수구를 두 번 치기하면 반칙이 된다. 의식적으로 두 번 치기를 하지 않았다 해도 탭(tap)에 수구가 두 번 맞았다고 인정될 경우에는 반칙이 된다. 두 번 치기가 되기 쉬운 것은 수구와 적구가 접근해 있어서, 같은 방향으로 숏(shot)했을 때이다. 같은 상황일 때, 큐 끝을 길게 느슨히 스트로크해도 두 번 치기를 일으킨다.

또 숏할 때, 적구의 위치 이상으로 큐 끝이 나가면 두 번 치기를 일으키는데, 이것을 리쿠(陸의 일본음)라고 부른다. 두 번 치기의 반칙을 범하지 않으려면 수구를 세게 쳐서 두껍게 맞지 않도록 하거나, 스트로크 때에 팔꿈치를 너무 내리지 않도록 한다.

### 2. 공 터치를 했을 때

공에 복장의 일부 또는 손이 닿았을 경우를 공 터치라고 한다. 플레이가 시작되면 큐의 탭이 수구에 닿는 것 이외에 어떤 것이라도 공에 닿으면 공 터치의 반칙이 된다.

### 3. 양쪽 다리를 들고 쳤을 때

바닥에서 양다리를 떼고 치면 반칙이다. 숏할 때는 어느 한쪽 다리를 반드시 바닥에 붙이고 있어야 한다.

### 4. 조언(助言)을 받고 쳤을 때

공식 경기나 선수권 대회에서는 시합중에 남의 조언을 받고 치면 반칙이다. 시합에 들어가면 득점을 하기 위한 조언은 받지 않도록 한다.

### 5. 공 착오

상대방의 수구와 자기의 수구를 실수로 바꾸어 치는 것을 공 착오라 하여 반칙이 된다. 상대방이 공 착오를 한 경우에는 『공 착오』가 선언되어 플레이어는 교체된다.

### 6. 구대(球臺) 밖으로 공이 튀어 나갔을 때

수구를 칠 때, 큐 끝이 구대면에 맞은 뒤 낚아올리듯이 타구하게 되면 미스 점프를 일으켜 구대 밖으로 공이 튀어 나가는 수가 있는데, 이것은 반칙이다. 미스 점프를 하지 않으려면, 쵸크를 탭에 잘 묻혀서 올바른 폼과 자세로 숏하도록 한다.

단, 정상적으로 친 공이 어떤 탄력에 의하여 구대면 밖으로 튀어 나가 구대 바깥 틀에 맞고 다시 구대 안으로 들어온 경우는 유효하다.

### 7. 표지(標識)를 놓았을 때

당구대에는 공의 거리와 입사 각도 등을 계산하는 데 가늠이 되는 포인트가 표시되어 있다. 그럼에도 불구하고, 어떤 물체 같은 것으로 표지를 해놓고 플레이하면 반칙이다. 예컨대, 구대 바깥 테에 쵸크를 표지로 놓는 따위이다.

### 8. 공이 정지하기 전에 쳤을 때

수구나 적구가 정지하기 전에 숏을 해도 반칙이다.

### 9. 수구에 프로즌(밀착)된 공부터 닿을 때

수구와 적구가 밀착되었을 때, 그 밀착한 적구에 큐가 먼저 닿으면 반칙이다.(만약 수구와 밀착하지 않은 적구에 큐가 닿기 어렵다고 보는 경우, 치는 사람의 의사에 따라 서브의 위치에 다시 갖다 놓고 칠 수 있는 룰도 있다.)

### 10. 쿠션 프로즌된 수구를 쿠션을 향해 쳤을 때

수구가 쿠션에 프로즌되어 있을 경우에 프로즌되어 있는 쿠션을 향해 치면 반칙이다.

## 코너의 제한 구역

당구대의 각 코너에서 178mm 떨어진 점을 이어 선을 긋고 3각형의 제한 테두리를 그린다. 이 속에 적구가 들어갔을 경우, 1회 이상 칠 수는 없다. 만약, 2회째 1개의 적구 이외에 다른 적구가 이 제한 선 안에 있으면 무효가 되고 플레이어는 교체된다.  종래에는 일반적으로 3회까지 치도록 허용되었으나 코너 볼의 제한으로 이것은 모두 1회 치기가 되었다.

# 승부 결정법

4구 경기에서 승부를 결정하는 방법은 같은 수의 이닝을 쳐서 시합 점수(지점)를 빨리 쳐낸 쪽이 이기게 된다. 이것을 『승점제(勝點制)』라 하며, 승점에 따른 득점수는 다음과 같다.

승 : 2점
무승부 : 양자 각 1점씩
패 : 0점

이외에 『순위 결정법』이라 하여 리그전으로 복수 시합을 할 때는, 다음과 같은 순으로 이긴 사람부터 순위를 정한다.

승점
치는 횟수
총평균 득점(그랜드 애버리지)

그러나 이 순위 결정법은 공식 시합이나 선수권 대회 이외에는 별로 사용되지 않는다. 따라서 4구 경기에 강해지려면 기법의 연구나 연습을 승점제 승부 결정 방식으로 하여 더욱 실력을 쌓도록 한다.

4구 경기

# *3구 경기*

 3구 경기도 경기 스페이스 2540mm×1270mm 중간 크기의 구대를 사용하여 흰공 2개와 빨간공 1개를 사용하여, 그림과 같이 각 코너에 4개의 제한 구역을 설정하여 경기를 한다. 사용하는 공이 3개라는 것 이외에는 4구 경기의 경기 방법과 같다.

## 코너의 제한 구역

 코너에 몰린 공에 대한 제한은 4구 경기의 경우와 마찬가지로 2회째는 적구 1개를 제외한 다른 공을 테두리 밖으로 내놓지 않으면 안 된다.

## 뱅킹

 치는 순서는 그림과 같이 긴 쿠션의 제2포인트를 잇는 선의 서브 위치에서 조금 떨어진 곳에 흰공 2개를 놓고 짧은 쿠션에 넣어 그 쳤던 곳으로 되돌린다. 4구 경기와 마찬가지로 돌아온 공이 앞의 짧은 쿠션에 가까우면 선공·후공의 선택권이 있다.

3구 경기

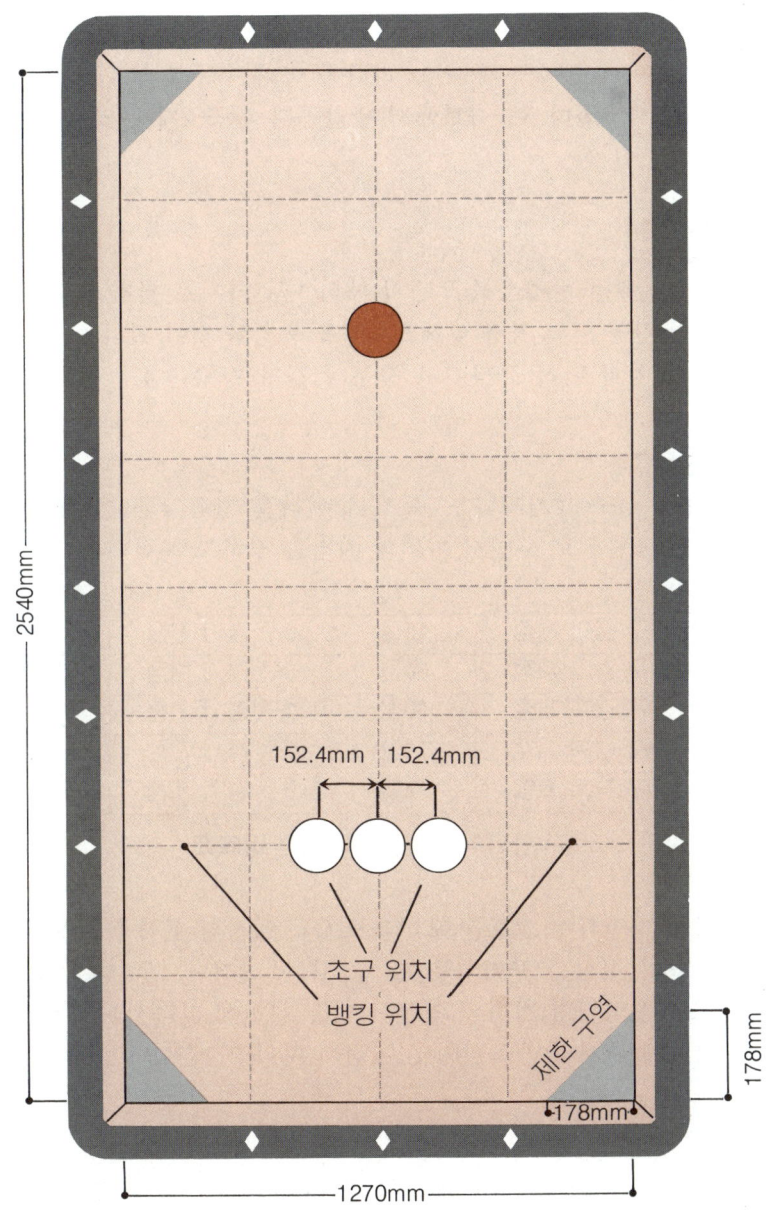

3구 경기의 초구와 뱅킹 위치

1. 경기 규칙과 동작편 29

## 서브

우선 제2포인트의 중앙에 흰공, 제6포인트의 중앙에는 빨간공을 놓는다. 흰공을 사이에 둔 2곳 중 어느 하나를 골라 수구를 놓고 우선 빨간공부터 맞히기 시작한다. 이 서브에서 빨간공과 흰공 2개에 맞으면 계속칠 권리가 있다.

## 채점법

3구 경기의 채점 방법은 4구 경기 때와 마찬가지로 빨간공과 흰공, 또는 흰공과 빨간공 어느 쪽을 맞혀도 1점을 득점한 것이 된다.

그 밖에 게임의 반칙 규정이나 승부의 결정 방법은 4구 경기와 같다.

## 지점

3구 경기는 4구 경기보다도 득점이 어려운 만큼 4구 경기의 지점의 80% 정도를 표준으로 하면서 자기의 지점을 정하도록 한다.

| E급 | 4구 경기 지점 | 15점 | 3구 경기 지점 | 12점 |
| --- | --- | --- | --- | --- |
| D급 | 4구 경기 지점 | 30점 | 3구 경기 지점 | 24점 |
| C급 | 4구 경기 지점 | 50점 | 3구 경기 지점 | 40점 |
| B급 | 4구 경기 지점 | 70점 | 3구 경기 지점 | 56점 |
| A급 | 4구 경기 지점 | 100점 | 3구 경기 지점 | 80점 |

3구 경기와 4구 경기의 지점 비교표

이와 같이 지점의 비교표를 보더라도 C급 이상의 실력을 갖고 있지 않으면 3구 경기 시합은 무리임을 알 수 있다. 그러나 4구 경기의 지점이 50점 정도의 실력이면 기법의 연구나 연습 여하에 따라서는 4구 경기 지점과의 비율에 관계없이 독자적인 지점에 따라 자기의 지점 수를 늘려갈 수도 있다.

# 포켓 경기

포켓 경기(pocket game)는 구대의 네 구석과 양쪽 긴 쿠션의 중앙에 각각 1개의 쿠션이 있어서 합계 6개의 포켓이 있다. 수구(흰공) 1개와 ①에서 ⑮까지의 번호를 표시한 적구를 사용하며, 이들 적구에 수구를 맞히면서 포켓에 떨구어 득점을 겨룬다.

포켓 경기에는 17종류나 되는 많은 경기 방법이 있지만, 우리 나라에서는 일부를 제외하고는 아직 일반적으로 보급되지 않고 있다. 미국에서는 14-1(fourteen-one) 래크 경기가 성행하고 있으며, 일본에서는 로테이션 경기가 주로 행해지고 있다.

따라서 여기서는 포켓 경기 중에서 이 두 가지 경기의 내용을 소개하기로 한다.

포켓 경기

# 폴라드 경기

폴라드 경기는 공의 수가 적고, 수구 1개와 ①번부터 ⑩번까지의 적구로 경기를 한다. 콜 숏으로 하며, 플레이어는 포켓하는 공과 포켓을 지정해야 한다.

경기는 1프레임 2이닝제로 10프레임까지 한다. 득점은 수구를 적구에 맞혀서 포켓하면 1점이 되며, 제1이닝에 10개의 적구를 전부 포켓하면 스트라이크가 되어 10점이 된다(기호는 ▱). 그러나 제1이닝에 전부 포켓할 수 없을 때는 포켓한 만큼을 득점으로 하여, 그대로의 상태로 제2이닝으로 들어가고, 나머지를 포켓하면 스페어가 되며 10점이 가산된다(기호는 ▱).

이 경기에서는 각 이닝이나 프레임마다 득점수를 기입하는 스코어 시트를 준비할 필요가 있다.

## 래크

①번부터 ⑩번까지의 적구는, ①번을 정점으로 하여 3각형으로 래크한다. ①번의 정점은 풋 스포트 쪽에 둔다.

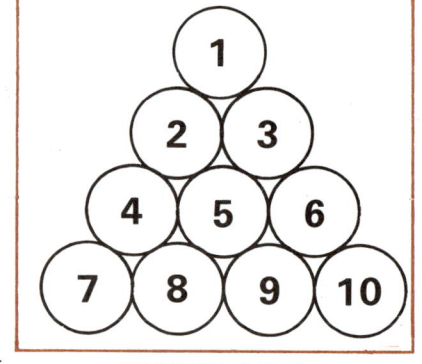

폴라드 경기의 래크

## 제1이닝

뱅킹에서 이긴 플레이어는 우선 수구를 헤드라인 안에 놓는다. 이것을 브레이크하여 10개의 적구 중 1개 이상을 포켓하면 제1이닝이 시작된 것으로 한다. 그 후 10개의 적구를 전부 포켓하면 10점의 득점이 되어, 제2이닝으로 들어가서 얻은 득점이 가산된다. 그러나 브레이크하여 적구가 1개도 포켓되지 않거나 공이 포켓하더라도, 그 뒤에 수구가 스크래치(포켓에 떨어진다)하거나, 테이블 밖으로 튕겨 나갔을 경우에는 가터가 되고 제1이닝도 끝나, 득점은 0이 된다. 포켓한 공은 풋 스포트에 놓고 스코어 시트에 『G』라고 적어 놓는다. 또한 수구가 스크래치하거나 테이블 밖으로 튕겨 나갔을 때는 헤드라인 안으로 수구를 되돌려서, 제2이닝으로 옮길 경우에는 헤드라인 밖의 적구를 콜해야 된다. 만약 적구가 헤드라인 안에 전부 들어와 있을 때는 라인에 가까운 적구를 풋 스포트로 옮겨, 포켓을 콜하지 않으면 안 된다. 제1이닝에서 10개의 적구를 전부 포켓했을 때는 『스트라이크』가 되어 10점과 다음의 제2이닝의 득점이 가산된다.

## 제2이닝

제1이닝에서 10점을 득점하면 경기 개시 전처럼 적구를 래크하여, 브레이크한 다음 콜 숏으로 득점을 해 나간다.

제2이닝에서도 10개의 적구를 포켓하면 10점의 득점이 되고 합쳐서 1프레임 20점이 득점이 된다.

그러나 제1이닝에서 포켓하지 못한 공이 남아 있을 때는 이 나머지를 전부 포켓하면 10점이 되고, 여기에 제1이닝의 득점수가 플러스된다.

## 게임의 반칙

모든 당구의 반칙 규정은 이 경기에도 적용되며, 반칙을 하면 파울이 되고, 그 이닝은 끝난다. 득점은 모두 스코어 시트에 기입하면서 10프레임까지 경기를 계속한다.

폴라드 경기

# 로테이션 경기

　로테이션 경기(rotation game)는, 보통 당구대 크기에다 4개의 구석에 지름 123.8~130mm의 포켓과 긴 쿠션의 중앙에는 136.5~142.8mm의 포켓이 달려 있어, 수구를 포함한 16개의 공은 4구 공인 보통 공보다 약간 작으며, 지름 57.2mm(4구 공은 61.5mm)로 되어 있다.

## 뱅킹

　치는 순서는 4구 경기와 같으며, 제1포인트를 잇는 선에 공을 놓고 전방의 짧은 쿠션에 공을 보냈다가 앞쪽 짧은 쿠션의 가까운 쪽에 오면 선공의 선택권이 있다.
　로테이션 경기에서는 서브 때, 수구를 놓는 위치는 헤드라인 안에 놓아야 한다.
　이 서브에서는 래크된 적구 중 첫째로 최소 번호부터 맞혀야 한다.

## 적구와 래크

　래크(rack)란, ①부터 ⑮까지의 적구를 그림과 같이 배치하고, ①의 적구를 정점(頂点)인 풋 스포트 위에 놓는다. 이렇게 늘어 놓은 공의 집단을 말한다.
　로테이션 경기에서는 반드시 풋 스포트 쪽을 향해 1단에 ①, 2단에 ⑦⑧, 3단에 ⑪⑬⑫, 4단에 ⑨⑭⑮⑩, 5단에 ②④⑤⑥③의 적구를 놓아야 한다.

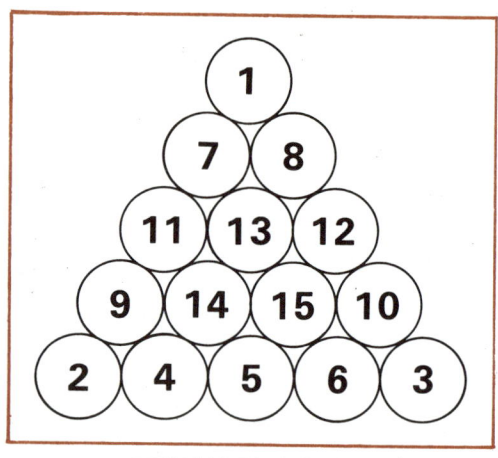

로테이션 경기의 래크

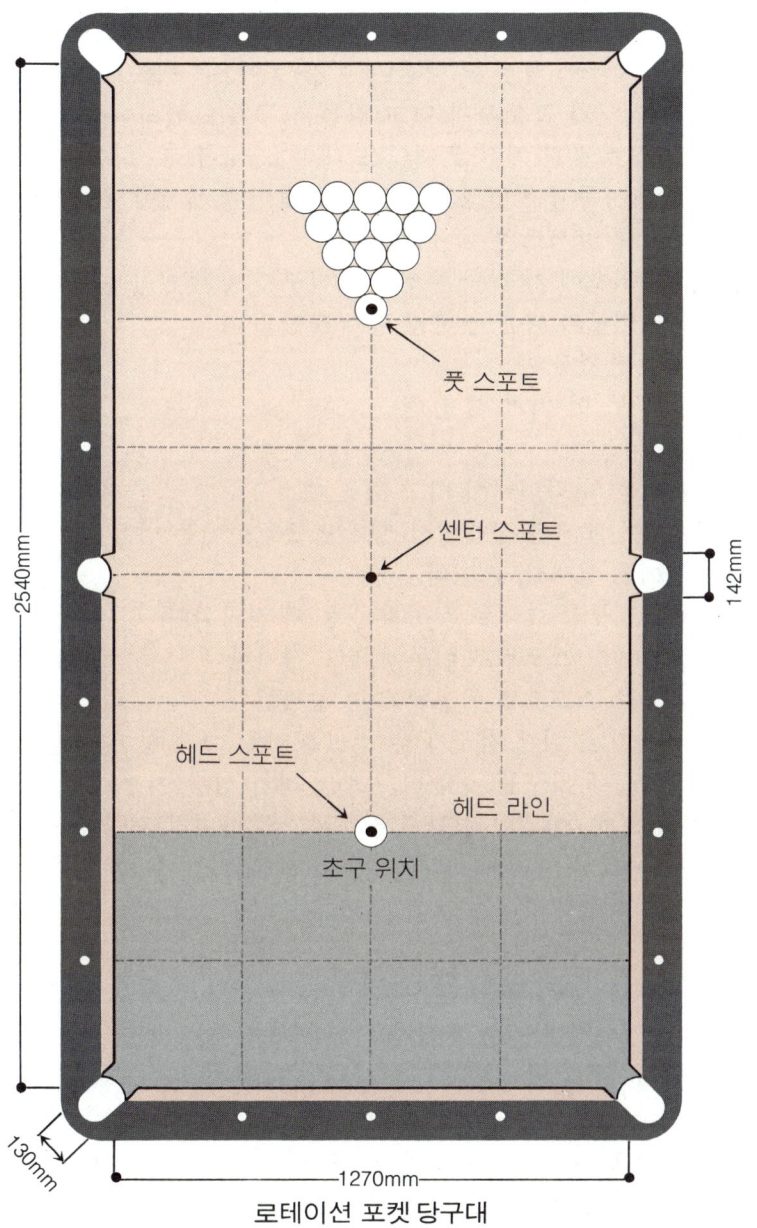

로테이션 포켓 당구대

## 플레이어의 교체

서브를 잡은 플레이어는 ①번의 적구부터 차례로 번호순의 수구를 맞히어 포켓에 떨구어 득점을 해간다. 예를 들어, 수구를 ①번의 적구에 맞혔을 때 그 적구가 포켓하지 않고 다른 적구가 포켓되어도 득점이 되는데, 수구가 포켓에 떨어졌을 때(스크래치 scratch)나 다음과 같은 파울이 되었을 때는 득점은 인정되지 않으며, 또한 플레이어도 교체된다.

① 공이 구대 밖으로 튀어나갔을 때
② 수구가 최초에 가장 낮은 번호인 적구에 닿지 않았을 때
③ 수구가 적구와 다른 공에 동시에 닿았을 때
④ 공 터치를 했을 때
⑤ 수구를 두 번 치기 했을 때
⑥ 공이 점프하여 쿠션 위에 정지했을 때
⑦ 양다리를 바닥면에서 떼고 쳤을 때

치는 사람이 교체된 상태에서 상대방 플레이어는 다음 3가지 경우 중에 어느 것이든 선택할 수 있다.

① 수구나 적구를 그대로의 위치에 둔 채 경기한다.
② 수구를 헤드 스포트로 이동해 놓고 경기한다.
③ 적구를 풋 스포트로 이동해 놓고 경기한다.

단, 풋 스포트에 다른 적구가 놓여 있을 때는 그 후방의 직선상이나 또는 센터 스포트에 적구를 놓는다. 또한, 경기 점수(지점)가 2매스(①~⑮번까지의 포켓) 이상인 시합에서는 매스의 마지막 적구가 포켓되었을 때, 수구가 헤드 라인 안에 정지하지 않으면 브레이크(최초의 숏)의 권리를 상실하여 플레이어는 교체된다.

## 지점과 채점 방법

로테이션 경기의 득점은 번호순으로 포켓한 적구의 숫자를 가산한 것이다. 따라서, ①의 적구부터 ⑮까지의 1매스를 전부 포켓하면 120점이 되며, 2매스를 포켓하면 240점이 된다.

초보자는 1매스의 적구를 포켓하기도 어려우나, 점차적으로 게임에 숙련되면 2매스 이상을 수월하게 포켓할 수도 있다.

이 경기도 1시합으로 득점할 수 있는 지점을 서로 공개하고, 시합 점수(지점)를 빨리 따낸 사람이 승리한다.

# 14-1래크 경기

이 포틴 원 래크(fourteen-one rack) 경기는 수구 외에 ⑮번까지의 적구를 가지고 경기를 행한다.

경기는 원칙적으로는 개인 대 개인으로 행하는 데, 2인 1조인 이른바 조(組) 또는 팀 대항의 경기를 해도 좋다.

## 래크 방법

풋 스포트 위의 삼각형의 정점에는 ⑮의 적구, 왼쪽 모서리에는 ①, 오른쪽 모서리에는 ⑤의 적구를 놓고, 기타의 적구는 테 안에 적당히 늘어 놓는다.

경기를 개시하기에 앞서 공의 래크에 사용할 수 있도록 삼각형의 라인을 긋는다.

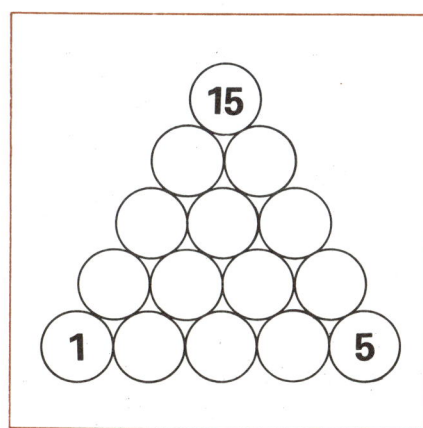

포틴 원(14-1) 래크 경기의 래크

경기 장면

## 경기 시작의 숏

최초에 플레이를 하는 플레이어는 헤드라인 안에 수구를 놓는다. 그 다음 수구를 쳐서 래크한 적구에 맞혀, 적구 2개 이상을 쿠션에 넣거나 포켓하지 않으면 안 된다. 그러나 적구를 포켓하는 경우에는 그 적구와 포켓을 지정한다. 이것을 콜 숏(지정하고 친다)이라 부르며 콜을 하지 못하거나 브레이크에 실패하면 파울이 선언되어 2점을 실점하게 된다. 더구나, 이닝(inning : 1큐)을 상실하거나, 상대방 플레이어에 강제되면, 15개의 적구를 다시 래크하여 브레이크하지 않으면 안 된다. 또, 계속하여 일어나는 실패에 대해서도 2점을 상실하며, 규정대로 2개의 적구를 쿠션에 넣어 수구를 스크래치한 경우는 1점을 상실하며, 이닝이 끝난다.

규정대로 브레이크가 행해지면 그대로의 상태로 플레이를 계속해 나간다.

## 콜 숏과 득점

14-1래크 경기는 콜 숏의 경기이다. 플레이어는 반드시 득점하려고 하는 공과 포켓을 지정하지 않으면 안 된다.

이렇게 함으로써 그 적구를 포켓하면 1점의 득점이 된다.

또, 콜한 공과 함께 다른 적구가 포켓하였을 때는 그들 공 1개에 대하여 1점씩의 득점이 된다.

따라서 규정 이외의 방법으로 포켓에 들어간 적구는 풋 스포트에 놓는다.

## 파울

이 경기에서는 다음과 같은 반칙을 하면 파울로써 감점된다.

① **미스**

브레이크 다음에는 적구 1개 이상에 수구를 맞히어 그 적구를 쿠션에 넣거나, 또는 수구를 적구에 맞히어 그 수구를 쿠션에 넣지 못하면 파울이 되며, 이닝도 끝나게 되어 1점을 실점한다.

② **양다리를 떼고 숏했을 경우**

숏할 때는 한 발이 바닥면에 닿지 않으면 파울이 되어 1점을 상실한다.

③ **공 터치**

공 터치도 파울이 되며 1점을 상실한다. 경기중에 상대가 공 터치를 범했을 때는, 그대로의 상태로 인계되는데, 파울 이전의 상태로 바로잡고 경기를 진행한다.

### ④ 점프

수구가 점프하여 구대 밖으로 튀어나가면 파울이 되어 이닝이 끝나고 1점을 상실한다.

그러나 콜한 적구가 구대 밖으로 튀어나간 경우에는 감점되지 않으며, 그 공을 풋 스포트에 놓고 이닝을 끝낸다.

또, 플레이어가 콜한 공을 득점하여 다른 적구가 구대 밖으로 튀어나갔을 경우에는 튀어나간 공을 풋 스포트에 놓고 경기를 계속할 수 있다.

그 밖에 수구와 적구가 점프하여 쿠션 위에 정지한 경우는, 정규의 스트로크를 했다고 인정되면 유효가 되고, 미스 점프일 때에만 파울로 하여 1점이 실점된다.

## 세이프티(방해 방법)의 인정

이 경기는 콜 숏의 경기인 동시에 다른 경기와 달라, 세이프티(safety 득점의 의지가 없이 상대방의 득점에 불리하게 되도록 수구를 이동시키는 타구법)도 인정한다. 그러나 세이프티를 시행하기 전에는 주심이 상대방 플레이어에 대하여 콜(선언)하지 않으면 안 된다. 또한, 세이프티를 유효하게 하려면 적구를 쿠션에 넣거나, 적구를 포켓하거나, 또는 수구를 한 번도 쿠션에 거치지 않으면 파울이 되어 1점을 상실한다.

## 스코어보드에 기록되는 감점

파울 등에 의해 1점을 상실하여 감점되는 것을 『스크래치(scratch)』라고 하는데, 3회 연속의 스크래치를 하면 3점 감점 외에 15점의 감점을 당한다.

이와 같이 3회 연속의 스크래치를 하면 수구를 헤드라인에 갖다 놓고, 15개의 적구를 다시 래크하여, 상대방 플레이어에 강제되면 브레이크를 다시 시행해야 한다.

득점은 물론, 감점도 스코어보드에 기록하여 경기를 해나간다.

## 헤드라인 안의 공

경기중에 수구를 헤드라인 안에 옮길 때, 만약 몇 개의 적구가 라인 안에 들어와 있으면 라인에 가까운 적구를 풋 스포트에 놓는다. 이때, 라인에서 같은 거리의 곳에 적구가 3개 있을 경우에는 번호가 낮은 공을 풋 스포트로 옮기고, 플레이어는 그 스포트한 적구부터 쳐야 한다.

## 공의 래크가 방해된 경우의 규정

적구 15개가 포켓되면 정위치에 공을 래크하여 경기가 속행되는데, 다음과 같은 경우에는 래크의 방해로 간주하여 래크나 기타의 조치를 취한다.

① 플레이어가 정규의 1숏에 의하여 14번째와 15번째의 적구를 동시에 포켓한 경우에는 2점의 득점으로 하고, 공을 래크하면 수구를 헤드라인 안으로 되돌려 놓지 않고 그대로의 위치에서 플레이를 계속한다.

② 포켓되지 않은 15번째의 공이, 포켓된 14개의 공의 래크를 방해하고 있을 때는, 그 적구를 풋 스포트에 옮기고 경기를 진행한다.

③ 수구와 포켓되지 않은 적구가 14개의 공의 래크를 방해하고 있을 때는, 15개의 적구를 래크하여 수구를 헤드라인 안으로 옮긴다.

④ 수구가 14개의 공의 래크를 방해하고 있을 때는,

㉠ 브레이크 볼이 헤드라인보다 밖에 있을 경우에 수구를 헤드라인에 옮긴다.

㉡ 브레이크 볼이 헤드라인 안에서 정지하고 있을 경우도 수구를 헤드라인 안으로 옮긴다

㉢ 브레이크 볼이 헤드 스포트에 있어 정지하고 있을 경우에는 이것을 센터 스포트에 옮기는 동시에 수구를 헤드 스포트로 옮긴다.

로테이션 경기의 래크

14-1경기의 래크

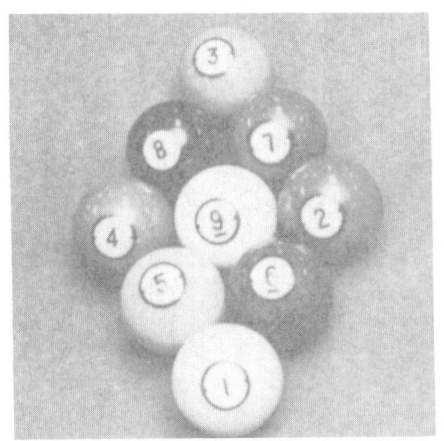
나인 볼 경기의 래크

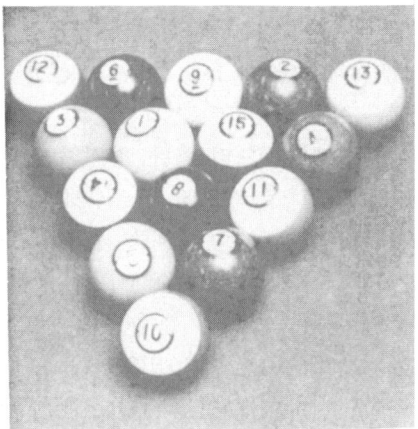
에이트 볼 경기의 래크

포켓 경기장

# 쿠션 경기

원래, 쿠션 경기에는 원 쿠션 경기와 드리 쿠션 경기의 두 종류가 있는데, 우리 나라에서는 주로 드리 쿠션 경기를 하고 있다. 당구 경기의 다양화를 기도하는 의미에서 여기에서는 원 쿠션 경기도 아울러 상세하게 소개하기로 한다.

쿠션 경기는 어느 것이나 원칙적으로는 공 3개로 행하는 것인데, 원 쿠션 경기는 득점을 하기 전에 수구를 한 번 이상 쿠션에 맞히지 않으면 안 된다. 드리 쿠션 경기에서는 득점을 하기 전에 세 번 이상 수구를 쿠션의 어디든 맞혀야 한다.

## 원 쿠션 경기

원 쿠션 경기는 대형 당구대를 사용하는 것이 원칙인데, 보통 당구대로도 할 수 있다. 흰공 2개와 빨간공 1개로 경기를 행한다. 그 밖에 경기 진행법이나 반칙 규정, 승부의 결정법 등은 대체로 4구 경기 및 3구 경기와 같다. 단, 득점하려면 수구를 한 번 이상 쿠션에 맞혀야 한다.

이 경기는 드리 쿠션 경기보다 공을 잡는 법이 어렵지 않기 때문에 드리 쿠션을 어느 정도 칠 수 있게 되면 고점자로 올라갈 수 있다. 원 쿠션 경기의 실력을 쌓는 데는 수구를 제1적구에 맞히고, 그 다음 한 번 이상은 수구를 쿠션에 넣어 제2적구에 맞히지 않으면 안 되기 때문에 쿠션과 공의 운동, 진로의 관계를 충분히 연구하여 목표한 위치에 수구를 정확하게 보내는 연습이 필요하다.

4구 경기의 지점이 50점인 경우에 원 쿠션 경기로 솜씨를 기르면 4구 경기나 드리 쿠션 경기의 지점이 훨씬 증가한다. 즉, 기량의 폭도 넓어져 원 쿠션 경기 이외의 경기에도 강해진다.

### 뱅킹

뱅킹은 제2포인트의 긴 쿠션 옆에 흰공을 놓고, 플레이 때는 동시에 전방 짧은 쿠션을 향해 친다. 되돌아온 공이 앞쪽 쿠션에 가까운 쪽이 이긴다. 그러나 선공이 정해져도 자기의 수구를 선정하면 상대방에게 서브를 취하게 할 수도 있다. 뱅킹 도중에 만약 공이 충돌하거나, 친 공의 도달 위치가 둘 다 같을 때는 뱅킹을 다시 한다.

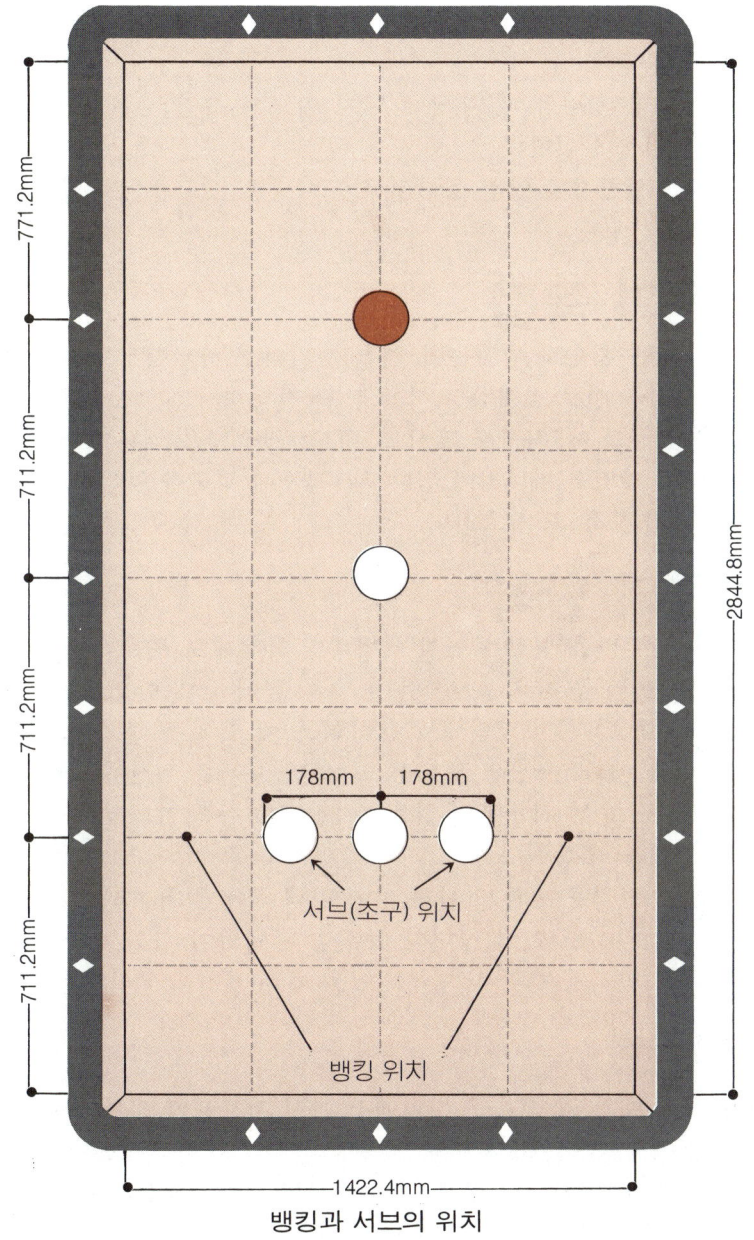

뱅킹과 서브의 위치

1. 경기 규칙과 동작편 43

## 서브

서브는 그림과 같이 제2포인트의 중앙에 자기의 수구, 제4포인트에 상대방의 수구, 제7포인트 중앙에 빨간공을 놓고, 빨간공부터 맞히어 득점하도록 해야 한다.

빨간공에 맞힌 다음 제2적구에 닿지 않으면 득점은 인정되지 못하며 계속 칠 권리를 상실한다.

후공자는 선공자가 남긴 공으로 1회 이상은 수구를 쿠션에 넣으면서 경기를 진행시킨다.

## 지점과 득점

시합은 같은 횟수로 행하는데, 다른 경기와 마찬가지로 경기를 개시하기 전에 지점을 서로 공개하고 시합 점수(지점)를 정한다.

득점은 수구를 제1적구에 맞히고, 제2적구에 닿을 때까지 1회 이상 쿠션의 어디든 맞았을 때 1점이 된다. 제1적구에 수구를 맞히기 전, 쿠션에 넣었을 때(빈 쿠션)도 유효하다.

## 게임의 반칙

플레이 중에 다음과 같은 반칙을 범하면 득점해도 무효가 된다.

① 공 터치 ② 공 착오 ③ 두 번 치기 ④ 공이 구대 밖으로 튀어나갔을 때 ⑤ 조언(助言) ⑥ 바닥면에서 양다리를 떼고 쳤을 때 ⑦ 공이 정지하기 전에 쳤을 때 ⑧ 쿠션에 프로즌(밀착)된 수구를 쿠션을 향해 쳤을 때 ⑨ 수구에 프로즌된 적구부터 쳤을 때 ⑩ 쵸크 등의 표지로 구대 위에 놓고 플레이 했을 때 등이다.

이와 같은 반칙을 범해도 반칙 전에 따낸 득점은 유효하다. 그리고 자기는 득점할 의사도 없이 상대의 득점을 방해하기 위한 타구법을 했을 때나, 고의로 반칙을 한 것이 인정되었을 때는 실격패가 된다.

## 재서브

경기 개시 때와 같이 초구 위치에서 다시 서브해야 하는 경우는, 선공자가 시합 점수(지점)를 다 쳤을 경우이다.

이 밖에 초구 위치에서 다시 서브해야 하는 것으로는 다음과 같은 것들이 있다.

① 공터치를 하여 원형대로 공의 위치를 잡을 수 없을 때
② 공이 프로즌되어 그대로의 배치에서는 칠 수 없다고 판단될 때
③ 공이 구대 밖으로 튀어나갔을 때

## 승부의 결정법

복수 시합일 때의 승부 결정법은 승자 2점, 무승부는 1점, 패자 0점으로 하고, 승점이 많은 쪽이 이기도록 한다.

만약에 승점수의 합계가 양자 같을 때는 다음과 같은 기준으로 순위를 정한다.

① 1회당 평균 득점율(general average ; G · A)
② 총득점(total points ; T · P)
③ 최고 연속 득점(high run ; H · R)
④ 승리 게임의 최소 횟수(best game ; B · G)

## 드리 쿠션 경기

드리 쿠션 경기는 원 쿠션 경기와 마찬가지로 흰공 2개와 빨간공 1개로 경기를 행한다.

득점은, 수구를 제1적구에 맞힌 다음 제2적구에 맞힐 때까지 3회 이상 쿠션의 어디든 맞히면 1점이 된다.

그리고 수구를 제1적구에 맞히기 전에 맞힌, 이른바 빈 쿠션 수도 유효로 한다.

득점 방법을 제외하고는 원 쿠션 경기법과 대체로 같지만, 드리 쿠션 경기는 먼 적구를 겨냥하는 방법이 많기 때문에, 다른 경기보다 취하는 자세를 낮게 하는 수가 많다.

이러한 폼의 관계로 큐를 길게, 또는 강하게 쳐낼 수 있기 때문에, 올바른 자세나 브리지(bridge), 스트로크 등의 연구가 필요하다.

## 뱅킹과 서브

뱅킹과 서브는 원칙적으로 앞서 말한 원 쿠션 경기와 같다.

## 지점과 득점 · 게임의 반칙

시합은 같은 횟수로 행해지며, 지점과 득점수, 경기의 반칙, 기타 승부의 결정법 등도 원 쿠션 경기에 준하고 있다.

반칙 중에서 공 터치를 범했을 때 원형의 위치를 바로잡을 수 없는 경우, 게임을 시작할 때 행한 것과 같은 방법으로 서브를 취한다. 그 밖에 수구가 프로즌(밀착)된 경우와, 공이 구대 밖으로 튀어나갔을 때는 다음과 같이 공을 다시 놓고 칠 수 있다.

**수구가 프로즌된 경우**

① 수구와 흰공이 프로즌되었을 때(page 그림에서처럼) 수구는 A, 상대구는 B에 갖다 놓는다. 단, A나 B의 위치에 빨간공이 있을 때는 빨간공을 C로 옮기고 친다.

② 수구와 빨간공이 프로즌되었을 때 수구는 A로, 빨간공은 C로 옮긴다. A나 C의 위치에 상대방의 공이 있을 때는 그 공을 B로 옮기고 친다.

**공이 구대 밖으로 튀어 나갔을 때**

① 수구가 튀어나갔을 때

수구를 B에 놓는다. 단, 이 위치에 다른 공이 있을 때는 흰공을 A로, 빨간공을 C로 옮긴다.

② 흰공이 튀어나갔을 때

흰공을 A에 놓는다. 단, 이 위치에서 다른 공이 있을 때는 수구를 B로, 빨간공을 C로 옮긴다.

③ 빨간공이 튀어나갔을 때

빨간공을 C에 놓는다. 단, 이 위치에 다른 공이 있을 때는 교체하는 플레이어의 수구를 A에 놓고, 나머지 흰공을 C에 놓는다.

④ 수구와 흰공이 튀어나갔을 때

수구는 B에, 흰공은 A에 놓는다. 단, A나 B의 위치에 빨간공이 있을 때는 빨간공을 C에 옮긴다.

⑤ 흰공과 빨간공이 튀어나갔을 때

흰공을 A에, 빨간공을 C에 놓는다. 단, A와 C의 위치에 수구가 있을 때는 수구를 B에 옮긴다.

⑥ 3개의 공이 튀어나갔을 때

교체하는 플레이어의 수구를 A에, 다른 흰공을 B에, 빨간공을 C에 놓는다.

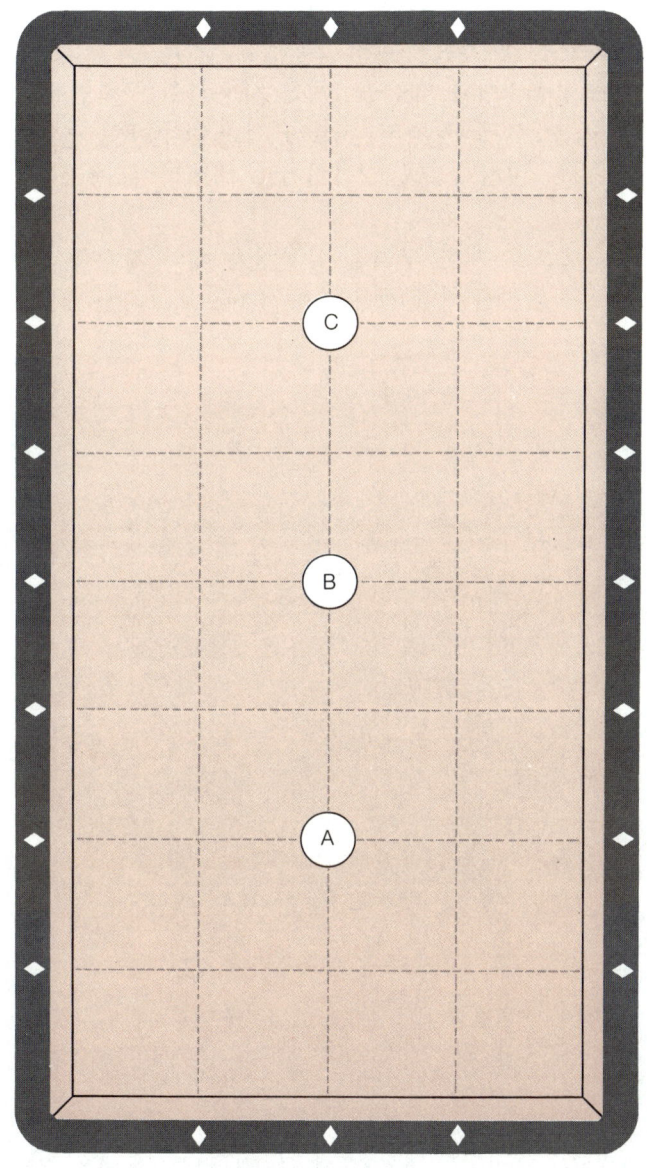

수구가 프로즌되었을 때와 공이 구대 밖으로
나갔을 때의 공의 위치설정.

# 보크라인 경기

　보크라인(balkline game) 경기는, 4구 경기의 경우 고점자의 플레이어가 쿠션에 공을 몰아 넣었을 때 무제한으로 득점할 수 있는 점을 방지하기 위해서 고안된 것이다.
　이 경기는 흰공 2개와 빨간공 1개를 사용하여 구대면에 4개 또는 3개의 선을 긋고, 그 선 끝에 앵커(anchor 정방형의 제한 구역)를 설치하여 이 앵커 안에서 1회치기 또는 2회치기로 제한하여 경기를 겨루는 것이다.
　이 경기는 쵸크로 제한 구역을 설치했을 때의 치수를 기준으로 한 경기 명칭으로, 보통 당구대를 사용하면 『42cm 보크라인 게임』이 된다.

보크라인 경기

보크라인 경기

## 특징

  42cm 보크라인 경기는 구대면에 그림과 같이 쿠션에 평행하여 정확히 423.3mm마다 4개의 선을 긋는다.
  이 선은 쵸크로 되도록 가늘게 긋는다. 선을 그으면 중앙에는 3개의 장방형, 그 양쪽(위 아래)에 6개의 정방형이 만들어진다. 이 제한 테두리를 따라 쿠션이 교차하는 곳에 178mm의 정방형(앵커)을 8개 그린다. 이 경우 쿠션 쪽에는 구태여 쵸크로 선을 그을 필요가 없다.
  경기에 앞서 이와 같은 제한 테두리와 앵커를 그어 놓아야 한다.
  이러한 구대에서 이루어지는 42cm 2회치기 경기에서는, 9개의 제한 테두리와 8개의 앵커 안에서 2개의 적구 중, 1개 또는 2개를 바깥쪽에 내보내지 않으면 득점이 되지 않는다.
  또한, 42cm 2회치기 경기에서는, 9개의 제한 테두리와 8개의 앵커 안에서 계속 득점을 할 수 없게 되어 있다.
  즉, 두 번째 숏에서는 2개의 적구 중 1개 또는 2개를 바깥으로 내보내지 않으면 득점할 수 없게 되어 있다.
  그러나 일단 제한 구역 바깥으로 튀어나갔던 적구가 다시 테두리 안으로 들어오면 유효하다. 이러한 경우는 또 제1회째부터의 테두리 안의 득점(2회 득점)을 할 수 있다.
  이 42cm 보크라인 경기 외에, 경기 면적(제한 구역)을 약간 넓게 잡는 47cm 보크라인 경기와 큰 당구대를 사용한 71cm 보크라인 경기도 있다. 71cm 보크라인 경기는 제한 구역이 넓은데, 경기의 종류는 1회치기는 없고 모두 2회치기로 되어 있다.

## 서브

  뱅킹이나 반칙은 4구 경기와 같다. 서브에서는 빨간공부터 맞히고 다음 제2포인트의 중앙에 있는 흰공에 맞힌다. 이렇게 하지 않으면, 득점이 되지 않으므로 계속 칠 권리를 상실한다.

## 채점법

  시합은 같은 횟수로 행하며, 1회치기나 2회치기의 규정을 사전에 정함에 따라, 적구 2개에 맞히면서 득점을 올려간다. 사전에 정한 규정대로 적구 2개에 수구를 맞히면 1점의 득점이 된다.

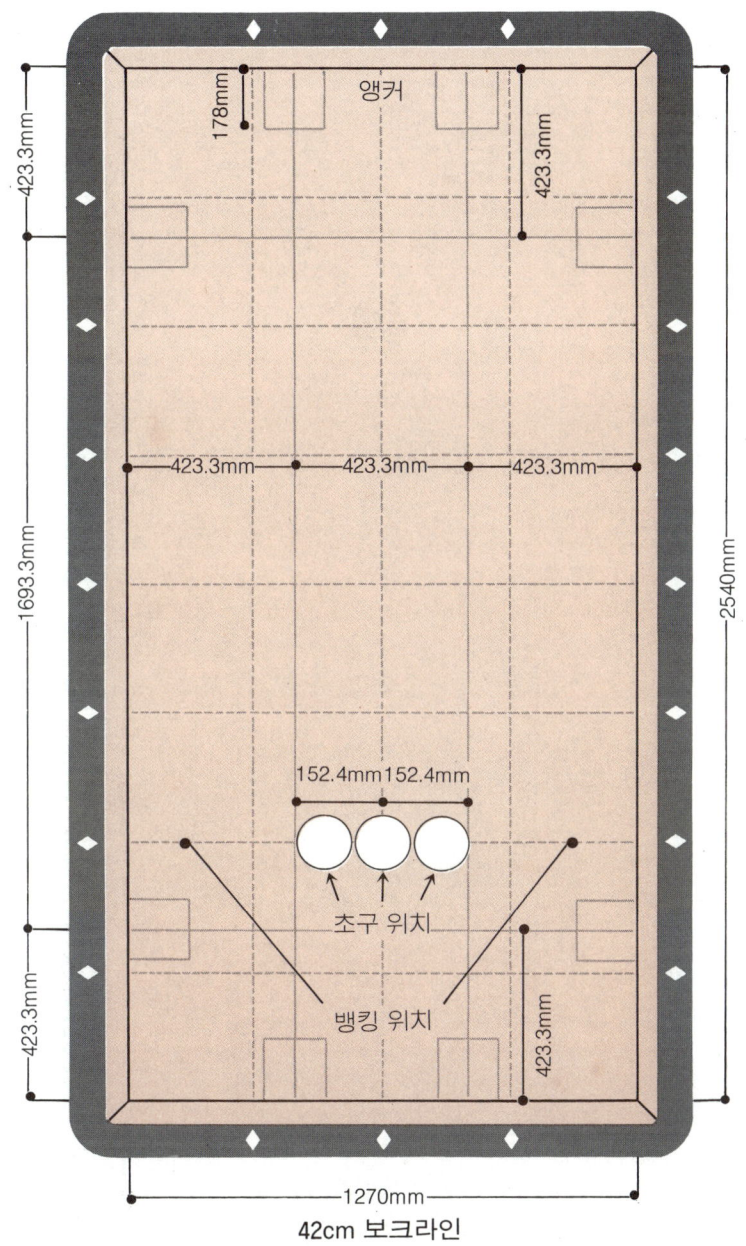

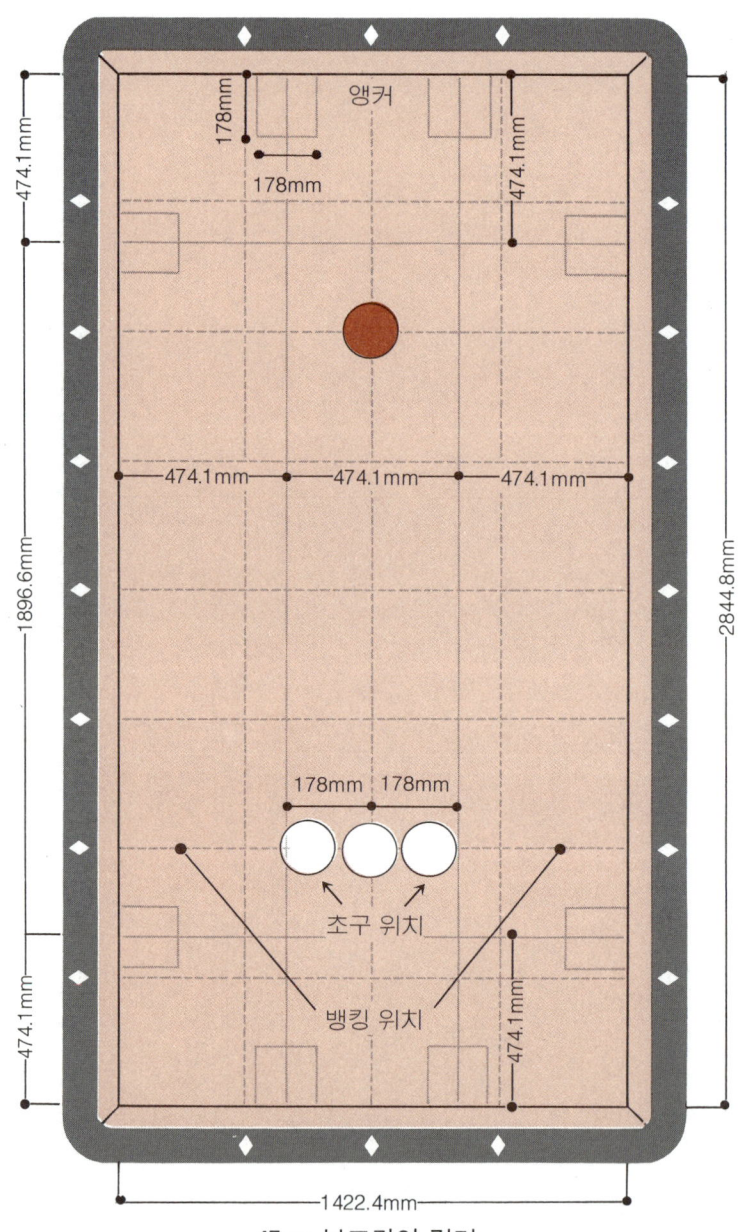

47cm 보크라인 경기

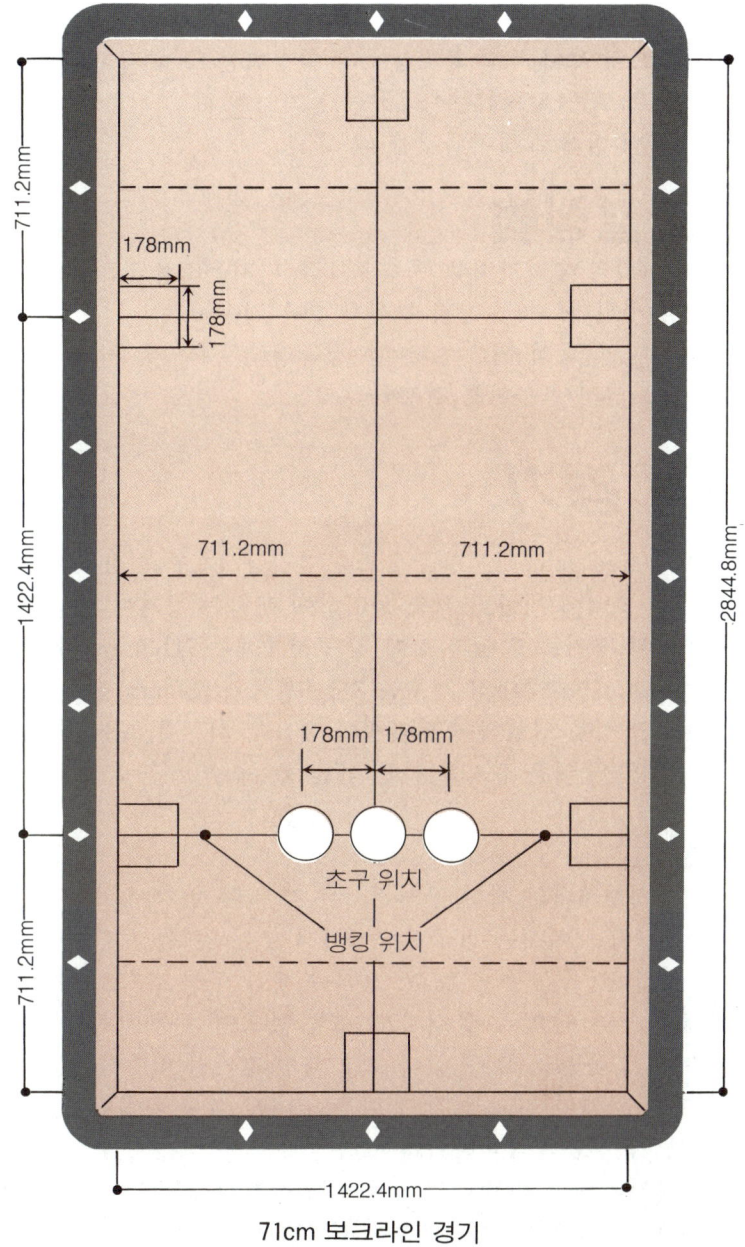

71cm 보크라인 경기

## 초구 위치에서의 재서브

초구 위치에 공을 다시 가져다 놓고 치는 경우는 다음과 같다.
① 제삼자가 공 터치를 하여 공을 원형대로 바로잡을 수 없을 때
② 객관적으로 보아 득점 불가능이라 인정되는 공 배치일 때
③ 수구가 프로즌(밀착)되어 득점이 불가능할 때
④ 공이 구대 밖으로 튀어나갔을 때

## 승부 결정법

승부는 시합의 승자가 2점, 무승부 1점, 패자는 0점으로 하여 승점 합계로 순위를 정한다. 단, 승점의 합계가 같은 경우에는,
① 1회당 평균 득점율(G·A) ② 총득점(T·P) ③ 최고 연속 득점(H·R) 등에 의하여 순위를 결정한다.

## 프리 경기

프리 경기(free game)는 흰공 2개와 빨간공 1개를 사용하며, 대형 또는 중형 구대 코너에 제한 구역을 설치하여 행하는 경기이다.

대형 구대의 경기는 그림과 같이 긴 쿠션쪽에는 711.2mm, 짧은 쿠션쪽에는 355.6mm, 중형 구대인 경우는 긴 쿠션쪽에 635mm, 짧은 쿠션쪽에는 317.5mm의 점을 연결하여 삼각형이 되도록 사선을 그어 제한 구역을 만든다. 이 제한 구역은 쵸크로 가는 선을 긋는다.

## 득점법

코너에 설정한 4개의 제한 구역에서는 각기 두 번 계속하여 득점할 수 없으므로, 2회째 숏에서는 적구 2개 중 1개 또는 2개를 제한 구역 밖으로 내보내지 않으면 득점할 수 없다. 그러나 제한 구역 밖으로 나간 적구가 다시 원래의 구역 안으로 들어와도 상관없으며 플레이어는 또 제1회의 구역 안에서 득점을 할 수 있다. 보크라인 경기와 비슷한 경기인데, 숏을 하는 제한 구역이 비교적 잡기 쉬운 코너에 설치되어 있어, 보크라인 경기보다는 어느 정도 득점하기가 쉽다.

이 경기에서는 수구가 밀착된 경우에는 반드시 초구 위치에 다시 갖다 놓고 쳐야 한다. 그 외의 경기 규정은 4구 경기에 준한다.

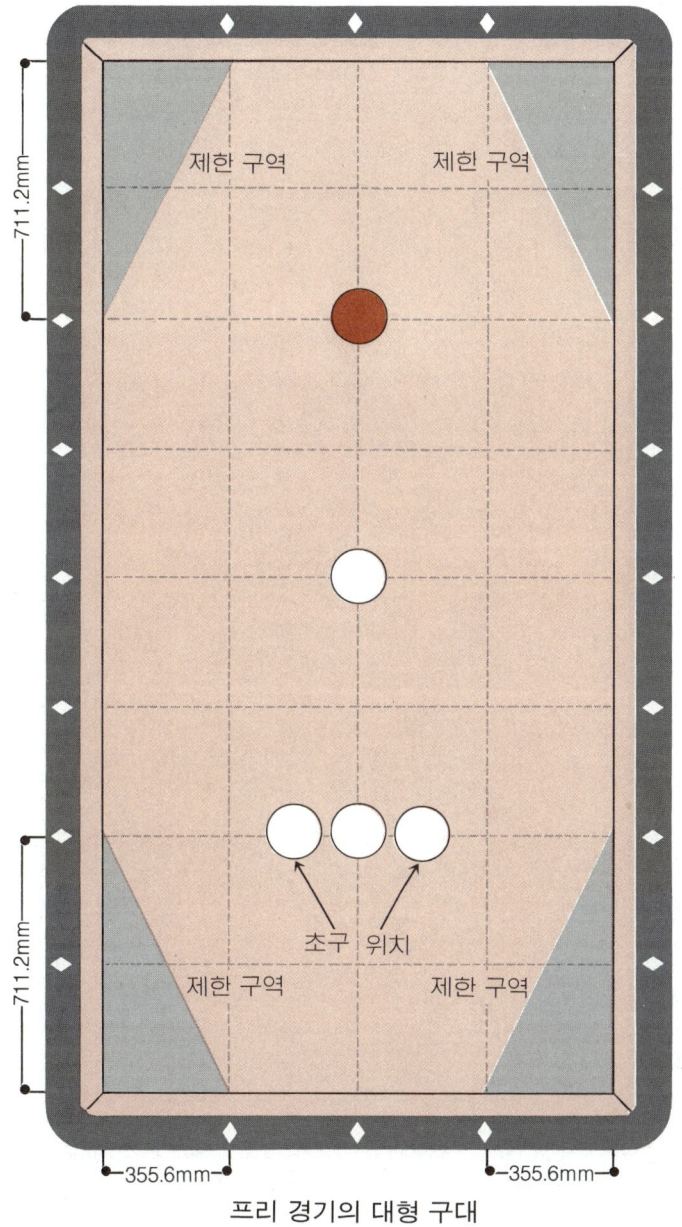

프리 경기의 대형 구대

1. 경기 규칙과 동작편 55

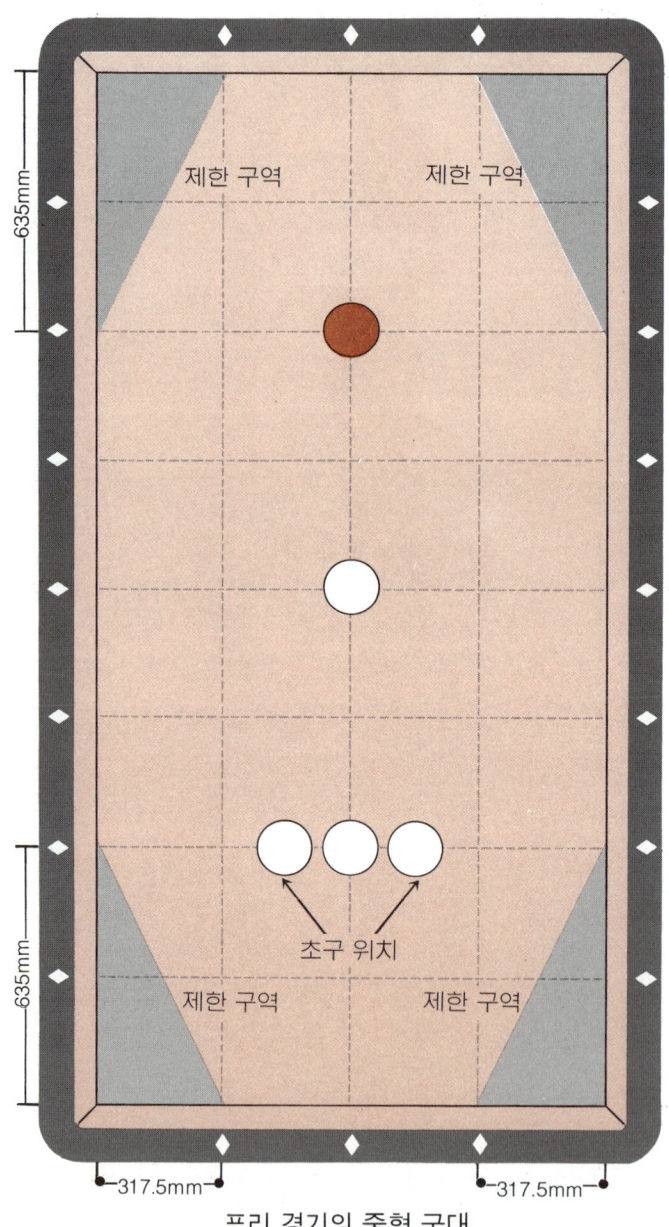

프리 경기의 중형 구대

# 2 당구의 용구

당구의 기법을 습득하여 고점자가 되려면, 기초적인 기법을 배우기에 앞서 용구를 알아두고 이것을 제대로 구사할 수 있어야 한다.

## 당구대

빌리어드 테이블 즉, 당구대는 높이가 780mm에서 790mm 이내이고, 구대면은 수평을 유지하고 공이 완전히 회전할 수 있어야 한다.

경기의 종류에 따라 사용되는 당구대는 다음과 같다.

① **중대(中臺)** (경기 면적이 2540mm×1270mm)

주로 4구 경기에 사용되며, 이 밖에 3구 경기, 42cm 보크라인 경기, 프리 경기 등에 사용된다.

② **대대(大臺)** (경기 면적이 2844mm×1422.4mm)

주로 드리 쿠션 경기에 사용된다. 그 밖에 47cm 및 71cm 보크라인 경기, 프리 경기에 사용된다.

③ **포켓 대(中臺)** (경기 면적이 2540mm×1270mm)

구대의 바깥 테는 떡갈나무, 참나무 등의 단단한 목재로 만들어지며,

연습에 앞서 당구대의 상태를 살핀다

테 위에는 세로 1/8, 가로 1/4마다 각각 7개와 3개씩의 간격으로 색이 다른 다이아몬드 모양 또는 둥근 모양의 포인트를 박아 넣었다. 이것은 공의 위치나 입사 각도(入射角度)와 반사 각도(反射角度) 등을 계산하는 가늠이 된다.

또한 바깥 테의 안쪽에는 높이 36mm에서 38mm의 삼각형으로 된 고무 쿠션이 부착되어 있다.

구대면에는, 질이 좋은 나사(羅紗)를 깎아 붙이고, 그 밑에는 슬레이트 또는 대리석이 깔려 있다.

나사는 녹색으로, 앞서 말한 슬레이트 또는 대리석과 고무 쿠션을 덮고 있는데, 오래되어 털에 얼룩이 져서 고르지 못하게 되면 공의 회전 운동도 원활하지 못한다.

그 때문에 천(나사)을 보전하려면 구대를 사용했을 때마다 먼지를 쓸어내기 위해 솔질을 하고, 물수건을 약간 축축하게 한 다음에 다림질을 한다.

구대 바깥 테에 끼운 다이아몬드 모양의 포인트에는 상아·조개·뿔 따위가 사용된다.

좋은 구대인가를 결정짓는 것은 천과 고무 쿠션이다. 구대가 오래될수록 고무의 탄력성이 없어져 입사각이나 반사각에 어긋남이 생긴다. 따라서, 연습이나 경기를 행하기에 앞서 천의 상태·쿠션의 형편 등을 알아 두는 것이 좋다.

# 공(볼)

당구공은 오랫동안 주로 상아를 사용했으나, 상아는 습기의 영향을 받기 쉽고, 경도의 질이 단단한 것과 무른 것 등이 있어, 변형하기 쉬워 오늘날에는 경기의 종류를 불문하고 플라스틱제를 사용한다.

공의 크기는 각 경기용(포켓 경기를 제외하고)이 지름 61.5mm이다. 그러나 현재 우리 나라에서 많이 행하고 있는 4구 경기에는 65.5mm의 플라스틱 공을 사용하고 있다. 경기에 있어서는 빨간공 2개와 흰공 2개가 사용되는데, 흰공의 경우는 상아색이나 순백색, 빨간공은 적색으로 되어 있다.

일부 국가에서는 흰공 중에 1개에 지름 1mm정도의 흑점을 붙여놓아,

2명이 경기할 때 자기의 공을 선정하는데 구별하기 쉽도록 해놓기도 한다.

당구공은 중심이 정확하게 만들어져 있어 안심하고 경기를 할 수 있으나, 초크가 묻어 더러워지면 회전이 둔해지기도 한다. 사용 후에는 헝겊으로 닦아놓으면 다음 연습에는 기분좋게 공을 회전시킬 수가 있다.

## 큐

큐(cue)는 공식 경기에서는 자기의 전용 큐를 사용하도록 되어 있으며, 고점자들은 자기 전용 큐를 단골 당구장에 비치해 놓고 사용하기도 한다. 큐의 길이나 무게는 엄격한 규정이 정해져 있지 않은데, 너무 길면 미스(miss)의 원인이 되며, 너무 무거우면 피로도 심하고 힘의 컨트롤에도 문제가 있게 된다.

큐는 대체로 길이 137mm에서부터, 147mm, 무게는 500g에서 670g 정도의 것이 표준으로 되어 있다. 재질은 단풍나무가 좋고 특히 미국과 벨지움산의 단풍나무가 단단하면서도 탄력성이 있어, 큐의 용재로는 으뜸으로 친다.

큐를 고를 경우 우선 첫째로, 구부러짐을 확인한다. 구부러진 큐로는 겨냥한 대로 슛을 할 수 없다.

둘째로, 너무 길거나 짧은 것을 고르지 않도록 한다.

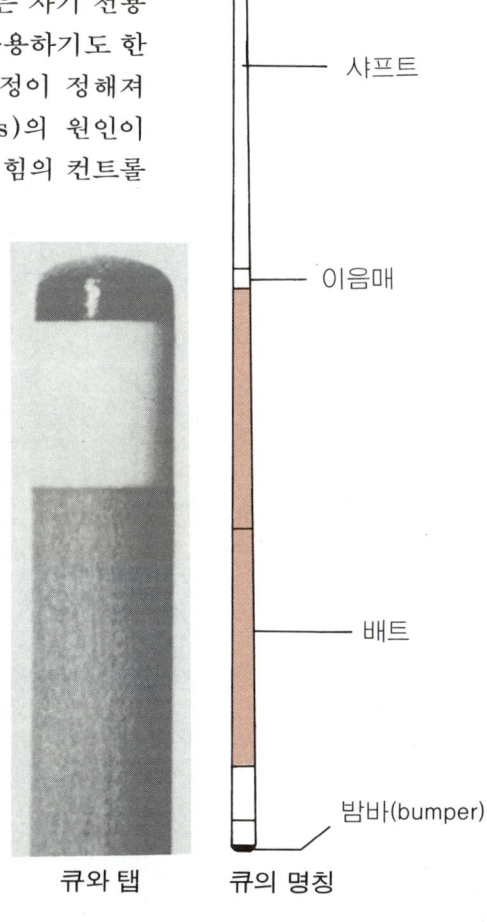

큐와 탭         큐의 명칭

1. 경기 규칙과 동작편 59

길이가 적당한 것을 고르는 데는 자기의 키에 맞추어 바닥에서 직선으로 세워 자기의 입 아래 근처에 닿는 길이가 좋다고 한다.

셋째로, 큐 끝이 너무 가느다란 것은 피한다. 1.2cm 정도를 표준으로 고른다.

이 밖에 큐는 대체로 2개 이음으로 되어 있어, 이음자리의 상태에도 주의한다. 이음자리가 나쁘면 구부러진 것과 마찬가지로 정확한 숏을 할 수 없다. 이러한 점을 감안하여 좋은 큐를 고르면 그 큐의 중심을 알고 무게에 익숙해지는 것이 중요하다.

또한, 아무리 좋은 큐라 해도, 큐 끝에 붙이는 탭(tap : 정확히는 cue tip)이 나쁘면, 좋은 큐라 할 수 없다. 이 탭은 가죽으로 만드는데, 공에 접촉하는 중요한 부분인 만큼, 자기의 전용 큐일 경우에는 줄이나 사포 등으로 잘 손질해 둔다.

## 초크

초크(chalk)는 공을 칠 때, 미스(탭이 공에 미끌어져 나가는 것)를 막기 위해 탭에 바르는 분칠 성분의 고체로 만든 것으로, 빛깔은 청, 록, 엷은 자색 등이 있다.

초크를 칠할 때는 탭 전면에 고루 칠한다. 3~4회의 숏을 한 다음에 초크를 칠하지 않으면 미스가 나기 쉽다.

## 채점반

채점반이란 당구장에 놓여 있는 주판이다. 이 채점반으로 득점을 가산하는데, 채점반은 대체로 왼쪽에 5개, 오른쪽에 50개의 알이 있어, 6단으로 나누어져 있다. 왼편알은 1개가 50점, 오른편 알은 1개 1점으로 계산을 한다.

당구의 용구에는, 이 밖에 큐를 손으로 훑어 미끄럽게 하는 흰 가루 또는 파우더, 먼 수구를 치는 데 사용하는 레스트(rest, 큐걸이) 등이 있다.

# ③ 올바른 자세

당구의 기법을 습득하는 데는 우선, 올바른 폼(자세)을 자연스럽게 취할 수 있어야 한다.

이 폼을 잡는 데 기본이 되는 『브리지(큐의 지지법)』나 『그립(큐를 잡는 법)』, 『스트로크(당구에서는 큐대를 훑는 동작)』 등에 대해서도 기본이 되는 동작을 익히고, 정확한 자세를 취할 수 있어야 한다.

폼, 브리지, 그립, 스트로크 등, 공을 치기 전에 하나의 동작을 자기 편한 대로만 하면, 한 번 나쁜 버릇이 굳어졌을 때 이것을 바로잡는 데는 상당한 시간과 노력을 요한다.

폼이 나쁘면 쉽게 잡을 수 있는 공도 잡을 수 없고 플레이에도 무리가 생긴다. 어떠한 일이든 출발이 중요하듯이, 기본 동작을 착실하게 연습하여, 일단 당구에 임하면 안정된 폼이 될 수 있도록 해야 한다.

## 자세의 기본 동작

당구의 폼을 분해하면, 다음 네 가지로 나눌 수 있다.
### ① 큐의 중심을 익히는 동작

사진과 같이, 왼손의 엄지손가락을 한쪽에 걸치듯이 하여 중심을 확인한다. 이 때, 오른손 손가락으로는 고리를 만들 듯이 하면서 큐를 지지한다. 큐의 중심을 확인하면, 그 중심에서 6~9cm 정도 떨어진 곳을 오른손으로 가볍게 잡는다.

큐의 중심을 알아본다

### ② 몸의 위치를 정하는 동작

큐의 중심에서 6~9cm 정도 떨어진 곳을 오른손으로 잡은 다음, 타격할 공을 향해 몸의 위치를 정한다.

구대에 대하여 몸의 위치에 무리가 있으면 정확한 숏(shot)을 할 수 없다.

동작의 순서는, 겨냥하는 공을 향해 큐 끝이 수구에 닿을 정도의 간격을 취하면서 똑바로 선다. 이 때, 큐를 잡은 오른손 엄지손가락이 바지의 재봉선에 닿도록 한다.

큐는 수구의 진로에 대하여 직선이 되도록 해야 한다.

당구대를 향해 몸의 위치를 정한다

### ③ 발의 위치를 정하는 동작

몸의 위치를 정했으면 다음에는 오른손을 움직이지 말고 큐를 향해 왼발을 한 걸음 내밀고, 오른발 발끝을 바깥쪽으로 벌린다. 이러한 발의 위치는 공을 칠 때 몸을 안정시키기 위해서이다. 이 때, 오른발 발끝은 큐와 평행이 되며, 약 15cm쯤 떨어진 모양이 된다.

### ④ 브리지 하기 전에 동작

그 다음 브리지(bridge)로 옮기는데, 구대면에 대는 왼손은 팔꿈치를 굽히지 말고 뻗은 채로, 왼발 앞의 중간과 오른발 뒤편 중간에 체중을 걸음과 동시에, 브리지할 왼손에도 체중의 일부를 싣는다.

폼의 기본 동작은 이상과 같이 네 가지로 나누는데, 처음에는 일련의 동작을 한 동작씩 구분하여 행하고, 이러한 동작이 자연스럽게 이루어지면 연속하여 연습을 한다.

공잡는 법을 연습하기 전에 안정된 폼을 익혀야 한다.

브리지를 하기 전의 동작을 익힌다

# 그립

그립(grip)도 폼을 잡는 기본 동작의 하나이다.

그립은 큐의 중심에서 큐의 뒤 끝을 향해 6~9cm쯤 떨어진 곳이 표준으로 되어 있으나 이것은 보편적인 타구의 경우이다. 가까운 공과 먼 공을 칠 때는 힘의 가감에도 차이가 생기므로, 표준위치와는 다소 달라질 수 있다.

먼 공을 칠 때는 표준보다 중심에서 떨어진 큐의 끝쪽을 잡는다. 그 반대로, 가까운 공을 칠 때는 표준보다 중심에 약간 가까운 위치를 잡는다.

그립에서는 이외에, 손목을 유연하게 오른손의 엄지손가락과 검지손가락으로 가볍게 쥐고, 나머지 손가락을 가지런히 하여 잡도록 한다.

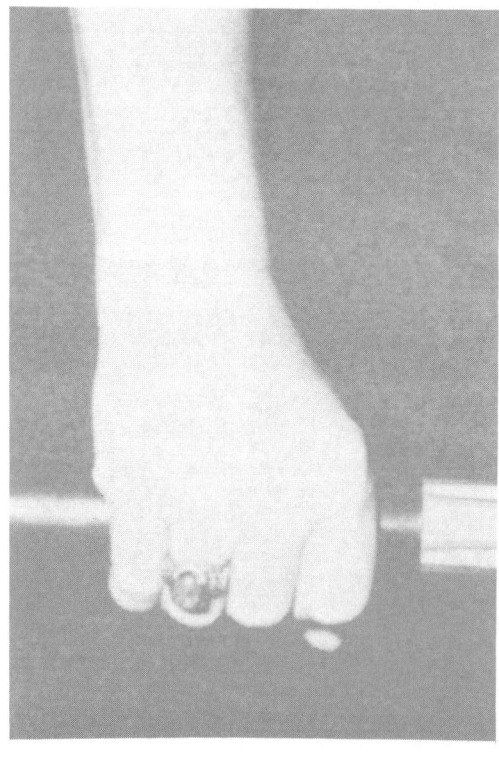
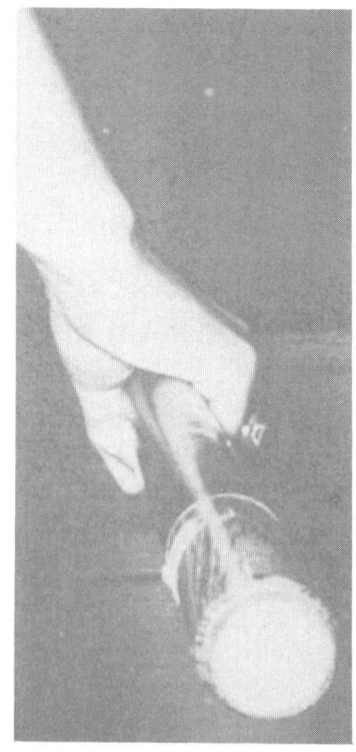

올바른 그립

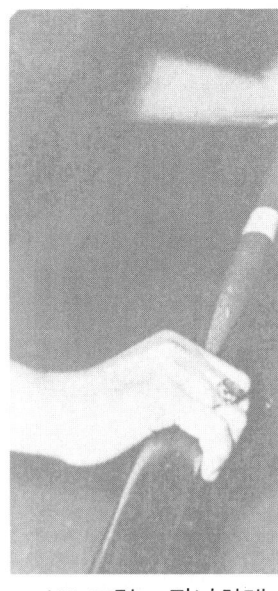  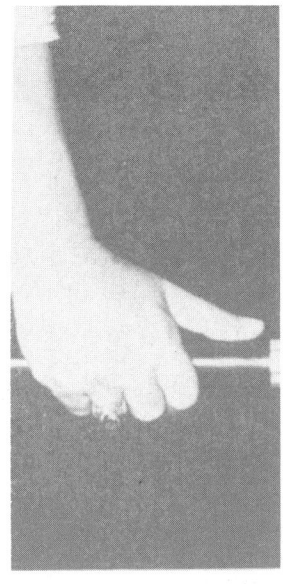

나쁜 그립 : 지나치게 손을 바깥으로 제치지 않는다

나쁜 그립 : 손가락만으로 잡지 않는다

나쁜 그립 : 엄지손가락으로 누르지 않도록 한다

나쁜 그립 : 지나치게 큐 밑쪽을 잡지 않는다

# 안면의 위치

올바른 폼을 잡으려면 얼굴 위치에 주의해야 한다.

얼굴의 위치가 잘못되면 당점이나 두께를 낼 때의 가늠이 틀려지기 쉽다.

공을 잡는 방향에 대하여 큐의 겨냥이 빗나가지 않도록 큐의 바로 위에 얼굴의 중심이 오도록 하되 곁눈으로 겨냥하지 않도록 한다. 두 눈을 수평으로 가누면서, 턱과 코를 큐의 바로 위에 오도록 하고, 눈은 당점보다 약간 위로 하도록 하면 올바른 폼이 된다.

폼은 공 잡는 법의 기본이 된다. 자기만의 폼만으로 연습이나 게임을 하면, 일시적으로 실력이 진전되지만, 그 진전은 곧 한계에 부닥친다. 모든 스포츠가 그렇듯이 올바른 자세를 자연스럽게 무리가 없이 취하는 것이 가장 중요하다.

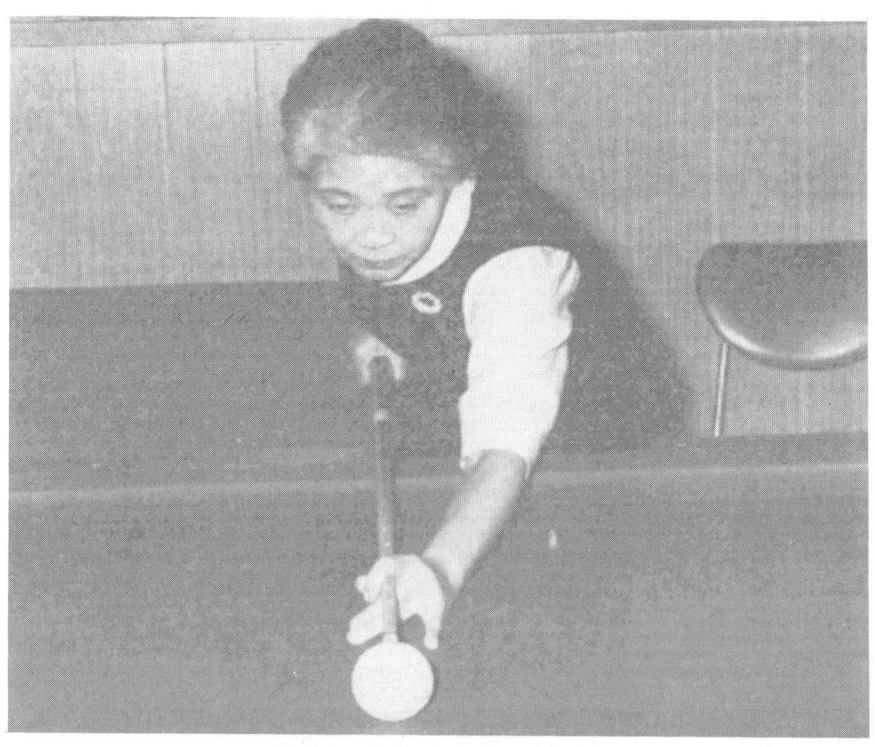

큐의 바로 위에 얼굴의 중심을 둔다

## 브리지 만드는 법

자세 못지않게 중요한 것은 브리지를 올바르게 만드는 일이다.

정확한 용어로는 브리지 핸드(bridge hand)로써, 이것은 보통의 타구 때와 특수한 타구 때에 따라 각기 다른데, 먼저 보통 타구 때의 브리지 만드는 법을 보자.

## 브리지의 순서

브리지를 만드는 왼손의 위치는 강하게 치느냐 약하게 치느냐에 따라 서로 다른데, 수구에서 15~18cm 떨어진 곳이 표준이다. 이 위치를 원칙으로 할 때, 강약에 따라 조금씩 틀린다.

① **강하게 칠 때**:표준보다 수구에서 약간 떨어지게 하여 왼손을 놓는다.

② **약하게 칠 때**:표준보다 수구에 가까이 하여 왼손을 놓는다.

그리고 강하게 칠 때는 그립의 왼손을 표준보다 또 중심보다 먼 곳으로 갖고 간다. 약하게 칠 때는 그와 반대로 하며, 또한 타구를 약하게 할수록 브리지를 만드는 왼손을 수구에 가까이 가져간다.

수구에 대한 위치가 정해지면, 그 다음에는 브리지를 올바르게 만들어야 한다.

① 구대면에 왼손의 손가락을 펴고, 손목부터 끝(손바닥과 손가락)을 안쪽으로 조금 구부린다.

② 새끼손가락·약손가락·가운뎃손가락 순으로 안쪽으로 구부리고 세 손가락으로 지지한다.

③ 큐와 직각이 되도록 엄지손가락과 검지손가락으로 일단 고리를 만든다.

④ 엄지손가락과 손가락의 고리를 펴서 큐를 넣고, 가운뎃손가락과 엄지손가락의 제2관절로 큐를 안정시킨다.

이러한 순서에 따라 브리지를 만들고 나서 팔꿈치를 뻗어 팔의 힘을 빼고, 손목부터 끝에만 힘을 가한다. 팔의 힘의 가감, 손목 끝의 힘의 가감에 특히 주의한다. 이것이 일반적으로 사용되는 브리지 만드는 방법이다. 그러나 공 밑을 칠 경우에는 앞서 말한 브리지의 순서에 따르지만, 폼을 낮게 잡는 관계상 가운뎃손가락을 꼬부려 안쪽으로 굽힌다든가, 가운뎃손가락을 앞으로 내뻗기도 한다.

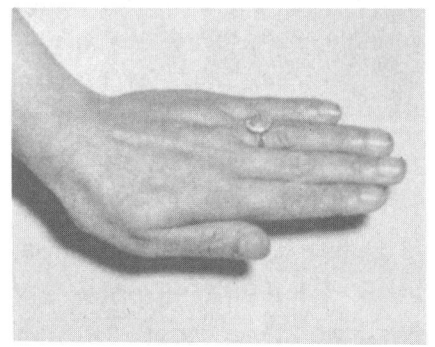

① 손을 가지런히 한다

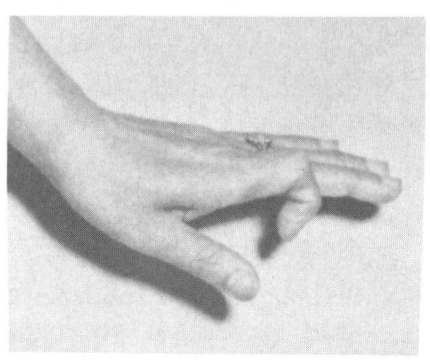

② 검지손가락을 꼬부린다

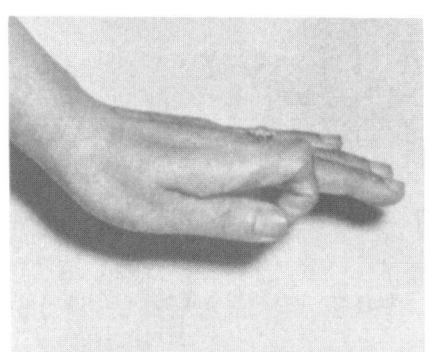

③ 엄지손가락을 바깥쪽으로 제쳐 밀착한다

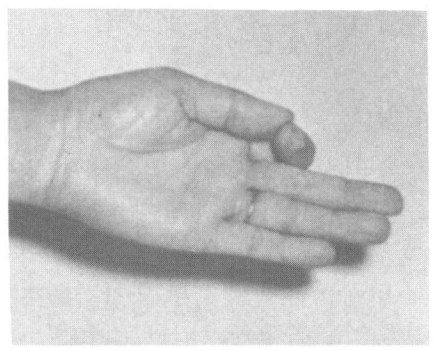

④ 손바닥쪽의 엄지손가락의 밀착상태

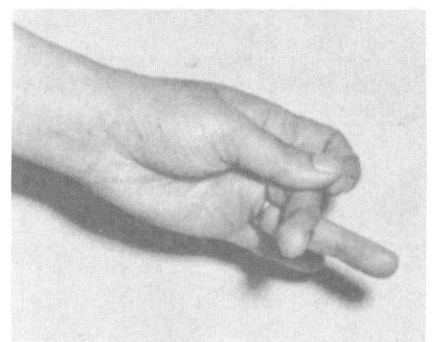

⑤ 가운뎃손가락을 밑에서부터 구부린다

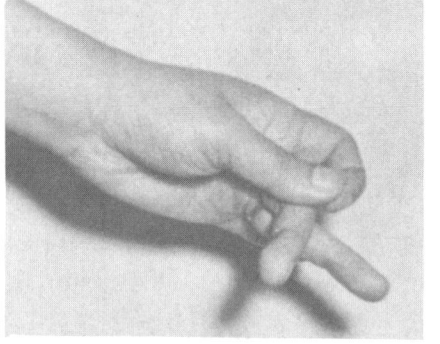

⑥ 가운뎃손가락 제2관절과 엄지를 밀착한다

**브리지의 순서**

# 브리지 유형

브리지의 순서와 동작은, 보통 타구일 때는 앞에서 설명한 것과 같으나, 공의 위치에 따라 구대의 바깥 테에 손을 걸칠 경우에는 이러한 형태를 취할 수 없다.

공의 배치에 따라서도 브리지 만드는 법이 달라지므로 갖가지 브리지 만드는 법을 사진으로 예시하였다. 보통 타구의 브리지를 할 수 있게 되면 공의 위치에 맞추어 임기 응변으로 브리지할 수 있도록 연습하기 바란다.

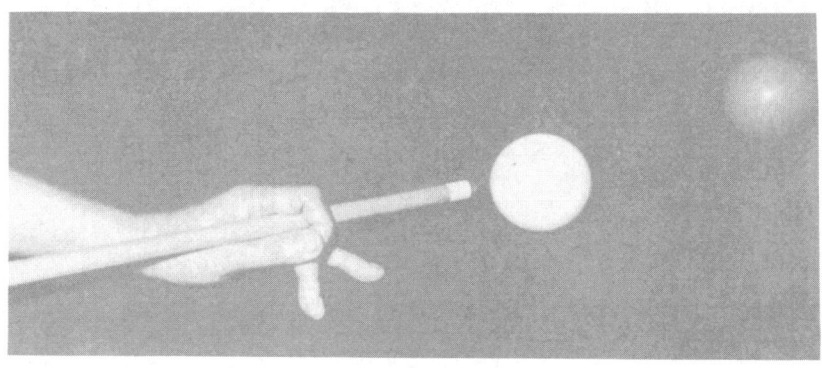

완성된 브리지

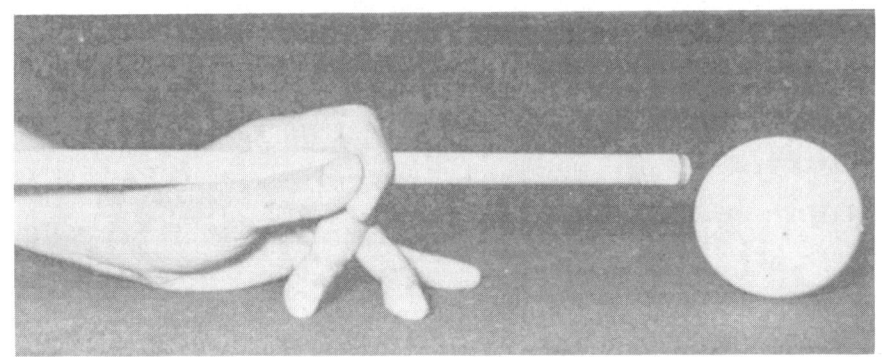

위치기의 브리지

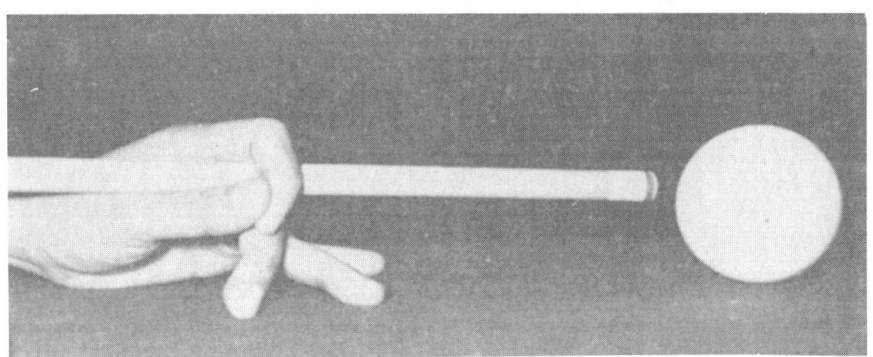

중심치기의 브리지

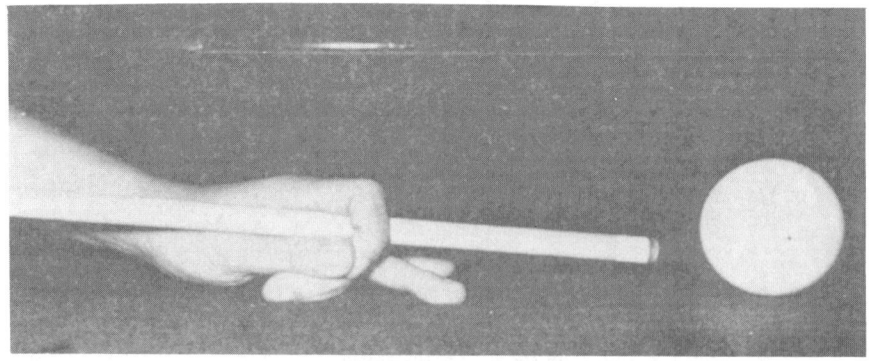

아래치기의 브리지
**표준적인 브리지**

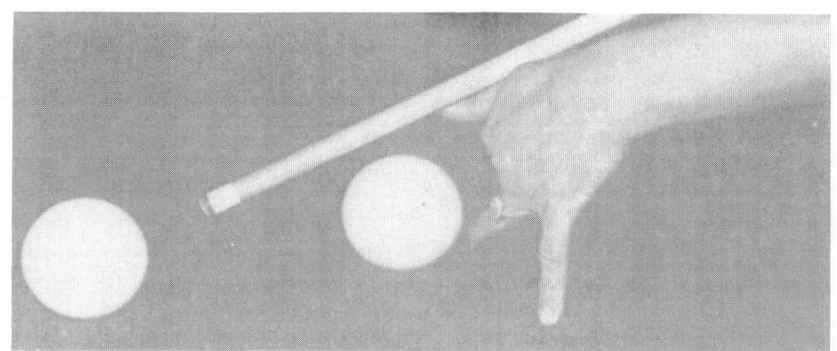

적구가 수구 앞에 접근해 있을 때의 브리지(앞에서 보았을 때)

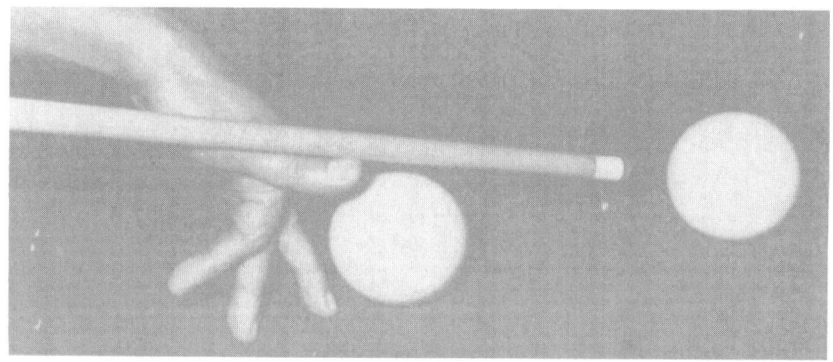

적구가 수구 앞에 접근해 있을 때의 브리지(옆에서 보았을 때)

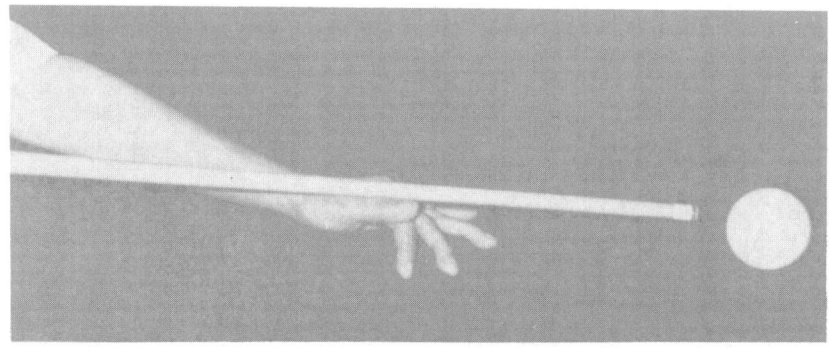

먼 공을 잡을 때의 브리지

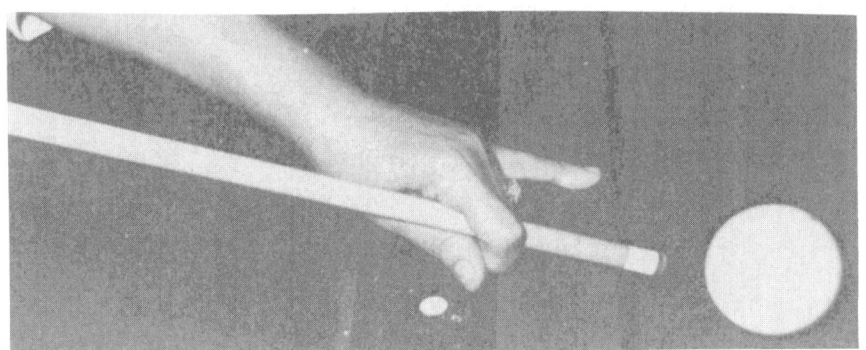

쿠션 곁에서의 브리지 ①

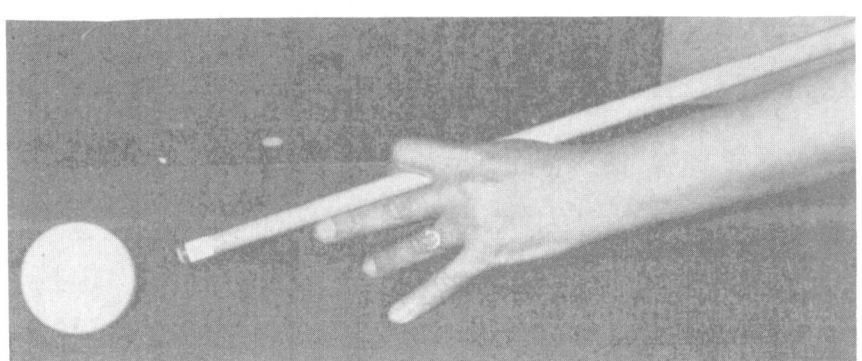

쿠션 곁에서의 브리지 ②

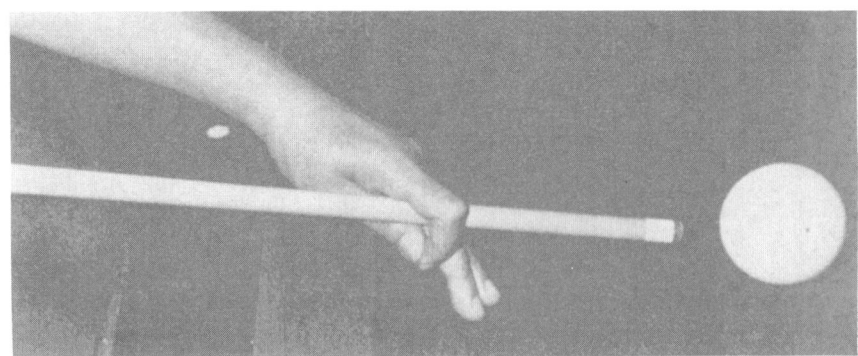

쿠션 곁에서의 브리지 ③

# 스트로크

스트로크(stroke, 타구 동작)는 공을 쳐내기 위한 준비 운동에서부터 쳤을 때까지의 일련의 동작을 말하는데, 당구에서는 이 스트로크를 『큐를 손으로 쥐고 훑는다』로 해석하는 사람도 많다.

폼이나 그립, 브리지 등의 준비가 아무리 좋아도, 스트로크가 나쁘면 쳐내기를 정확하게 행할 수 없다. 뿐만 아니라, 큐를 밀어냄이 불안정해져서 두 번치기를 일으키기 쉽다.

스트로크의 목적은 큐를 쳐내기까지의 상태를 조정하기 위한 것으로 한 큐 한 큐를 마지막이라 생각하고 타구하는 정신 통일의 구실을 한다. 그런 만큼 모든 폼의 마무리로써 이 동작을 소홀히 하면 안 된다.

스트로크를 할 때 기본이 되는 사항을 들어 보자.

① 오른쪽 어깨에서 팔까지는 힘을 가하지 말고, 시계추의 움직임처럼 앞뒤 방향으로 관절에만 약간 힘을 주어 움직인다.

서브 폼

② 훑는 동작 횟수는 특별히 제한은 없으나, 같은 속도로 앞 뒤를 훑었을 때 좋은 상태에서 쳐낸다.
③ 큐를 잡은 오른손도 힘을 주어 세게 잡지 않도록 한다.

스트로크는 특히 동작면에서 어려울 것이 없으나, 쳐내기의 상태를 조정하기 위해 중요하다. 이 동작으로는 공의 겨냥점을 향해 큐 끝을 조준하여 노를 젓듯이 크게 흔들거나 어깨에 너무 힘을 가하지 않도록 주의한다.

큐를 너무 앞쪽으로 잡은 나쁜 폼

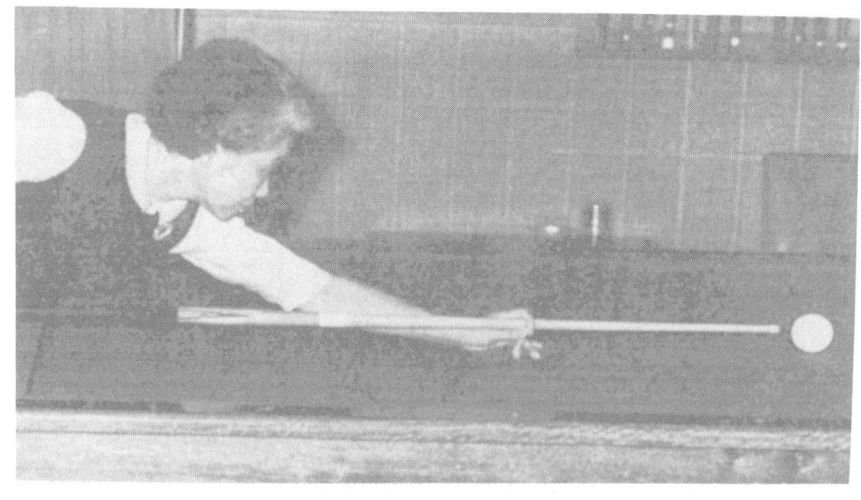

먼 공을 칠 때의 폼

# 특수한 폼

특수한 브리지로는 끌어치기의 효과를 노린 『닢 스루 브리지』나 『마세 브리지』 등이 있다.

4구 경기의 지점이 올라가 실력이 향상됨에 따라 이러한 브리지를 응용하는 경우가 많아지기 때문에, 브리지와 그립을 중심으로 설명하기로 한다.

## 닢 스루

닢 스루(nip through)란, 특수한 끌어치기의 경우 수구를 앞으로 당기는 타구법이다. 이 닢 스루 브리지는 보통 타구 동작과 별로 다를바가 없으나, 끌어치기의 효과를 올리기 위해 가운뎃손가락·약손가락·새끼손가락과 검지손가락의 네 개를 꼬부려 구대에 대는 모양의 변형 브리지이다.

이때, 큐 바깥쪽에 구부린 세 개의 손가락은 가지런히 하지 않고 구면에 놓고 힘을 가한다. 또, 팔의 힘을 빼고, 손목에서 끝부분(손가락과 손바닥)에 체중의 일부를 싣는 듯이 한다. 큐 끝을 고정하려면, 엄지손가락을 되도록 바깥쪽으로 제치도록 한다.

그 외는 보통 타구의 브리지와 같다.

닢 스루 브리지는 가까이 있는 적구를 끌어치기로 표적하여, 수구를 멀리 굴리게 하는 따위의 보크라인 경기(balkline game) 때에 자주 이용된다.

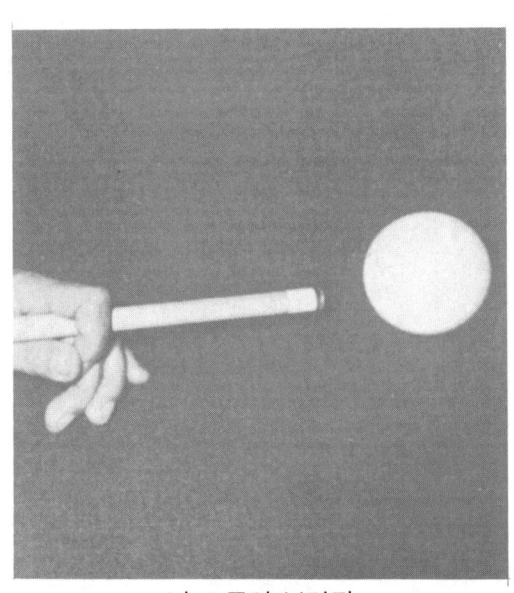

닢 스루의 브리지

# 마세의 폼과 브리지

마세(massé)는 공의 배치 관계에 따라 큐를 세워서 치는 타구법이다.

이 타구법은 프랑스에서 처음 시작되었는데, 그 후 미국의 제이코프 세퍼라고 하는 사람이 여러 가지로 연구하여 오늘날과 같은 기법을 정리했다.

세퍼가 고안한 마세의 기법에 의해서 당구의 공잡는 방법도 한층 향상되었다.

마세의 폼을 잡을 때는, 겨냥을 정한 공의 방향을 향해 구대 가장자리에 바싹 붙어선다. 그 다음은 앞으로 몸을 구부리듯이 하여 브리지로 옮기는데, 위로 올린 오른손으로는 큐를 가볍게 쥐고 힘을 가하지 않도록 한다.

### 브리지

널리 이용되는 마세의 브리지는 가운뎃손가락・약손가락・새끼손가락의 세 개를 사용하여 손가락 끝을 벌려 구대에 세운다. 다음은 손등을 세우듯이 하여 손목은 구대면보다 되도록 떨어지게 한다. 그리고 집게손가락을 안쪽으로 구부리고, 그 손가락과 엄지손가락 사이에 탭 가까이의 큐 끝을 갖다 댄다.

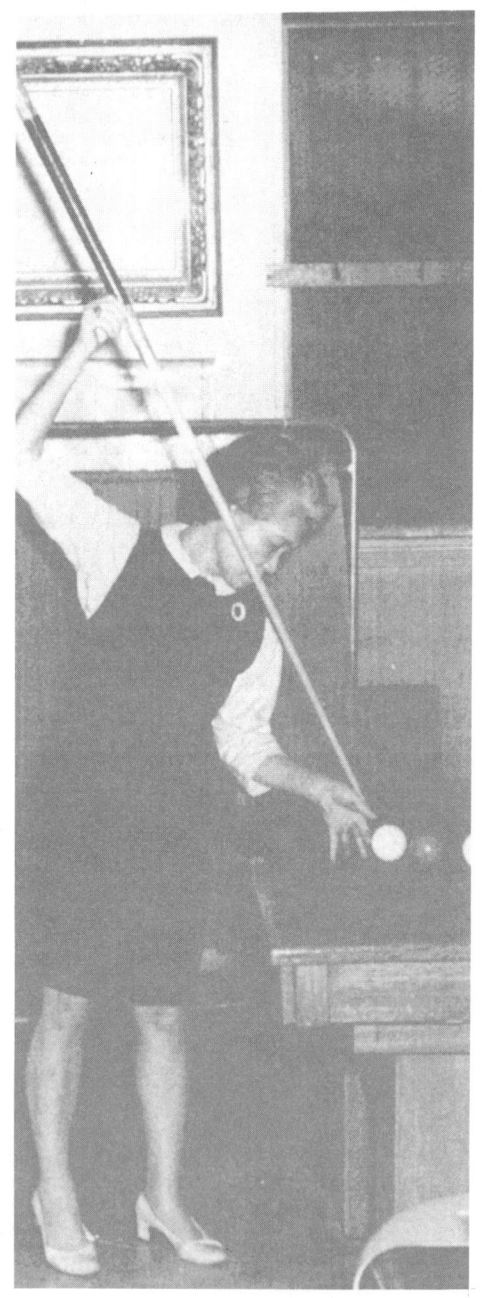

마세 폼 ①

마세 폼 ②

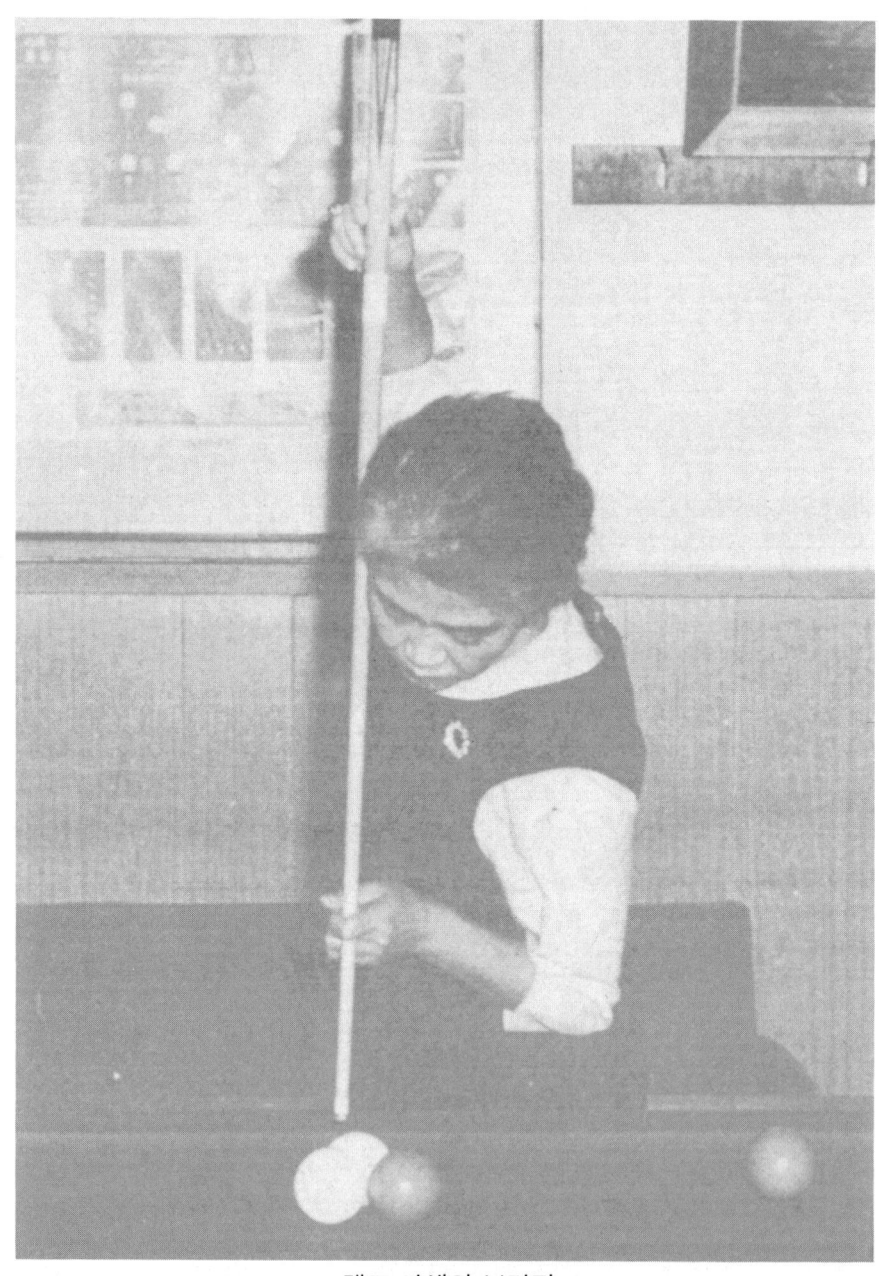

그랜드 마세의 브리지

이 마세의 브리지에서는 특히 다음을 주의한다.
① 수구 가까이에 위치를 정한다.
② 가운뎃손가락·약손가락·새끼손가락 세 개로 큐가 흔들리지 않도록 세 갈래로 갈라지게 세운다.
③ 손등을 세우고 큐를 닿게 하는 검지손가락과 엄지손가락 사이가 낮아지지 않도록 한다.
④ 되도록 왼손을 몸쪽으로 당긴다.
⑤ 엄지손가락과 가운뎃손가락이 접촉한 부분을 위로 제친다.
⑥ 체중의 일부를 브리지한 세 갈래의 손가락에 싣는다.
⑦ 큐 밑 부분은 오른손으로 가볍게 쥐고 숏할 때 이외에는 힘을 가하지 않는다.
⑧ 왼손의 팔꿈치까지를 몸쪽에 밀착시켜 팔꿈치가 흔들리지 않도록 한다.
마세는 초보자에게 좀 어렵다. 수구를 잘못쳐서 나사(천)를 찢는 수도 있으므로, 당구장에서는 초보자의 마세를 금하고 있다.

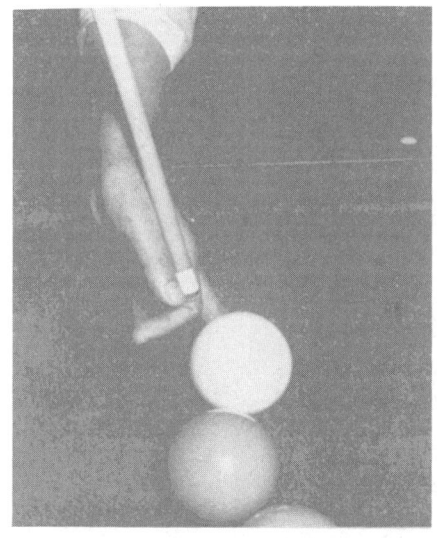
마세의 브리지 ①

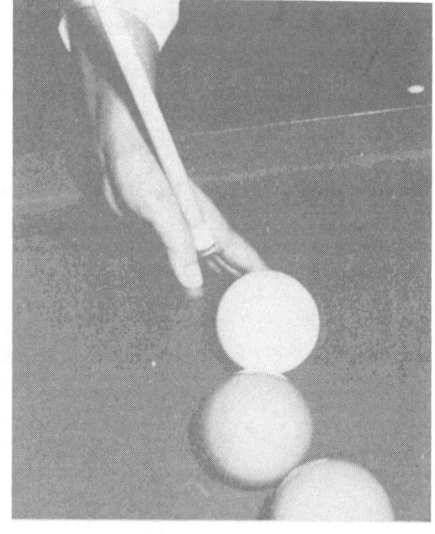
마세의 브리지 ②

따라서, 어느 정도의 수준에 이르기 전에는 마세의 연습은 할 수 없다.

마세는 이 밖에 프리 핸드 마세(free hand massé) 또는 그랜드 마세(grand massé)가 있다.

보통의 마세로 할 수 없는 경우에, 구대면에는 왼손을 대지 않고 공간에서 수구를 강하게 쳐내거나 곡구(曲球)를 치기도 한다.

### 마세 타구의 그립

마세에서는 폼이 나쁘거나 브리지 만드는 법이 정확하지 않으면, 타구할 때 큐 끝이 흔들린다.

큐 끝의 흔들림을 방지하려면, 공의 위치나 공 잡는 방법에 의한 폼이나 브리지 만드는 법도 물론 중요하지만, 큐를 안정시키는 그립 잡는 법을 무시하면 안 된다.

마세의 그립은 손바닥을 아래로 향하듯이 잡는 법과, 검지손가락과 엄지손가락의 고리를 아래로 향해 새끼손가락을 큐의 뒤 끝으로 향해 잡는 법의 두 가지가 있다.

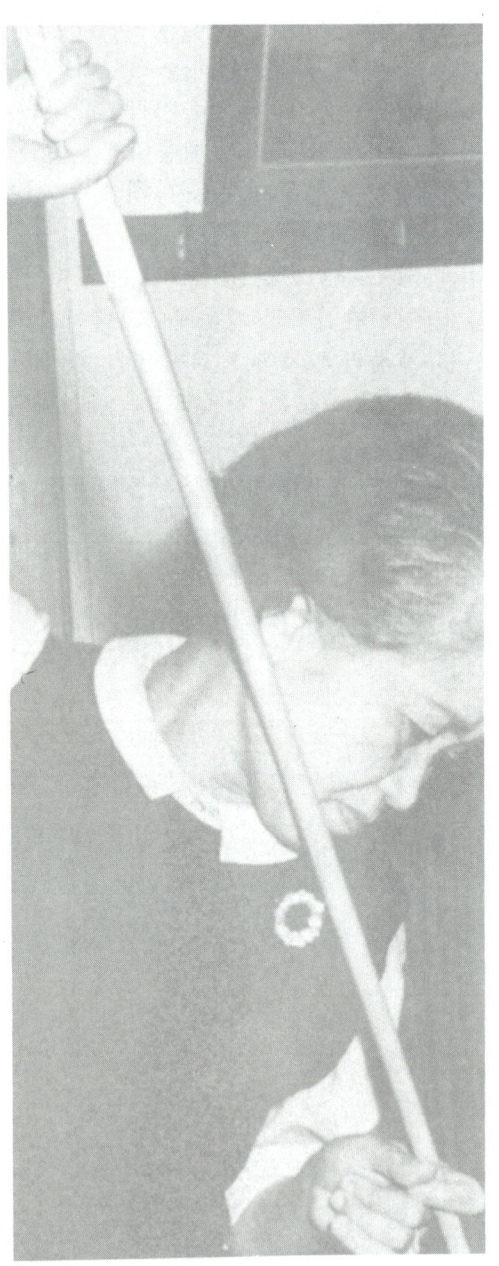

마세의 특수한 폼

손바닥을 아래로 향하는 그립은 키가 작은 사람에게 적당하고, 집게손가락과 엄지손가락의 고리를 만들어 새끼손가락을 위로 향하는 그립은 키 큰 사람에게 적당하다.

어떠한 그립이든 큐는 가볍게 잡고, 손목의 스냅(snap)을 살리도록 손바닥의 관절을 유연하게 해야 한다.

마세는 숏할 때의 힘이 그다지 요구되지 않는다. 공에 미묘한 움직임을 구하는 것이니만큼, 손바닥의 관절을 부드럽게 하여 그 관절을 자유로이 사용할 수 있도록 그립하지 않으면 안 된다.

이상과 같이 폼의 기본과 특수한 브리지 및 그립을 살펴 보았다. 큐를 안정시키고 공을 목적한 대로의 힘을 가해 득점해 가는 데는, 폼이 가장 중요하다. 당구의 제1과제는 폼의 기본을 완전히 습득하는 데 있다고 해도 좋을 것이다.

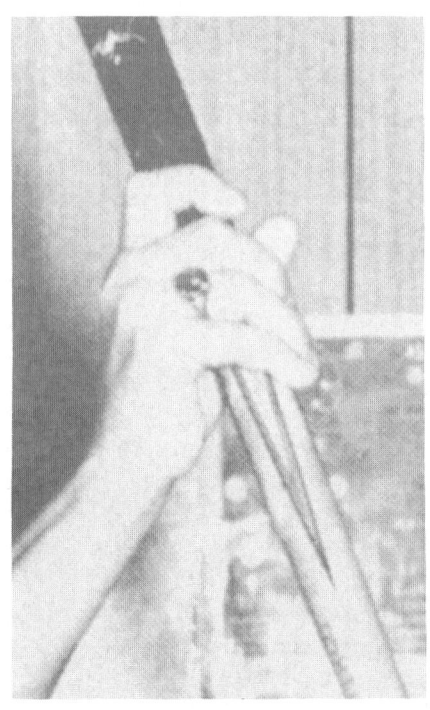

보통 마세의 그립

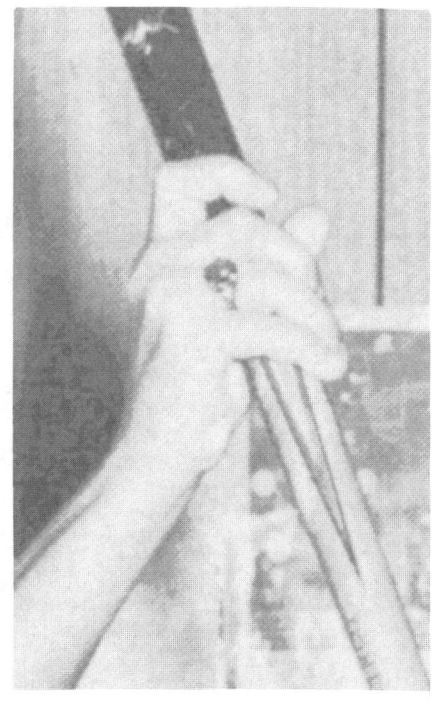

나쁜 그립

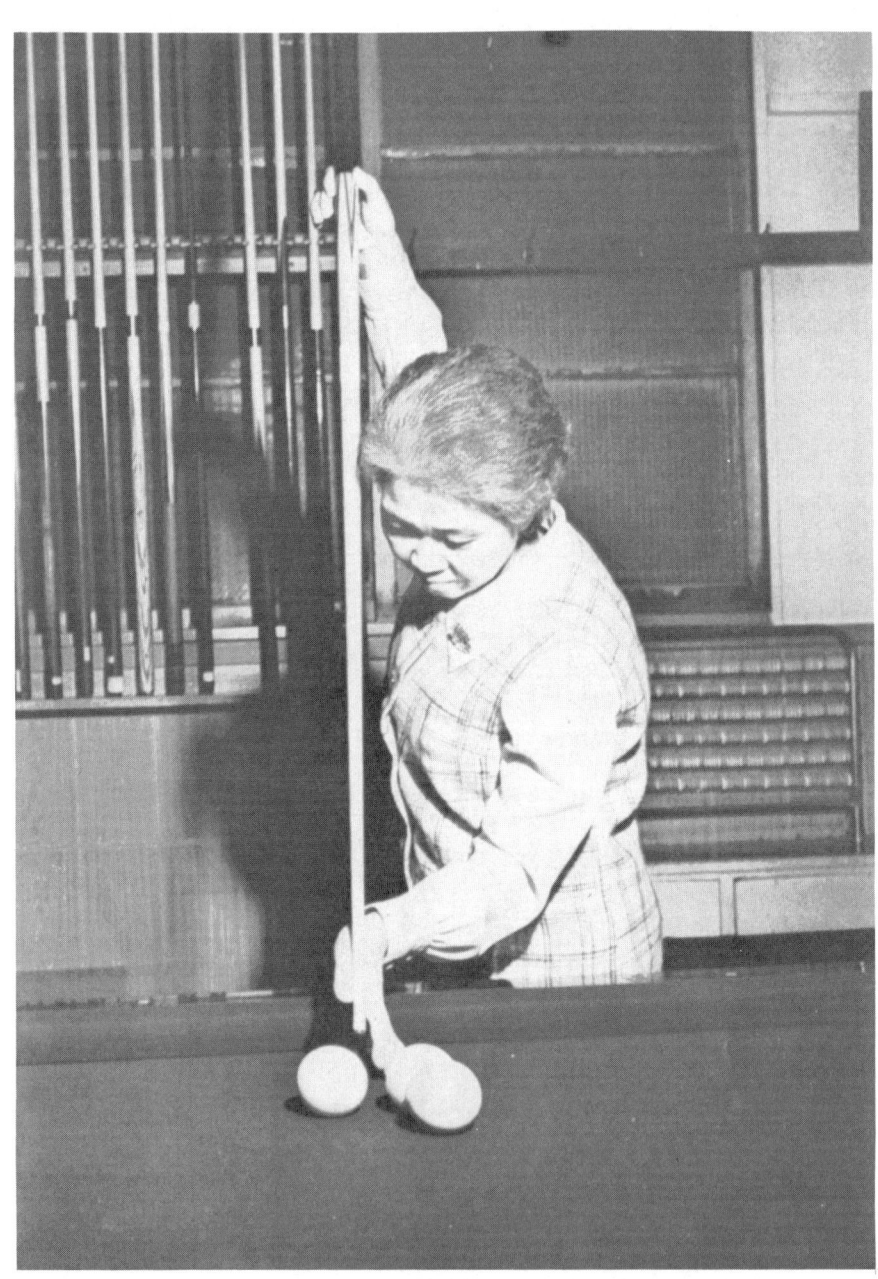

마세 폼

*Billiards*

# ② 당구 기법 기초

# 1 공의 운동과 진로

 당구는 경기 규칙에 따라 적구에 수구를 맞히면서 득점하는 경기라 할 수 있다.
 그러므로 경기의 실력을 익히기 위해 공 잡는 연습을 하기에 앞서, 물리적인 법칙을 바탕으로 한 회전 운동이나 진행하는 『공의 운동 원리』를 알아야 하고, 이 원리를 빨리 이해하려면 공 1개치기를 해봄으로써 터득해야만 한다.
 당구공은 지름 61.5mm의 선택 방법, 적구에 맞혔을 때의 두께(두터움), 쿠션에 닿았을 때의 입사 각도, 타구 때의 힘의 가감(조절) 등에 따라 회전 운동이나 진행을 미묘하게 변화시킨다.
 이 변화의 상태를 실제로 공을 치면서 당구술의 기초를 쌓아 나가도록 해야 한다.

## 수구의 당점

 적구에 수구를 맞히려면 공에 어느 부분을 쳐야 하는가 즉, 당점을 정하고 쳐야 한다.
 수구의 당점은 대체로, 중심·중심 위·중심 아래·오른쪽 옆·왼쪽 옆·오른쪽 위·오른쪽 아래·왼쪽 위·왼쪽 아래 등 9개로 나누어 부르고 있다.
 중심치기라고 하면 중심의 당점, 오른쪽 옆치기는 오른쪽 옆의 당점을 의미한다.
 공을 쳐 나갈 때는 둥근 공에 둥근 탭을 닿게 하여 치는 것이므로, 공의 가장자리를 잘못 치게 되면 미스 큐(miss cue) 또는 미스 숏(miss shot)이 일어난다.
 따라서 공을 칠 범위에도 한계가 있다. 초보자는 공의 지름을 10등분하여 그 중 6개를 이을 수 있도록 공의 중심부터 원을 그린다.
 이것을 $\frac{6}{10}$ 동심원이라고 하는 데, 미스 숏을 일으키지 않고 공을 칠 수 있는 범위는 이 동심원 안이다.
 이와 같이, 반구(半球)의 $\frac{6}{10}$ 동심원 안에 9개의 당점을 하고 나서, 이 당점을 정확하게 타구하는 연습을 한다.

연습을 되풀이 함에 따라 $\frac{6}{10}$ 동심원 안에 설정한 당점을 익숙하게 칠 수 있게 된다.

다음에는 공 가장 자리에 가까운 $\frac{7}{10}$ 동심원을 그리고 이 원 안에 정한 9개의 당점을 수월하게 칠 수 있도록 연습한다.

이와 같은 연습을 하는 동안에 당점의 차이에 따라 공이 어떠한 회전 운동을 하며 진로를 취하는가를 알게 되고, 또, 힘 조절이나 스냅(snap) 의 구사에 따라 어떻게 변화하는가도 알 수 있게 된다.

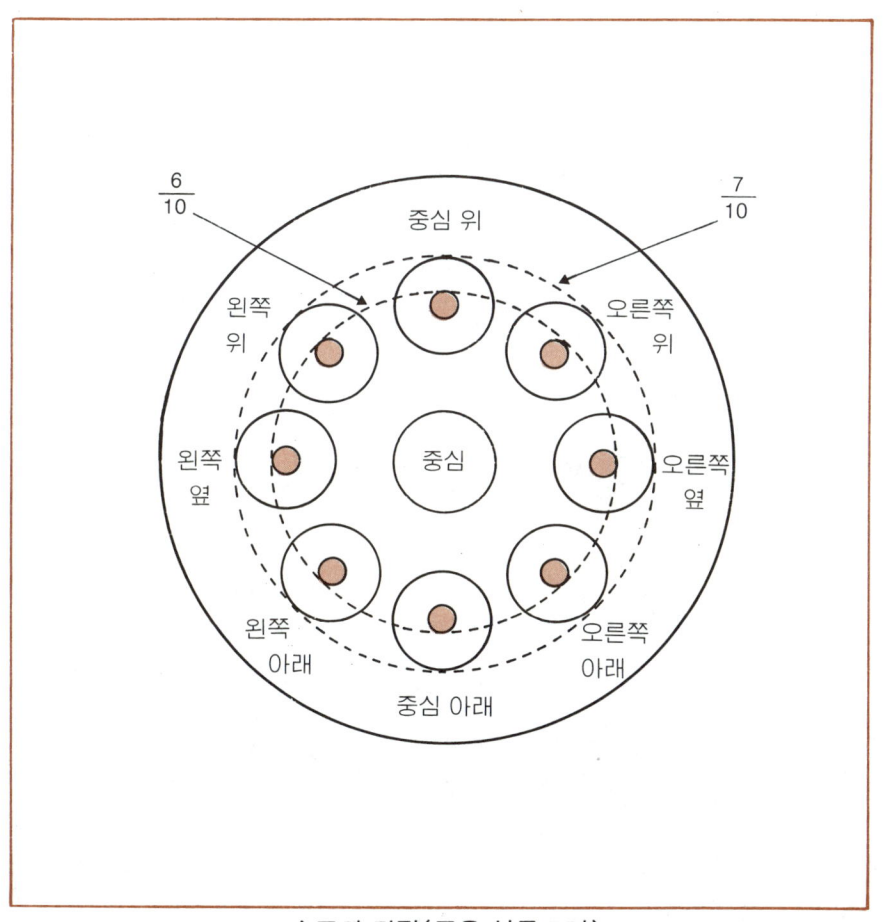

수구의 당점(공은 실물크기)

2. 기법 기초편 85

당점은 정해진 룰이나 법칙이 따로 있는 것은 아니다.
참고로 시계 조준, 팔방 조준, 방위 조준 방법을 소개해 둔다.

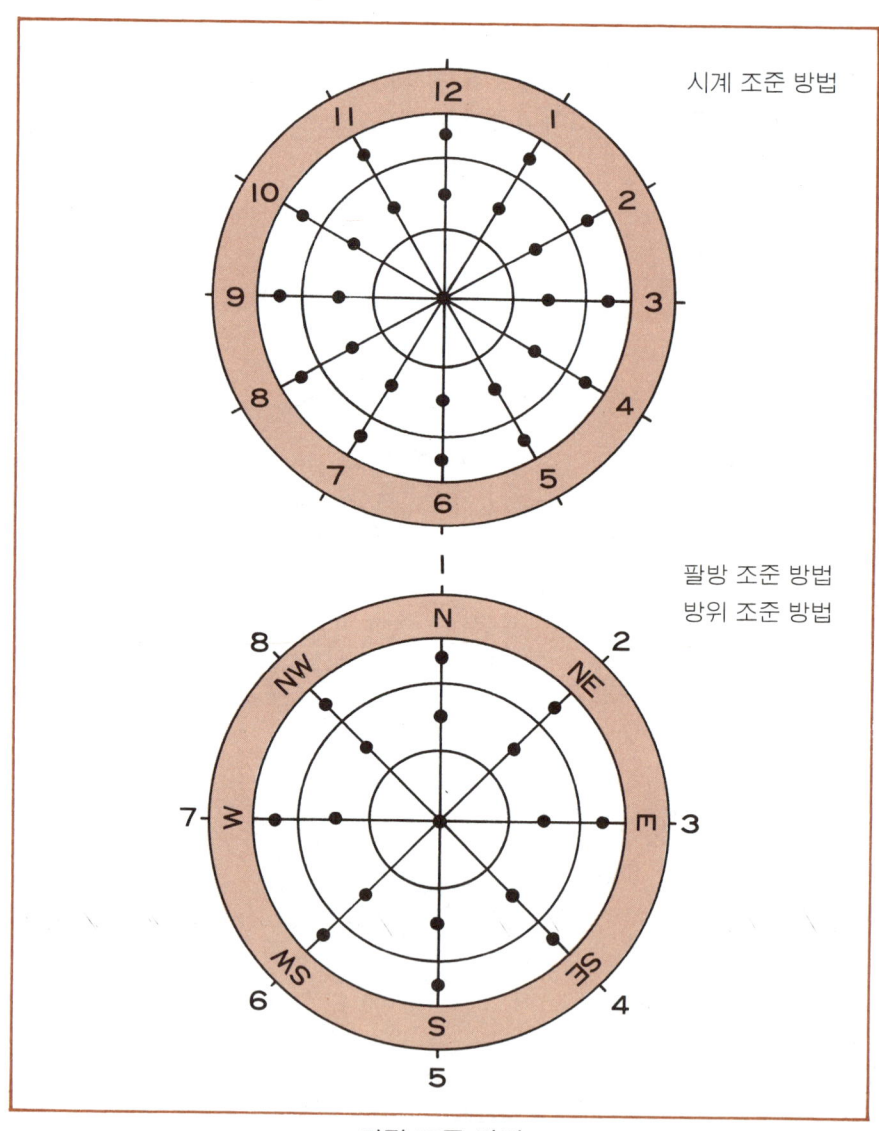

당점 조준 방법

# 당점과 공 잡는 법의 관련성

수구를 쳐낼 때의 당점은 9개가 있다고 설명했는데, 이것은 초보자가 정확하게 당점을 칠 경우의 포인트를 예시한 것이다. 실력이 향상되면 이러한 당점 외에 공을 칠 수 있는 범위가 넓어져, 공의 운동에 오묘한 변화를 주게 된다. 즉, 기법이 훌륭한 사람일수록, 공을 치는 범위가 어디든지 마음먹은 대로 칠 수 있게 된다.

이 그림은 $\frac{6}{10}$ 동심원 안의 중심 아래부터 중심 위를 향한 당점의 차이와 공 잡는 법의 관련을 표시한 것이다.

중심 위의 당점을 치면 밀어치기의 타구법이 되며, 중심 아래를 치면 끌어치기의 타구법이 된다. 이것은 당점과 공을 잡는 법과의 관련을 표시한 예에 지나지 않는다.

수구의 당점은 실제로 9개 이상이 있지만, 당점의 정확한 타구법 연습에서는 우선, 치기 쉬운 $\frac{6}{10}$ 동심원 안에 설정한 9개의 당점을 올바르게 칠 수 있어야 한다.

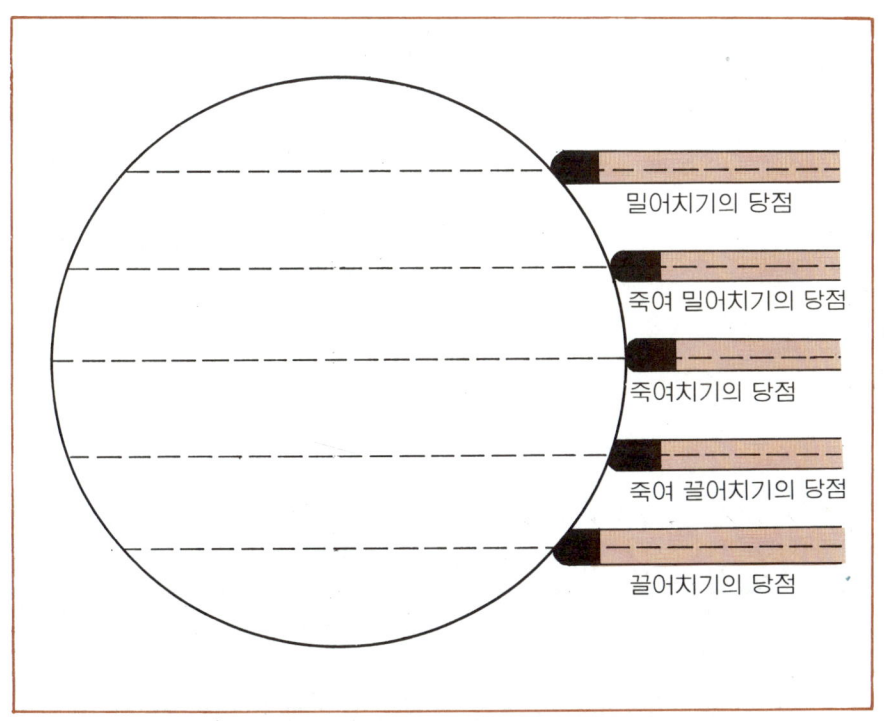

당점과 공 잡는 법의 관계(공은 실물 크기)

# 수구의 운동과 진로

수구는 당점의 차이나 힘의 조절에 따라 운동 방법과 진로를 바꾸게 되는데, 어디를 치면 회전이 어떻게 변화하는가를 알아둘 필요가 있다.

따라서 공의 회전은 당점에 따라 예측이 가능하게 되므로 당점의 특성을 충분히 파악해 두어야 한다.

경기를 유리하게 끌고 나가고자 한다면 당점과 공 회전의 인과 관계를 잘 이해해 두도록 하자.

## 중심 위를 쳤을 때의 회전

그림은 중심 위를 당점으로 하여 구르면서, 큐는 수평으로 유지하면서 수구를 쳤을 때의 회전을 표시한 것이다.

중심 위의 당점을 치면, 수구는 큐와 직선의 진행 방향으로 곧바로 나간다.

회전 속도나 구르는 상태는 당구대 면의 나사(천)의 질이나 힘의 조절에도 좌우되기 때문에, 나사나 쳐내기 방법의 차이에 따라 구르는 상태가 어떻게 변화하는가를 살피도록 한다.

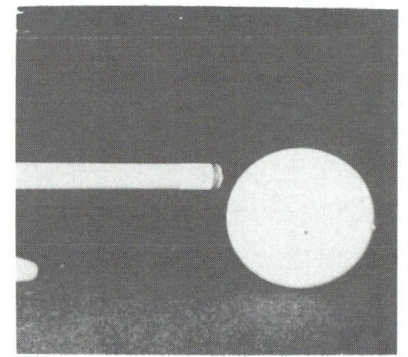

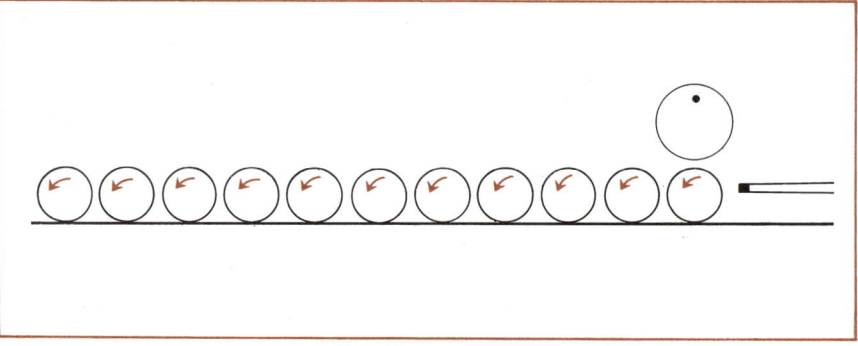

수구의 회전 운동① : 위치기 공의 회전

## 중심을 쳤을 때의 회전

중심 바로 위 또는 중심을 당점으로 하여 쳤을 경우, 수구는 곧바로 앞으로 구르지 않고 일정한 구간을 회전 없이 나가면서 순간 멈칫했다가 다시 구르기 시작한다.

이것은, 쳐낸 순간에는 나사의 위를 공이 미끄러졌다가 그 다음에는, 나사와의 마찰이 생겨 구르기 시작하기 때문이다. 활주 구간은 힘의 조절, 큐로 쳐냈을 때의 스냅의 움직임, 나사의 질 등에 따라 다르다.

## 중심 아래를 쳤을 때의 회전

공을 칠 수 있는 최하부의 중심 아래를 치면, 처음엔 약간 잘 구르다가 순간 멈칫하고, 역회전이 걸릴 상태로 구르다가 잠시 후 전진 회전으로 바뀌어 구른다. 그러나 쳐내는 방법에 따라서는 활주의 구간이 길어져 쿠션이나 적구에 맞았다가 역회전을 하는 경우도 있다.

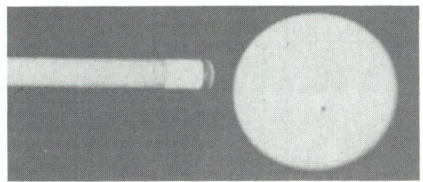 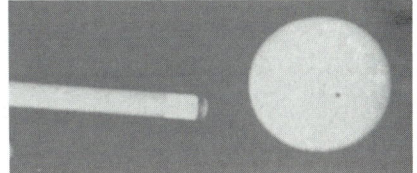

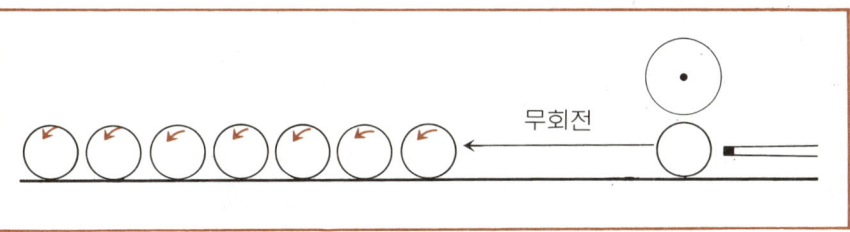

수구의 회전 운동② : 중심치기 공의 회전

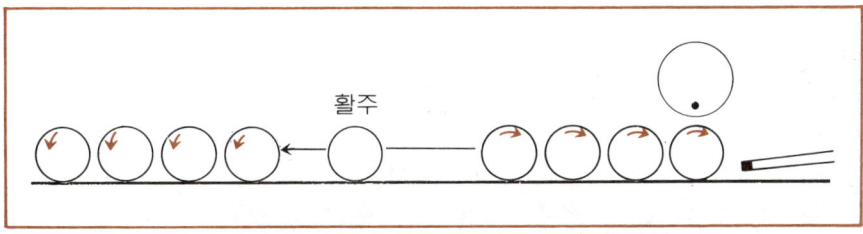

수구의 회전 운동③ : 아래치기 공의 회전

# 오른쪽 옆, 왼쪽 옆을 쳤을 때 회전

그림은 오른쪽 옆과 왼쪽 옆을 쳤을 때의 회전과 진로를 표시하고 있다. 큐를 수평으로 하여 공의 왼쪽 옆을 치면 처음엔 약간 활주하였다가, 그 다음에 시계방향으로의 회전과 전진회전을 혼합하면서 나간다. 반대로 오른쪽 옆을 쳤을 경우에는 시계반대 방향으로의 회전과 전진 회전을 혼합하면서 나간다.

그러나 쿠션에 직각으로 넣었을 때, 오른쪽 옆을 쳤을 경우는 오른쪽 32° 전후의 반사 각도로 나가고, 왼쪽 옆을 쳤을 때는 왼쪽 옆 32° 전후의 반사 각도로 나간다.

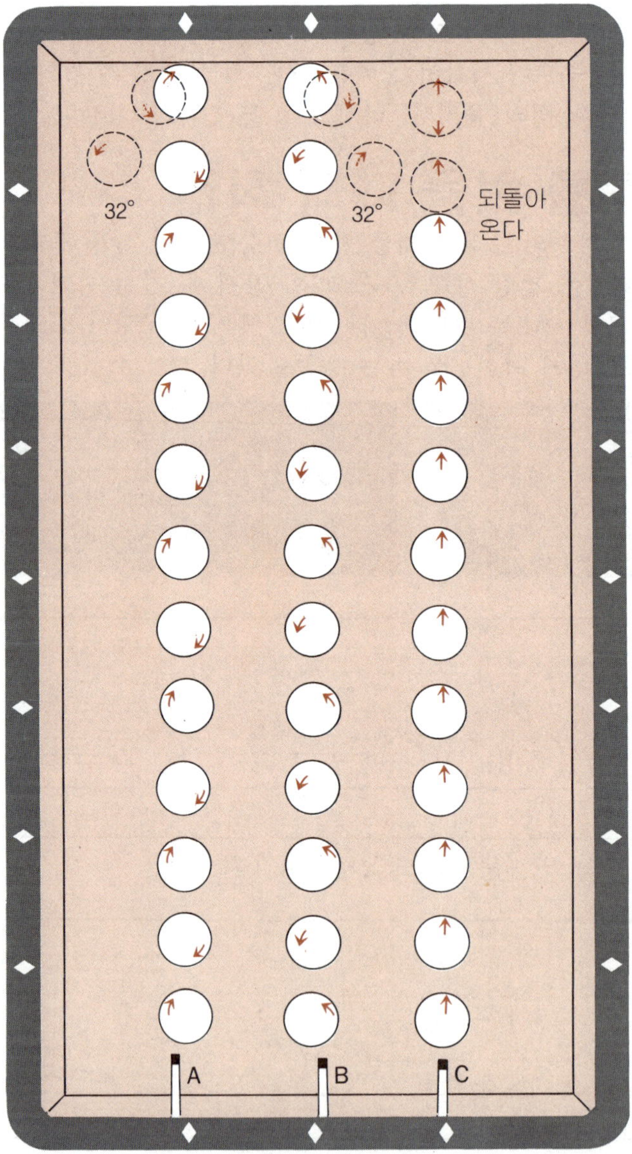

수구의 회전 운동과 진로

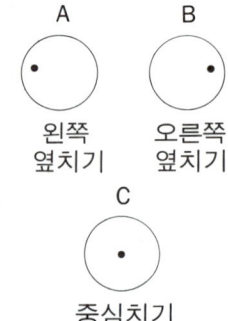

A 왼쪽 옆치기
B 오른쪽 옆치기
C 중심치기

쿠션에 맞은 후는 그전까지의 옆으로의 회전과는 반대인 회전과 전진 회전을 혼합하면서 나간다. 이상과 같은 회전 및 진행은 큐를 수평으로 하여 쳤을 경우인데, 큐 밑 부분을 세워서 치면 직선으로 진행하지 않는다. 또한, 오른쪽 옆을 쳤을 때는 왼쪽으로, 왼쪽 옆을 쳤을 때는 오른쪽으로 약간의 커브를 그리면서 옆 회전과 전진 회전을 혼합하며 나간다. 이와 같이 수구에 옆 회전으로 공의 운동에 변화를 주는 타구법을 『비틀기 : english』라고 한다.

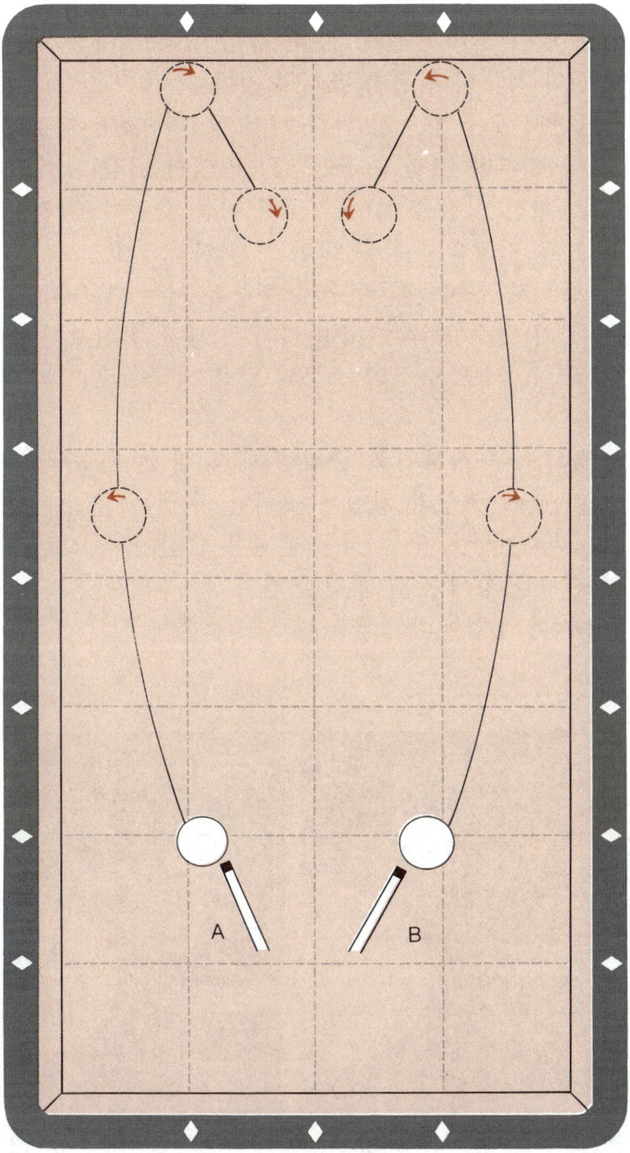

비틀기를 가했을 때의 공의 회전

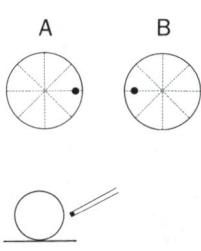

# 수구와 적구의 운동과 진로

당점의 차이에 따른 수구의 회전 운동은 앞의 설명과 같은데, 다음은 적구에 수구를 맞히면 이들 공의 운동과 진로가 어떻게 변화하는가를 알아 보자.

그림은 수구의 당점을 중심 위에서 중심, 또는 중심 아래로 내려 쳐서 적구에 맞혔을 때의 수구와 적구의 진로를 표시한 것이다.

큐를 수평으로 유지하면서 수구의 중심 위를 쳐서 적구의 정면에 맞힌 순간에 수구의 진행 방향에 따라 전진 회전을 일으키면서 나간다. 수구도 앞에서와 마찬가지로, 전진 회전을 하여 적구의 뒤를 쫓는다. 이것은 밀어치기(follow)를 할 경우 적구의 운동에 대한 기본 원리이다.

그런데 큐를 역시 수평으로 유지하여 수구의 중심을 쳐서, 적구의 정면에 전진 회전을 하기 전의 활주 중에 맞히면, 수구는 닿은 위치보다 약간 뒤로 와서 멈춘다. 이것은 쳐낸 수구의 운동의 힘을 적구에 부여하기 때문이다.

마지막으로 큐를 수평으로 유지하면서 중심 아래를 칠 경우, 수구가 아직 역회전의 힘을 잃기 전에 적구의 정면에 맞히면, 수구는 적구에 닿은 순간 몸쪽의 정면에 맞히면서 수구는 적구에 닿은 순간 몸쪽으로 후진하며, 적구만 수구의 진로를 향해 전진 회전을 한다.

이것은 끌어치기(draw)의 수법이다.

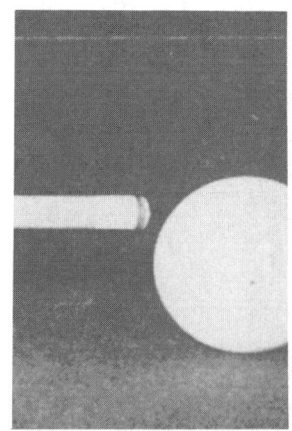 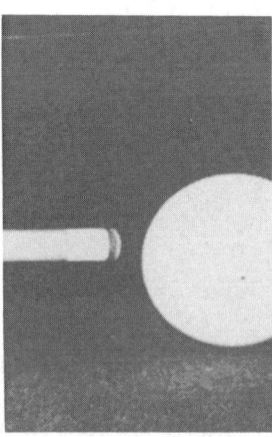 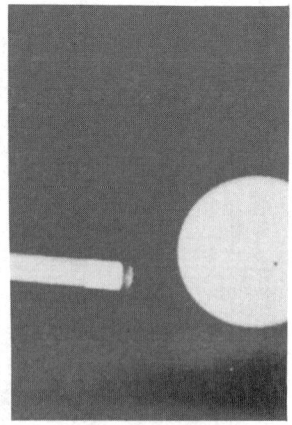

밀어치기의 당점      중심치기의 당점      끌어치기의 당점

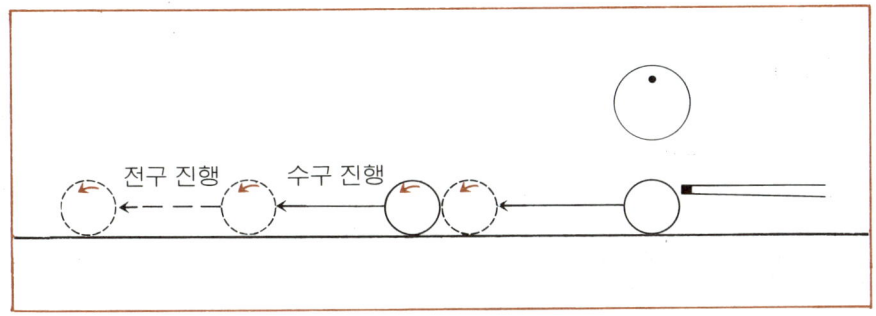

수구와 적구의 운동과 진로①: 밀어치기의 수구와 적구

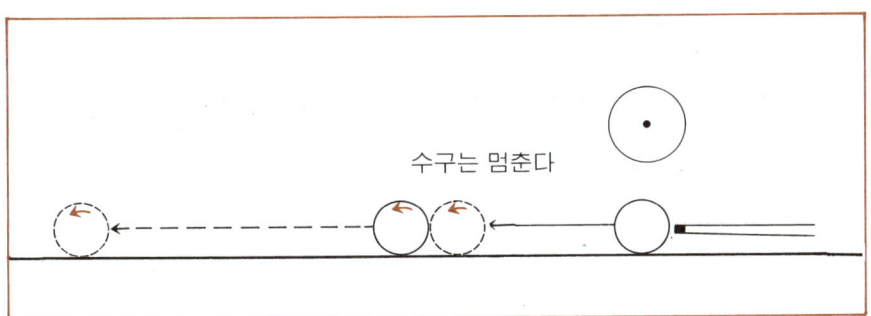

수구와 적구의 운동과 진로②: 중심치기

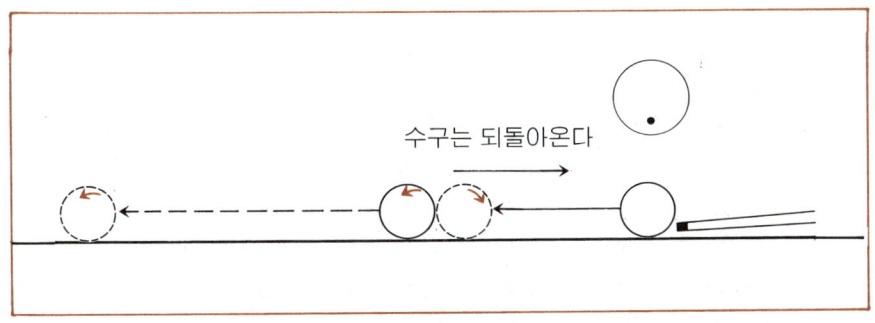

수구와 적구의 운동과 진로③: 끌어치기의 수구와 적구

# 두께를 주는 방법

수구를 적구에 맞히는 데는 두께의 수법(수구와 적구가 겹치는 비율)을 중요시한다. 두께의 수법을 그르치면 목표한 대로의 수구와 적구를 보내지 못하게 된다.

두께의 수법에 따라 수구와 적구의 진로가 어떻게 변화하는가를 논하기 전에, 두께를 주면서 치는 것에 대해 설명하기로 한다.

## 두께의 목적

두께는 그림과 같이 중앙 · $\frac{3}{4}$ · $\frac{2}{3}$ · $\frac{1}{2}$ · $\frac{1}{3}$ · $\frac{1}{4}$ 등으로 나눈다.

두께를 걸어 치기의 연습에는 우선, 수구가 닿는 접점과 겨냥점이 다르다는 것을 주의해야 한다.

### ① 중앙의 겨냥점

중앙은 가장 두터운 두께를 가하는 방법이며 수구의 중심과 적구의 중심인 P점이 겨냥점이 된다.

### ② $\frac{3}{4}$의 겨냥점

$\frac{3}{4}$의 두께를 거는 겨냥점은 3등분한 P점이 겨냥점이 된다. 적구에 맞았을 때, 선단(先端)을 연장하면 $\frac{3}{4}$만 겹친 상태가 된다.

### ③ $\frac{2}{3}$의 겨냥점

$\frac{2}{3}$의 겨냥점은 적구의 지름을 3등분한 1점보다 약간 벗어난 P점이 겨냥점이 된다. 적구에 맞았을 때의 수구의 선단을 연장하면, $\frac{2}{3}$만큼 겹친 상태가 된다. 일반적으로 $\frac{2}{3}$까지의 두께를 『두껍게 맞힌다』라고 말한다.

### ④ $\frac{1}{2}$의 겨냥점

$\frac{1}{2}$의 두께는 적구에 맞았을 때, 수구의 선단을 연장한 선이 적구의 지름을 2등분한 중간의 중심을 겨냥하는 방법이다. 겨냥점은 적구 선단의 P점으로 한다.

### ⑤ $\frac{1}{3}$의 겨냥점

$\frac{1}{3}$의 두께는 적구의 선단에서 약간 떨어진 P점이 겨냥점이 된다. 적구에 맞은 수구의 선단을 연장하면, 적구의 $\frac{1}{3}$에 겹친 상태가 된다.

### ⑥ $\frac{1}{4}$의 겨냥점

$\frac{1}{4}$의 겨냥점은 적구의 지름을 4등분하여, 그 지름을 연장한 P점이 겨냥점이 된다. 이 P점은 적구의 길이의 $\frac{1}{4}$을 가산한 위치가 된다.

$\frac{1}{2}$이하의 두께를 『얇게 맞힌다』라고 한다.

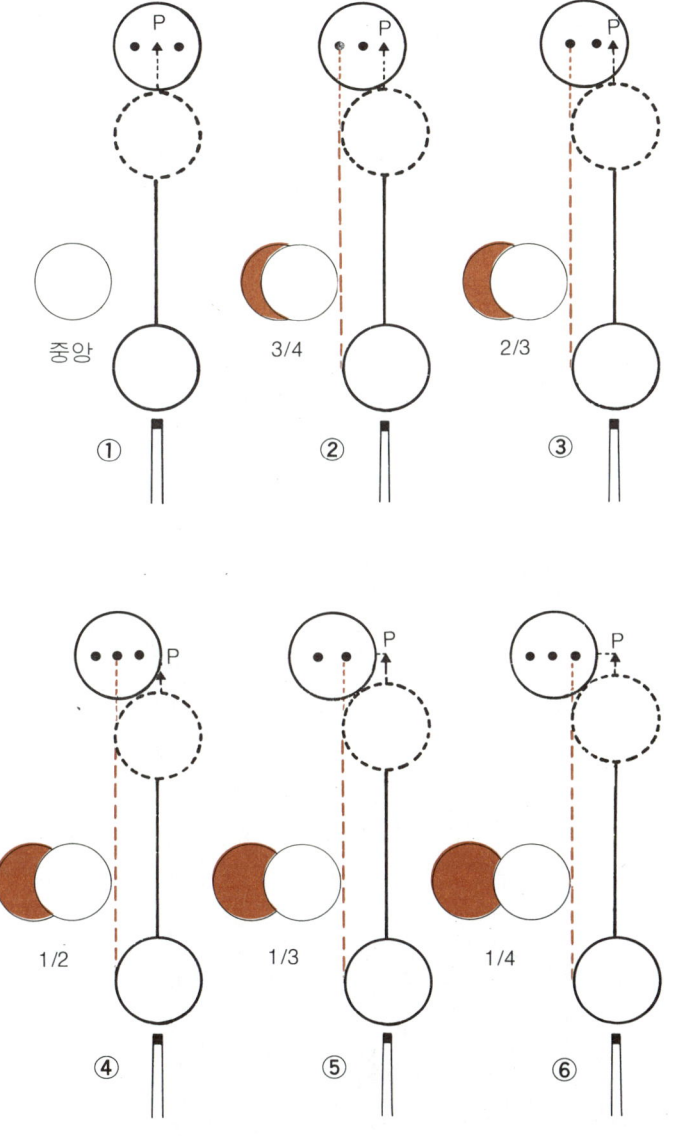

두께와 겨냥점

# 힘의 조절과 진로

공을 쳐낼 때의 힘의 조절은 말로는 표현하기 어렵다. 여기서는, 긴 쿠션에 공을 보내어 도달한 거리를 기준으로하여 다음 5단계로 구분하여 표시하기로 한다.
① 강하게 친다 ② 약간 강하게 친다 ③ 보통으로 친다 ④ 약간 약하게 친다 ⑤ 약하게 친다.

적구를 같은 거리에 놓고 같은 두께와 같은 당점으로 수구를 쳐서 힘의 조절을 바꾸면, 적구와의 분리각이 달라진다. 힘의 조절은 공의 회전 속도나 달리는 거리를 컨트롤하는 동시에 수구의 진로를 바꾼다.

그림은 힘의 조절을 5단계로 나누어 공이 도달하는 위치를 표시하고 있다.

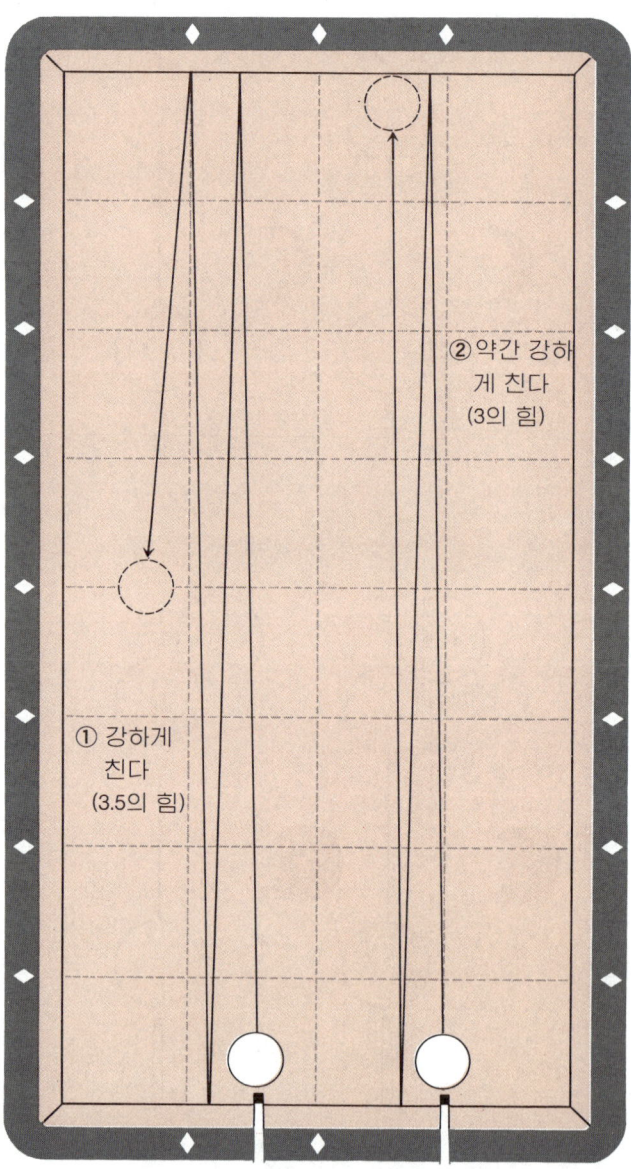

긴 쿠션에 넣었을 때의 힘 조절의 표준

힘의 조절은 설명을 듣는 것보다 스스로 타구하면서 터득하는 도리밖에 없으므로, 그림과 같이 공의 도달점을 표준으로 강하게 또는 약하게 칠 때의 힘의 조절을 익히도록 해야 한다.

그림은 공을 쿠션에 보냈을 때 긴 쿠션과의 비율을 표시하고 있다.

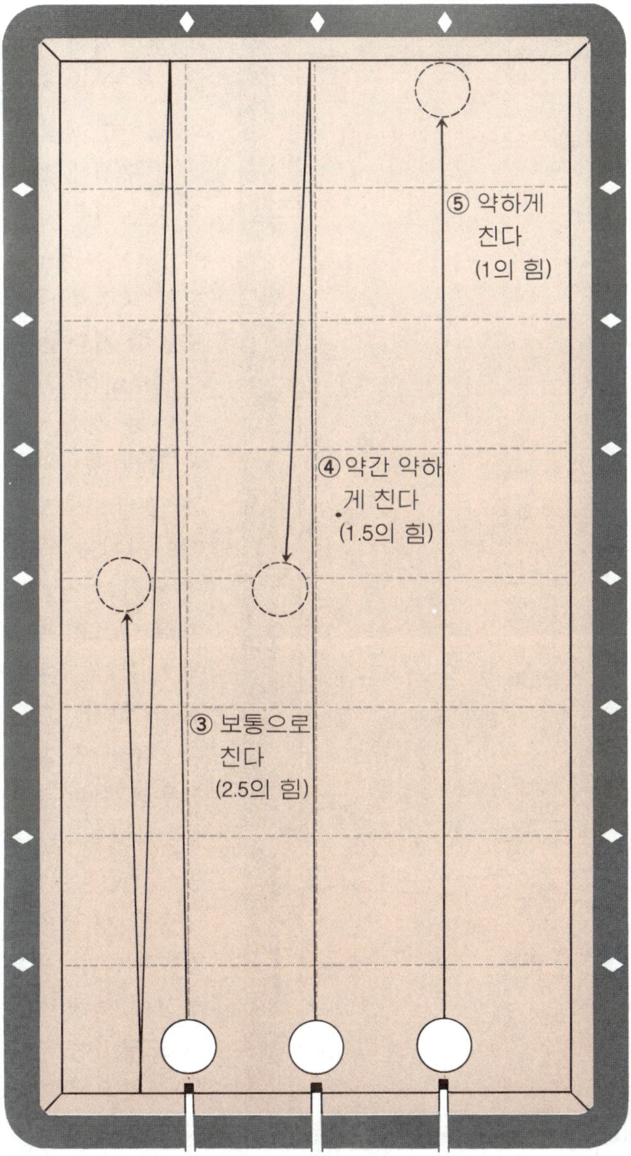

⑤ 약하게 친다 (1의 힘)

④ 약간 약하게 친다 (1.5의 힘)

③ 보통으로 친다 (2.5의 힘)

긴 쿠션에 넣었을 때의 힘 조절의 표준

당구대의 경기 면적은 긴 쿠션이 1이라 하면 짧은 쿠션의 길이는 그 절반의 길이가 된다. 그러므로 긴 쿠션에서 약하게 쳤을 때의 힘의 조절을 짧은 쿠션에 도달시킬 경우에 약 절반 정도의 힘이면 된다.

긴 쿠션에 보낸 경우와 짧은 쿠션에 보낸 경우의 힘의 조절을 공이 도달한 거리를 기준으로하여 산정한다는 것은, 공이 길게 뻗어나가는 중에 가속도가 떨어지거나, 쿠션의 튕기는 상태에 따라 다르기 때문에 정확한 대비는 될 수 없다. 그러나 쿠션에 보낸 경우의 힘의 조절을 파악하는 가늠이 된다.

큐의 힘 조절은 긴 쿠션과 짧은 쿠션에 보내서 공이 도달하는 거리를 표준으로 연습하면 좋다.

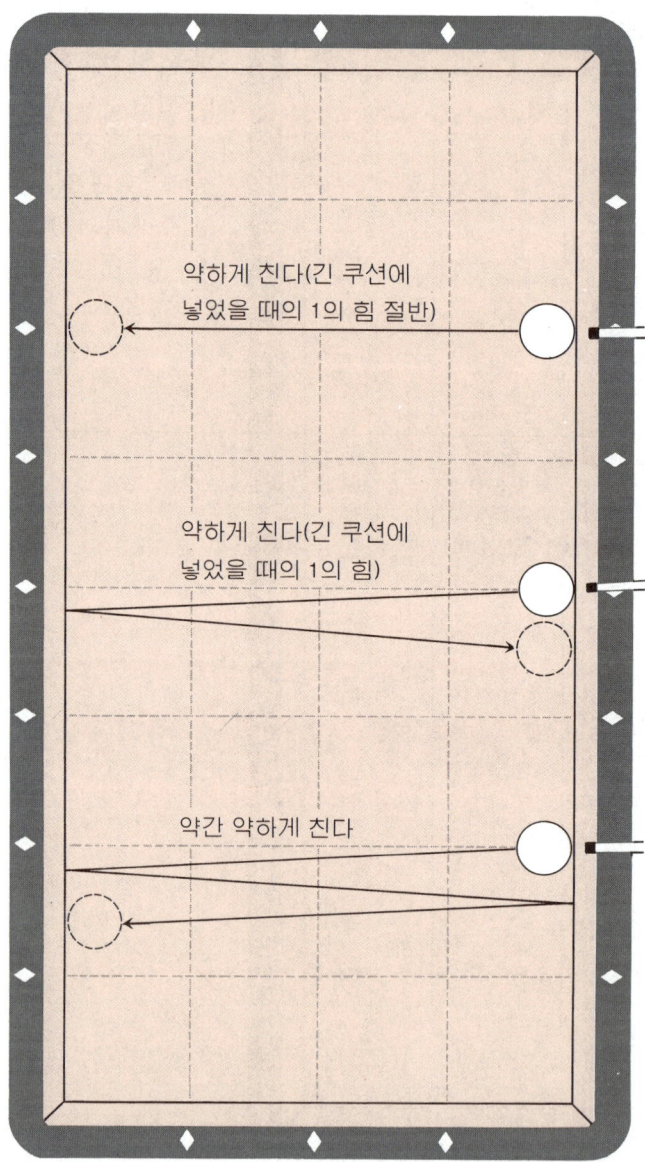

짧은 쿠션에 넣었을 때의 힘 조절의 표준

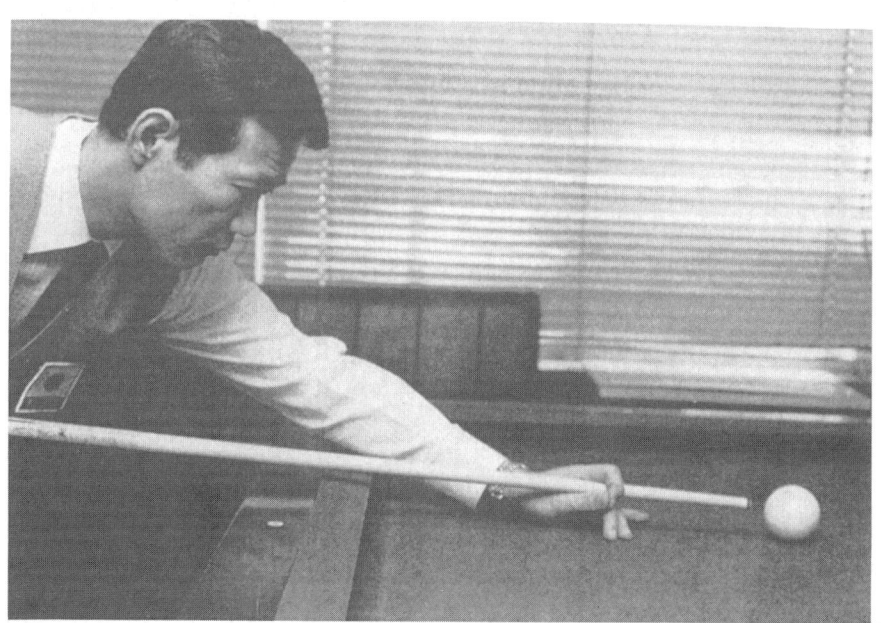

짧은 쿠션에 보내는 연습

# 공의 진로와 반사각

수구가 적구에 맞고 나서의 회전 운동은 힘의 조절, 두께의 조정, 당점 등의 차이에 따라 갖가지로 변화한다.

당구는 '쿠션을 얼마만큼 유효하게 사용하느냐'를 겨루는 경기라고 해도 좋을 것이다.

당점의 12시 포인트를 쿠션을 향해 곧바로 쳤을 때는 당연히 똑같은 코스로 공이 되돌아온다.

그것은 공의 운동 방향에의 중심축이 쿠션에 맞고 나서도 변하지 않기 때문이다.

그러나 쿠션을 향한 공의 운동 방향의 각도가 크거나 작거나 하면 쿠션에 맞았을 때 공의 중심축이 쿠션에 의해 변화를 받기 때문에 쿠션에서 직각의 중심선을 경계로 반대 방향으로 공은 흘러가고 만다. 이 때의 공의 입사·반사(入射·反射) 각도는 실제로는 다른 경우도 있지만 기본적으로는 같다고 생각해도 좋을 것이다.

수구나 적구의 회전 운동이나 진로를 다양하게 변화시키는 기법을 습득하려면 우선, 수구의 반사각과 진로, 적구의 분리각과 진로 등의 기본적인 원칙을 알아 두어야 한다.

## 수구의 기본적인 반사각

다음 그림은 중심 위에서 중심 아래에 걸쳐 수구의 당점을 점차 내리면서 $\frac{1}{2}$의 두께를 걸어 적구에 맞히었을 때의 반사각을 표시한 것이다.

쳐내기의 힘 조절을 보통으로 하여, 중심 위(①)를 당점으로 하면, 적구와 수구의 중심을 잇는 선에 대하여 45°의 각도를 취하면서 반사한다.

같은 힘 조절과 두께에 의해 당점이 내려감에 따라 반사각은 중심 위의 당점보다 넓어지며 중심의 당점을 타구하면 약 67°로 또, 중심아래의 하단 (⑥)을 치면 90°로 반사한다.

4구 경기의 플레이 중에는 이러한 타구법을 사용하는 수가 많기 때문에 두께, 당점, 힘 조절의 균형을 잡으면서 이 연습을 되풀이해야 한다.

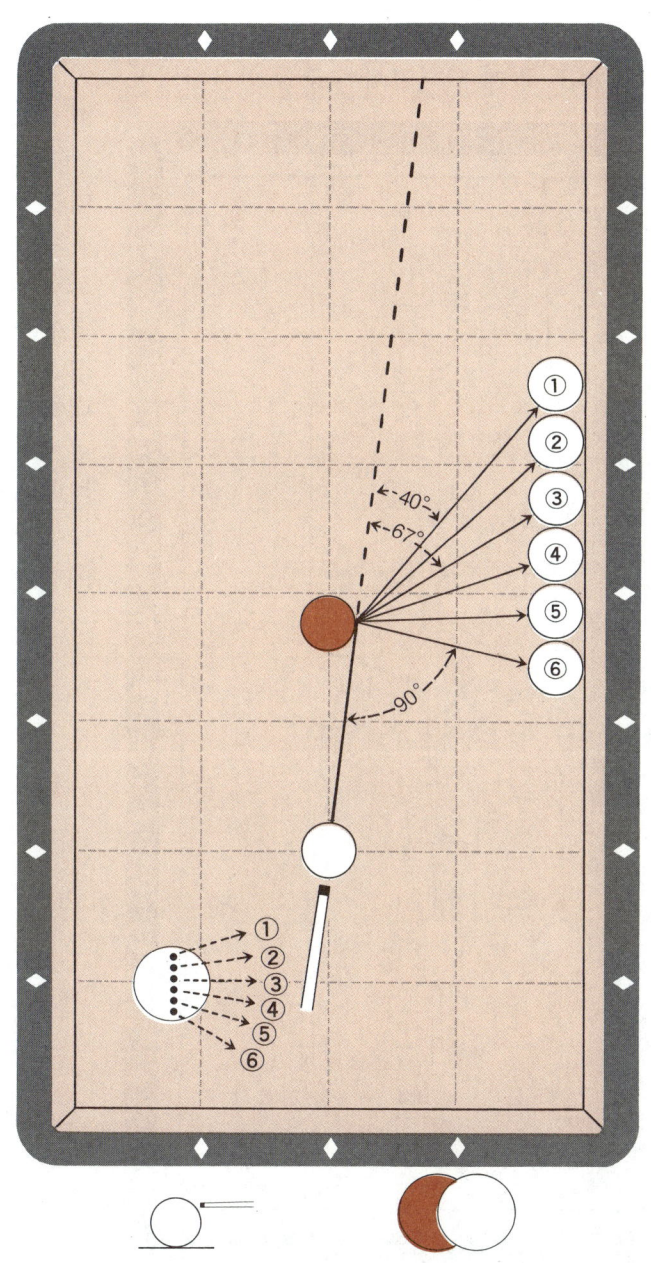

수구의 기본적인 반사각

# 두께 차이에 의한 수구의 반사각

수구의 반사각은 두께 여하에 따라 당연히 변화한다. 보통 쳐내기에 의해 두껍게 또는 얇게 맞히면서 수구를 반사시키면, 그림1과 같이 된다.

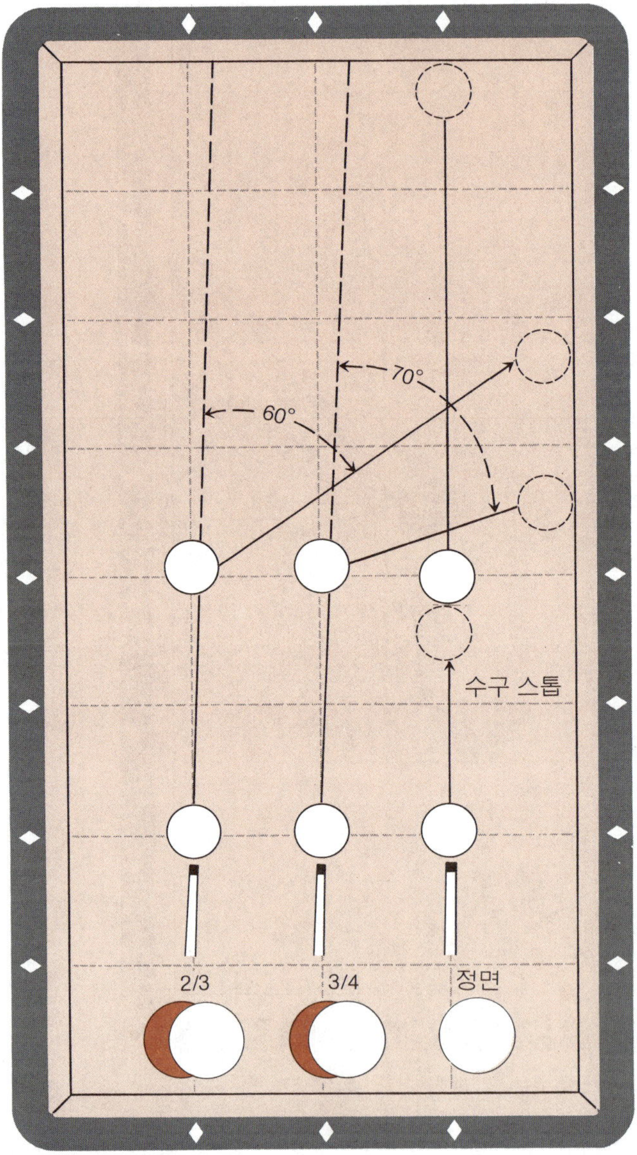

가장 치기 쉬운 중심의 당점보다 약간 위에다 당점을 두고 $\frac{3}{4}$의 두께로 치면, 적구의 중심과 수구의 중심을 잇는 선에 대하여 약 70°의 반사각이 이루어지며, 얇게 닿을 수록 반사각은 적어진다.

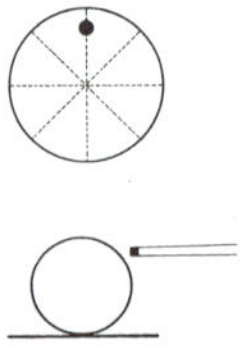

두께 차이에 따른 수구의 반사각(1)

$\frac{1}{4}$의 두께를 걸면, 같은 당점과 힘 조절로 쳐도 반사각은 약 20°가 된다. 수구는 두껍게 맞힐수록 자기 앞쪽으로 가까이 반사하며, 얇게 맞힐수록 이쪽 보다 멀리 반사하는 원리로 되어 있다.

두께 차이에 따른 수구의 반사 각(2)

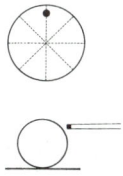

# 당점 차이에 따른 수구의 반사각

두께를 주는 법과 힘의 조절뿐 아니라 당점의 차이에서 생기는 반사각의 관련은, 일반적으로 적구와 수구의 중심을 잇는 선에 대하여 45°의 반사각을 기준으로 한다. 즉, 45°이하로 할 경우, 당점을 위로, 45° 이상의 각도로 반사시킬 경우에는 중심보다 아래의 당점을 선택한다. 그림1은 1/2의 두께를 걸어 큐를 수평으로 유지하면서 중심보다 약간 위를 쳤을 때와, 중심 위 가득 찬 당점을 쳤을 때의 비교를 들어 본 것이다.

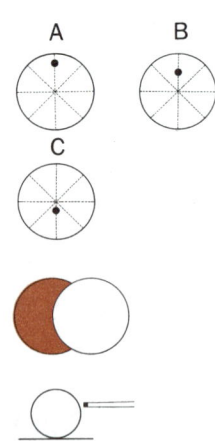

당점 차이에 따른 수구의 반사각(1)

그림 2는 그림 1과 관련시켜, 힘의 조절과 두께를 주면서 좌우로 당점을 약간 미끄러지게 한 경우의 반사각을 표시한 것이다.

좌우의 당점을 쳐서 비틀기를 부가하면, 오른쪽 옆의 경우에는 중심(위 아래도 같음)의 당점을 쳤을 때 보다 안쪽으로, 왼쪽 옆의 경우에 이와는 반대의 바깥쪽으로 되어 반사각은 적어진다. 어느 경우이든, 힘 조절에 따라 반사각이나 커브의 상태도 달라지므로, 당점의 차이에 따른 수구의 반사각을 익힐 때는 특히 힘 조절에 주의한다.

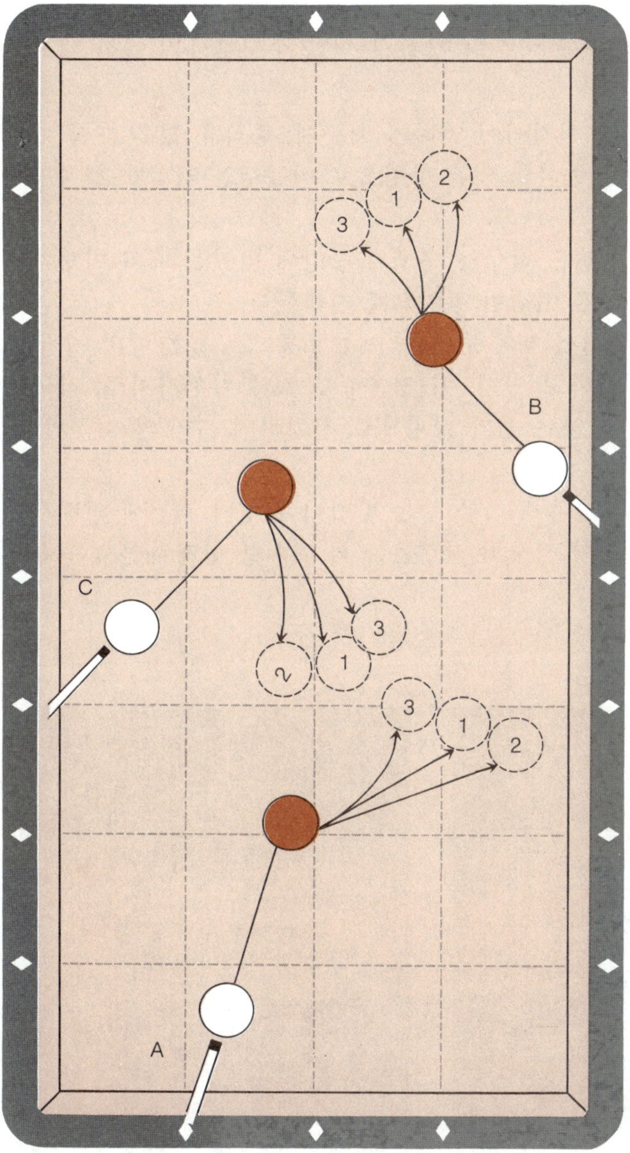

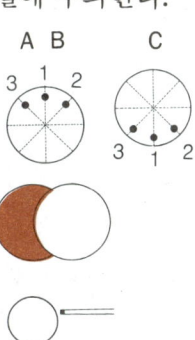

당점의 차이에 따른 수구의 반사각(2)

# 수구와 적구의 분리각

 적구에 수구가 맞으면, 적구가 수구의 중앙에 맞았을 때와 같은 상태가 되어, 그림1에서의 A와 같이 수구의 중심 S와 적구의 중심 P를 잇는 선으로 진로를 취하면서 달린다.
 이 때의 적구는, 수구를 아무리 강하게 쳐도 수구보다는 약한 힘으로 전진 회전을 한다.
 즉, 적구는 수구보다 회전력이 약하기 때문에, 중심을 쳤을 때와 마찬가지로 적구와 수구의 중심을 잇는 방향으로 비틀림을 약하게 취하면서 나간다.
 어떻든간에 수구에 맞은 적구는 수구의 중앙에 맞았을 때와 마찬가지로 수구와 적구의 중심을 연결한 방향으로 진행한다.
 B는 수구의 중심을 쳐서 $\frac{2}{3}$의 두께를 주어, 보통으로 쳤을 때의 수구와 적구의 분리각을 예시하고 있다. 이 경우에도 A와 마찬가지로, 적구는 수구와 적구의 중심을 잇는 선의 방향으로 진행하여, 수구와 적구의 분리각은 약 90°가 된다.
 수구와 적구의 분리각은 두께를 주는 방법이나 힘의 조절에 의해서도 달라지기 때문에, 수구와 적구의 진로는 공의 위치를 변경하면서 연습에 의해 구별하도록 한다.

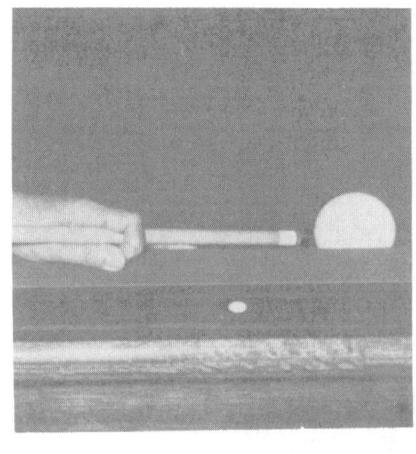
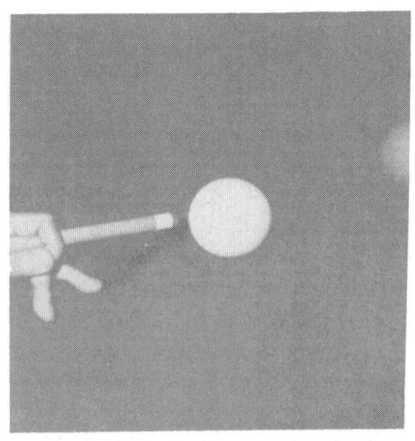

예상하는 진로에 수구를 굴려 보낸다

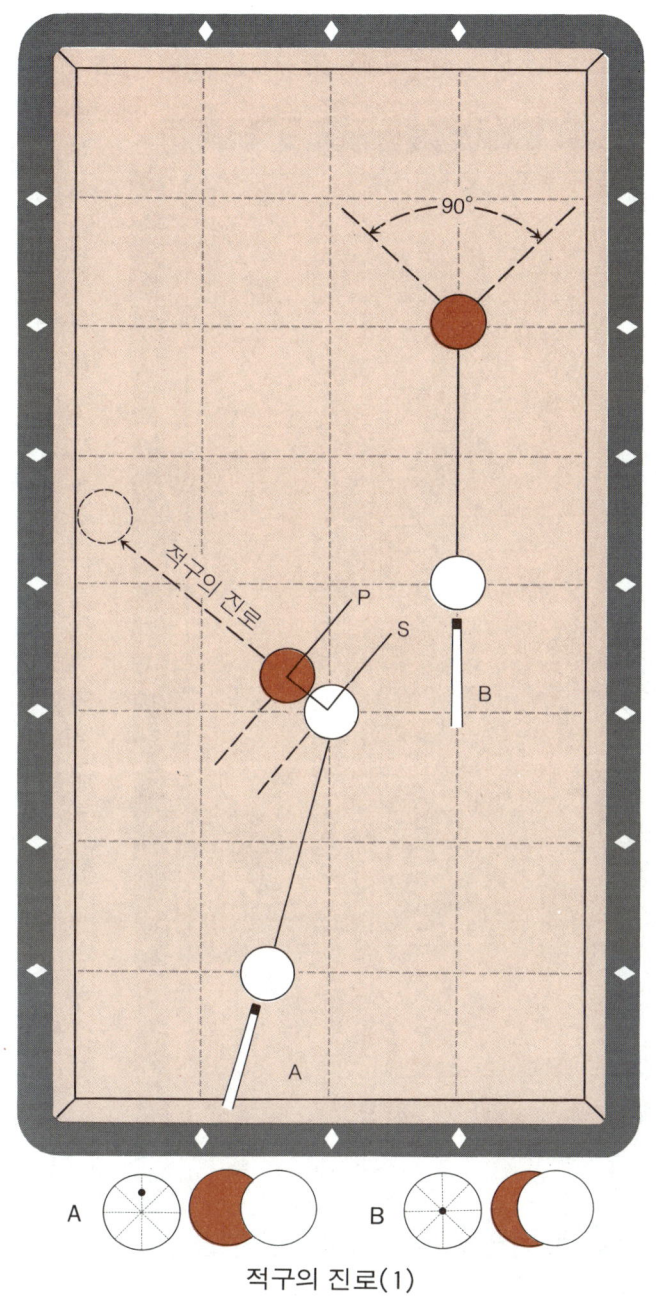

적구의 진로(1)

그림 2의 A는, 적구를 다음에 득점하기 쉽도록 하는 위치로 보내려 할 경우의 수구와 적구의 진로를 예시한 것이다. B와 같이 타구하면 다음에 숏할 때 불리한 공의 배치가 되는데, A와 같이 중심 위를 쳐서 $\frac{1}{3}$ 의 두께를 걸면 다음 득점이 수월해질 수 있다. 수구의 중심을 치고, 적구와 수구를 약 90°로 분리시키는 연습을 한 다음, 제2적구의 위치를 가정하고 여기에 수구를 맞히는 동시에, 다음 득점을 하기 쉬운 위치에다 공을 보내는 연습을 한다.

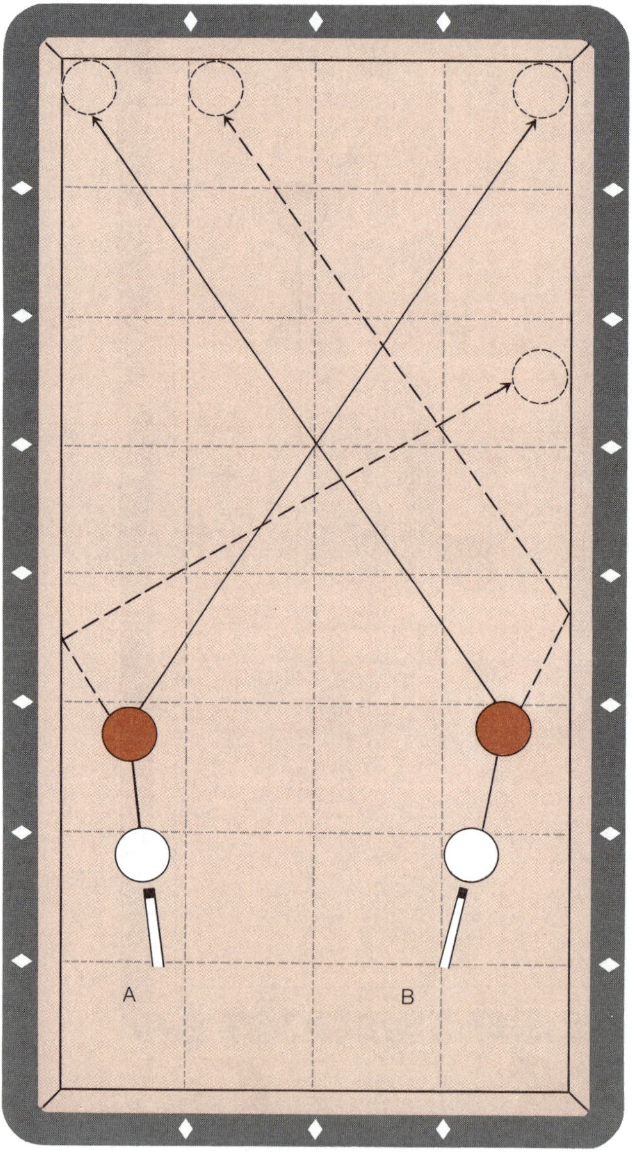

적구의 진로(2)

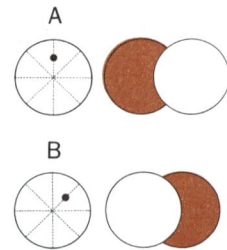

# 중심 위·왼쪽 위·오른쪽 위를 쳤을 때의 분리각

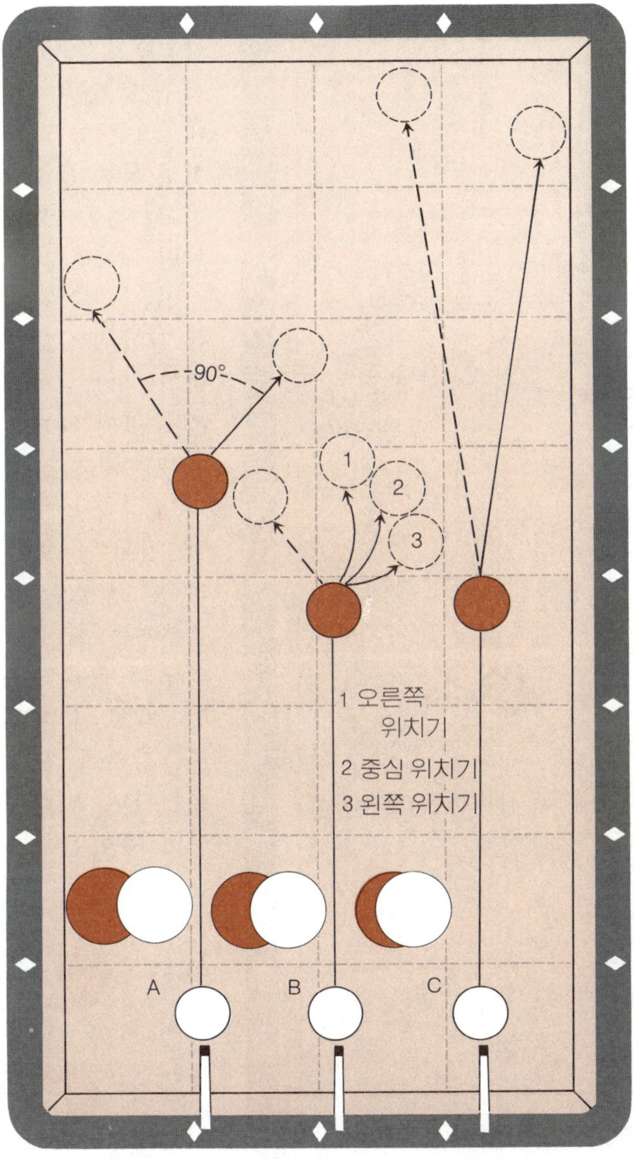

수구와 적구의 분리각은 두께를 주는 방법, 힘 조절의 차이에 따라 갖가지로 변화한다는 것은 앞에서 설명했다.

A의 경우는, 올바로 수구의 중심 위를 쳐서 $\frac{1}{3}$의 두께를 가한 경우의 수구의 분리각을 표시한 것이다. 그런데 두께를 $\frac{1}{2}$로 바꾸어, B처럼 중심 위를 쳤을 때의 수구는 약간 커브를 그리며 진행, 수구와 적구의 분리는 90°보다 좁아진다.

C는 중심 위를 쳐서 $\frac{3}{4}$의 두께를 가한 경우의 수구와 적구의 분리각과 진로이다.

중심 위치기의 수구와 적구의 분리각

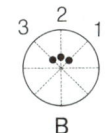

## 중심을 쳤을 때의 분리각

그림의 A는 $\frac{1}{3}$의 두께를 걸어 중심치기를 한 경우와, 왼쪽 옆이나 오른쪽 옆의 당점을 쳤을 경우의 비교이다. 이러한 두께치기의 경우에는, 중심 치기를 하면 약 90°로 수구와 적구가 분리하는데, 오른쪽 옆을 치면 이보다 넓어지고, 왼쪽 옆을 치면 좁아진다.

B는 $\frac{1}{2}$의 두께를 걸어 중심보다 약간 위를 쳐서 힘 조절의 차이에 따른 수구와 적구의 분리각을 예시한 것이다. 보통의 힘 조절로 쳤을 때는 수구와 적구의 분리각은 약 90°로 분리되고, 강하게 치면 넓어지며, 약하게 치면 좁아진다.

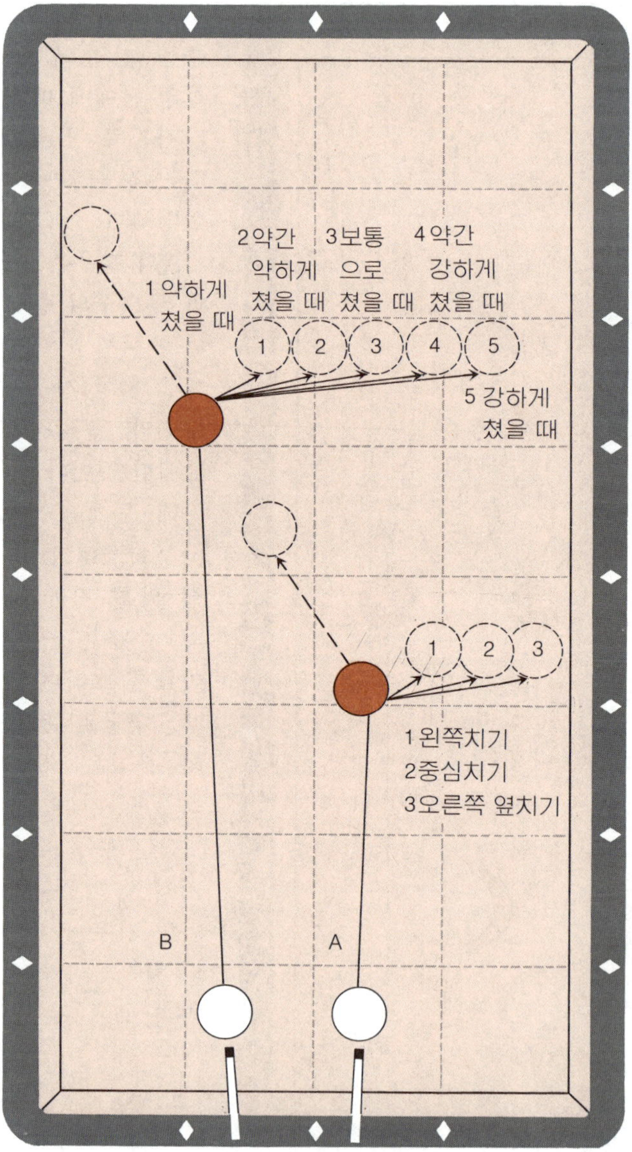

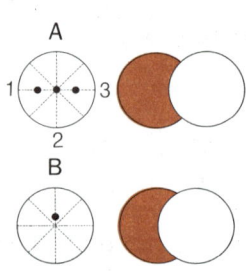

중심치기의 수구와 적구의 분리각

# 중심 아래를 쳤을 때의 분리각

수구의 중심 아래를 쳤을 경우의 수구와 적구의 분리각은 두껍게 맞을수록 분리각은 넓어지며, 얇게 맞을 수록 좁아진다. 그림의 A는 $\frac{3}{4}$ 두께를 걸어 중심 아래를 쳤을 경우의 수구와 적구의 분리각을 예시한 것이며, 이보다 분리각이 약간 좁아진 그림 B는 $\frac{1}{2}$ 두께로 쳤을 경우다. 중심 아래·오른쪽 아래·왼쪽 아래의 당점으로 수구의 오른쪽 아래를 쳤을 때 적구와 수구의 분리각은 약 180°가 된다.

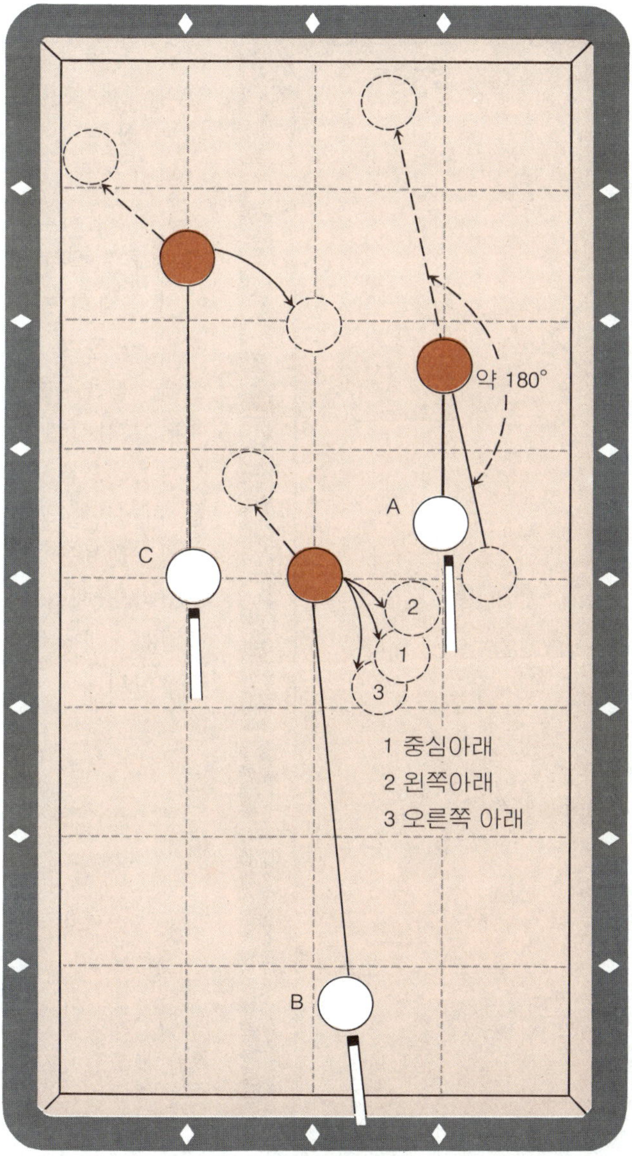

1 중심아래
2 왼쪽아래
3 오른쪽 아래

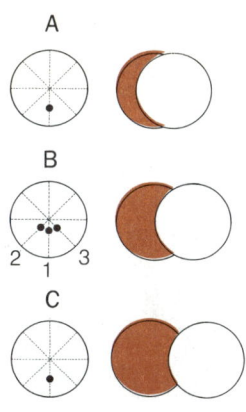

중심 아래치기의 수구와 적구의 분리각

# 공과 쿠션의 관계

공이 쿠션에 맞은 경우의 입사각과 반사각은 ① 힘 조절 ② 당점의 차이 ③ 비틀기의 정도 등에 따라 달라진다. 이 입사각과 반사각을 이해하려면 그림과 같이 공을 놓고 긴 쿠션의 제4포인트에 맞혀 공을 반사시킨다.

공의 입사각과 반사각을 같이 하면서 구대의 코너에 돌아온다. 쿠션에 공을 맞힐 때의 입사각과 반사각은, 중심치기를 하여 제4포인트에 맞혔을 때 쿠션의 관계를 이해하는 데 가장 중요하다.

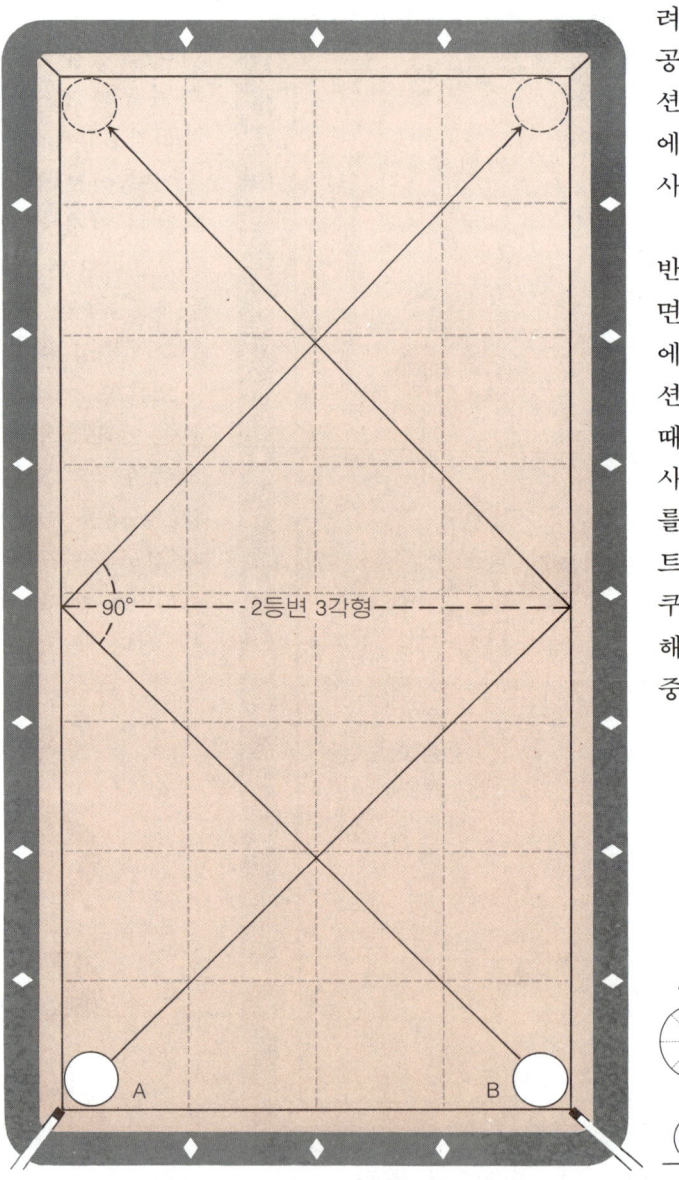

입사각과 반사각의 원리(1)

이 그림도 역시 공의 중심을 쳐서 짧은 쿠션의 제2포인트에 맞혀 공을 반대쪽 코너로 되돌아오게 한 경우의 입사각과 반사각을 예시한 것이다.

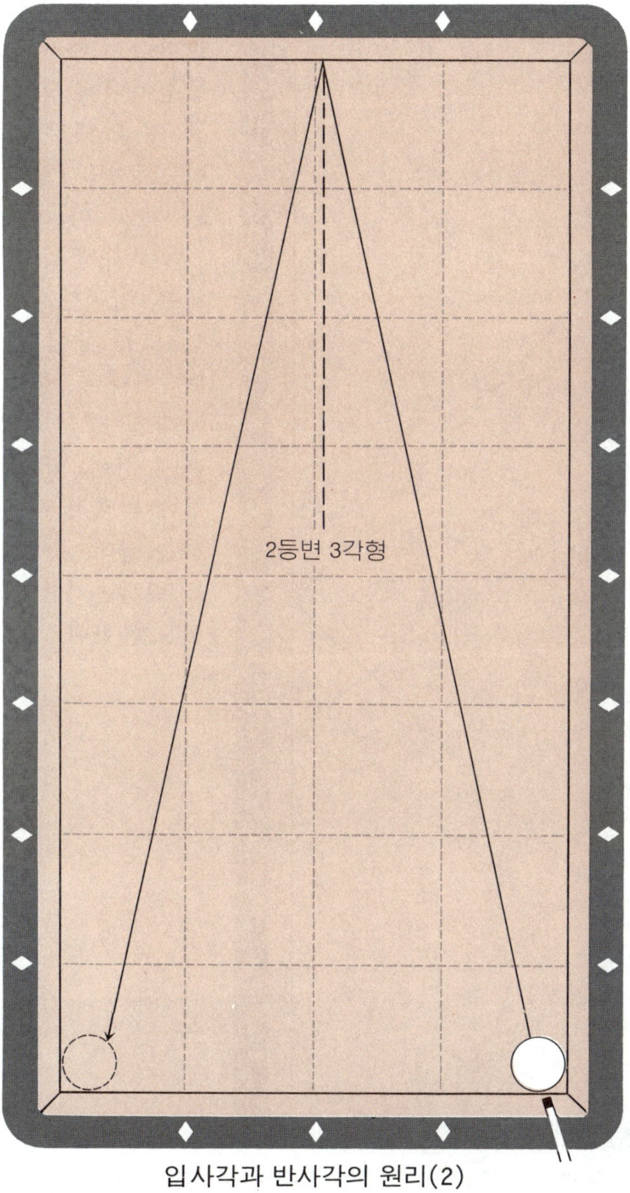

긴 쿠션의 제4포인트에 공을 넣었을 때와 마찬가지로 입사각과 반사각은 2등변3각형이 된다.

공과 쿠션의 관계를 실제로 공을 치면서 습득하려면, 쿠션의 포인트를 정확히 겨냥하면서, 중심 위나 중심을 쳤을 때 입사각과 반사각을 2등변3각형이 되도록 연습한다.

2등변 3각형

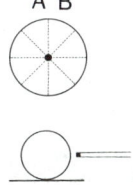

입사각과 반사각의 원리(2)

# 중심 아래치기의 입사각과 반사각

쿠션에 공을 쳤을 때의 입사각과 반사각은 보통의 힘 조절로 중심 또는 중심 위를 쳤을 때 2등변3각형이 되는데, 중심 아래를 치면 그림과 같이 안쪽으로 커브한다. 따라서, 중심이나 중심 위를 쳤을 때와 같이 2등변3각형이 되지 않는다.

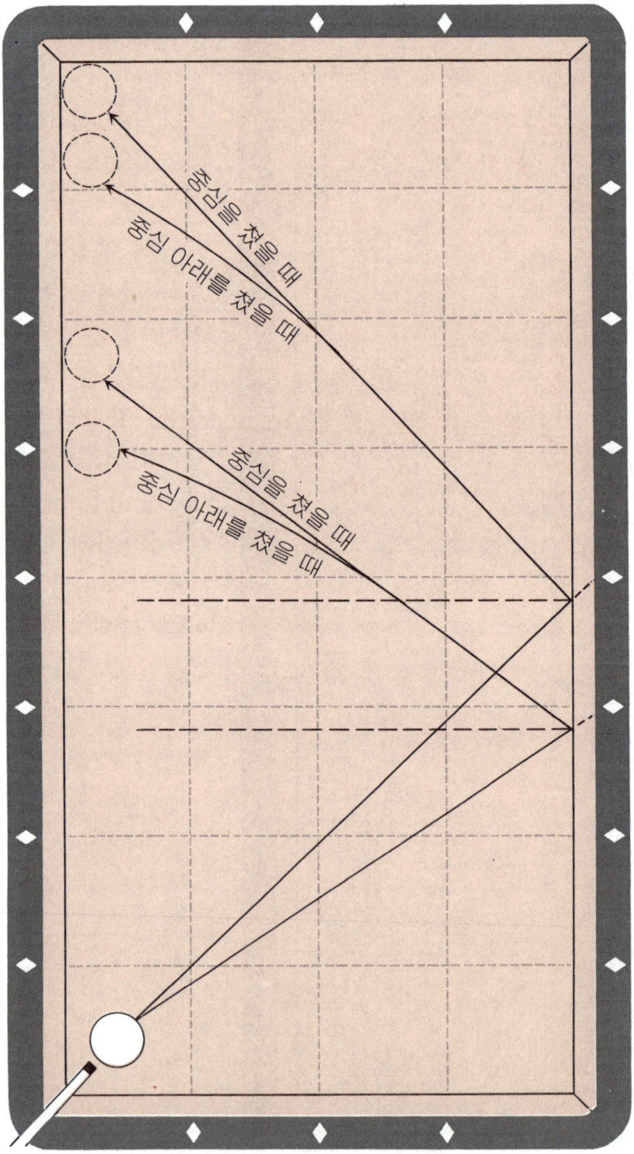

쿠션과 공의 관계를 알려면, 중심 또는 중심 위뿐 아니라 중심 아래를 당점으로 하여 쳐서, 힘 조절에 의해서 커브하는 상태가 어떻게 변하는가를 익히도록 한다.

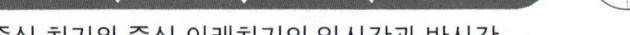
중심 치기와 중심 아래치기의 입사각과 반사각

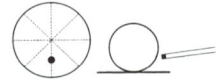

# 힘 조절 차에 따른 입사각·반사각

쿠션에 공을 맞혔을 때의 반사각은 쳐내기의 힘 조절에 따라 변화한다. 그림은 중심치기를 하여 제4포인트, 제5포인트, 제6포인트에 공을 넣었을 때, 힘 조절의 차이에 따른 반사각을 예시한 것이다. 그림같이 강하게 쳤을 경우와 약간 약하게 쳤을 경우에 다음과 같이 반사한다.

① 강하게 쳤을 때… 예각으로 반사 ② 약간 약하게 쳤을 때… 둔각으로 반사

또한, 제4포인트에 공을 넣었을 경우에는, 강하게 쳤을 때와 약간 약하게 쳤을 때 반사각의 차이가 크지만, 제6포인트에 넣었을 경우는, 힘 조절을 바꾸었더라도 반사각의 차는 적다.

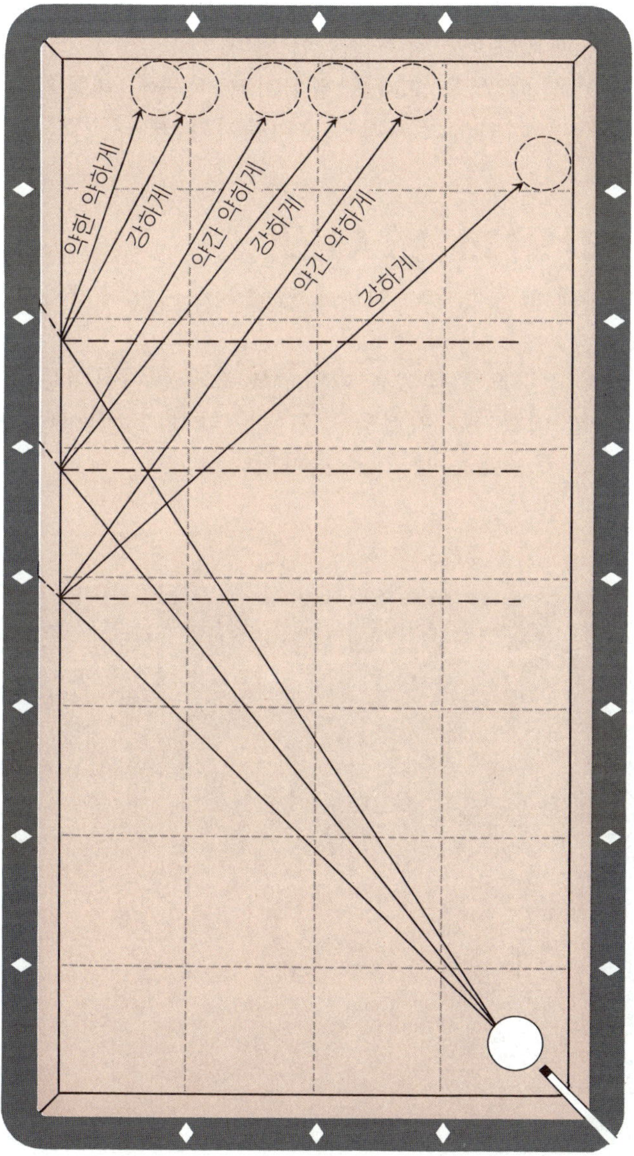

힘 조절의 차이에 따른 입사각과 반사각

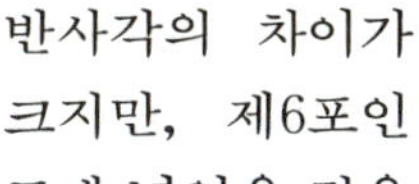

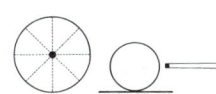

## 비틀기와 쿠션

쿠션에는 탄력성이 있으므로 수구의 비틀기를 쿠션에 넣으면, 비틀기의 효과가 아주 잘 나타난다.

비틀기에는 순(順)비틀기와 역(逆)비틀기가 있다. 역비틀기를 가했을 때는 순비틀기를 가했을 때보다 반사각은 둔각이 된다.

비틀기는 쿠션에 넣었을 때 더욱 효과를 발휘하기 때문에, 비틀기와 쿠션의 관계를 실제로 공을 치면서 효과적인 순비틀기와 역비틀기를 가할 수 있도록 해야 한다.

## 비틀기의 강약과 반사각

그림은 비틀기를 강하게 했을 경우와 약하게 했을 경우에 반사각의 차이를 예시한 것이다.

비틀기는 쿠션을 향해 직각으로 넣었을 때일수록 효과를 나타내는데, 공을 직각으로 넣어 강한 비틀기를 가했을 경우에는 약 30°로 반사하지만, 약한 비틀기를 가했을 경우에는 약 20°로 반사한다.

비틀어치기

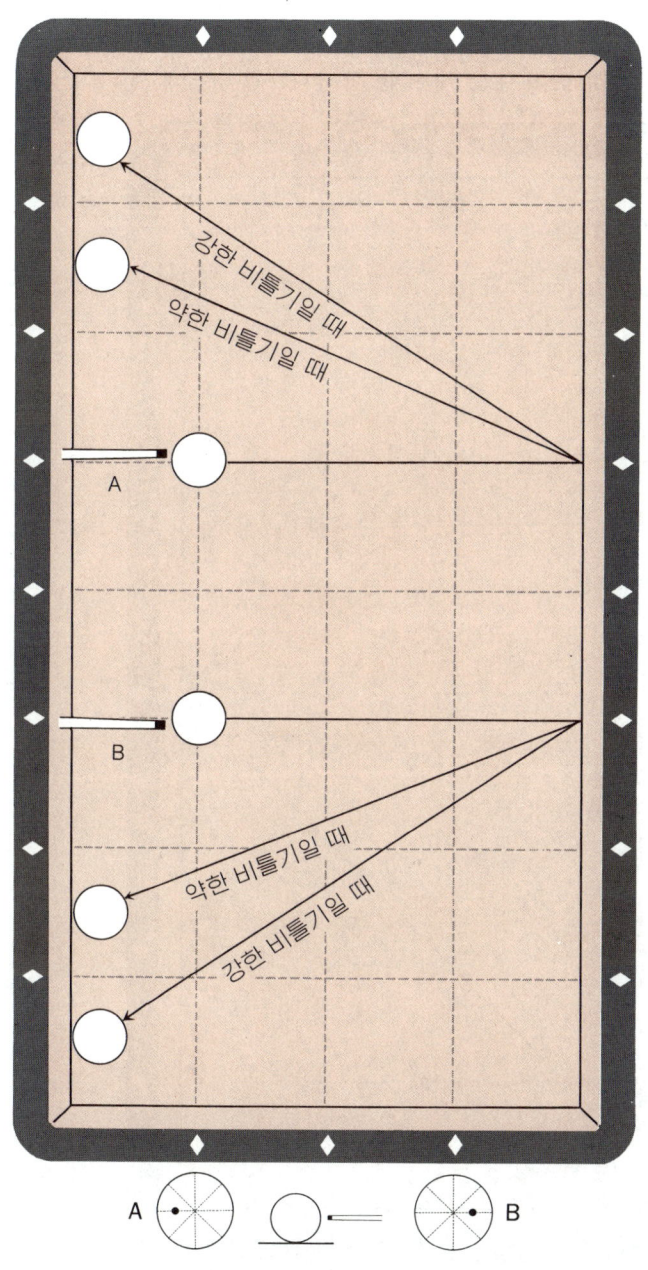

비틀기의 강약과 반사각

# 보통 타구와 순비틀기의 반사각

그림은 공의 오른쪽 옆 당점을 보통 타구로 했을 경우와 순비틀기를 가했을 경우의 반사각을 예시한 것이다. 왼쪽 당점을 쳤을 때 반사각은 예각이 되며, 순비틀기를 가하면 반사각은 둔각이 된다.

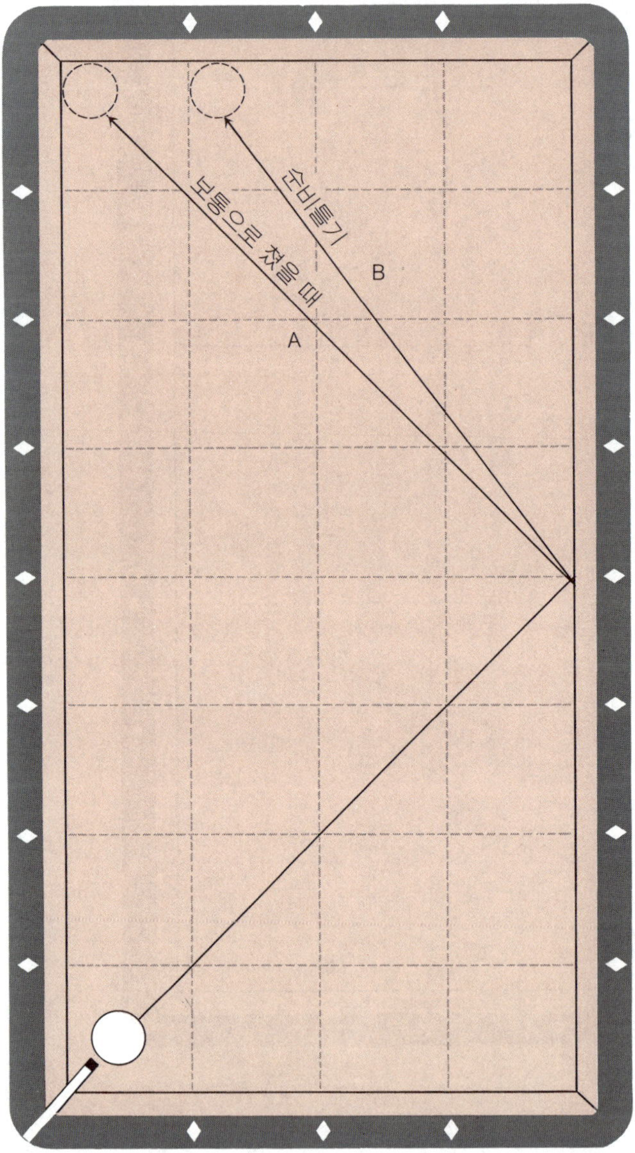

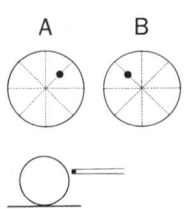

보통 타구와 순비틀기의 반사각

# 순비틀기와 역비틀기의 반사각

그림은 순비틀기와 역비틀기를 가하면서 제3포인트, 제4포인트, 제5포인트에 공을 넣었을 경우의 반사각을 예시한 것이다. 순비틀기일 때는 어느 포인트에 공을 넣을지라도 역비틀기보다는 예각이 되며 제5포인트에 공을 넣었을 때는 그 격차도 적어진다. 이 반사각의 차이는 강하게 쳤을 경우와 약간 약하게 친 경우의 격차와 비슷하다.

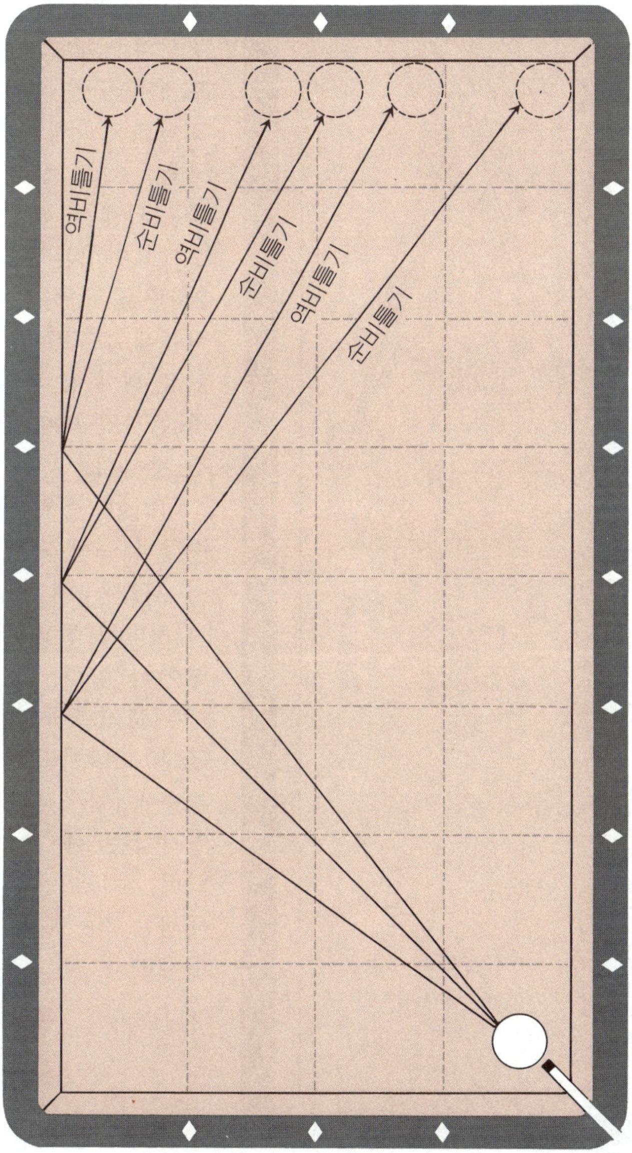

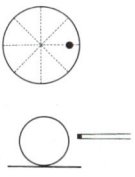

순비틀기와 역비틀기의 반사각

# 수구의 입사각과 반사각

앞에서 말한 공의 입사각과 반사각의 원칙을 응용하여, 실제로 공을 잡을 때의 입사각과 반사각은 어떻게 변화하는가를 알아보자.

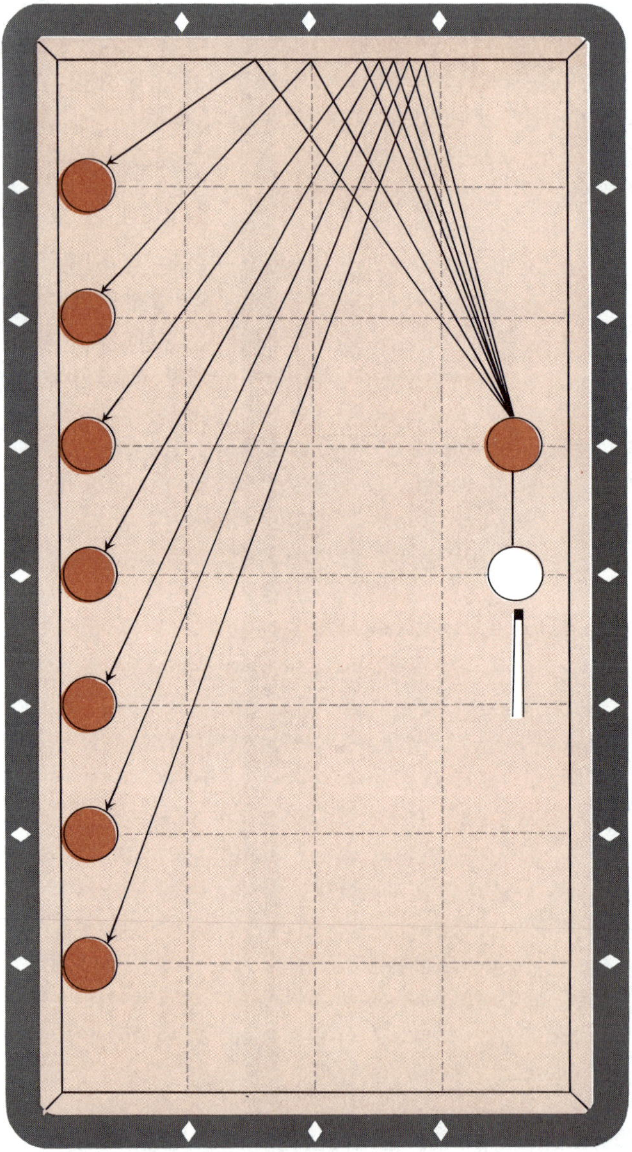

다음 그림은 긴 쿠션의 제4포인트에 수구를, 제5포인트에 제1적구를 놓고, 반대쪽 제1에서 제7포인트까지는 제2적구를 놓아서, 이들에 수구를 맞혔을 때의 입사각과 반사각을 예시한 것이다.

이러한 경우에 수구의 중심을 쳐서 제1적구에 얇게 치면서 쿠션에 넣어야 한다.

제1포인트에 수구를 도달시키는 경우에 입사각과 반사각은 예각이 되며, 제7포인트에서는 약 90°로 반사한다.

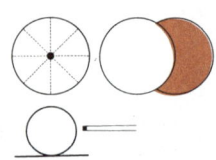

포인트를 겨냥한 입사각 · 반사각

그림의 A는 수구의 중심치기를 하여 입사각과 반사각이 90°가 되도록 공을 넣어, 제1적구와 제2적구에 맞히는 방법이다. B와 C는 가까운 공을 칠 때 이동되는 원 쿠션잡기의 일 예이다. 어느 것이든 수구의 중심을 쳐서 제1적구에 맞히도록 한다. 수구의 입사각과 반사각은 2등변3각형이 되는 것에 주의한다. A를 빈 쿠션잡기, B를 원 쿠션 잡기라고 한다.

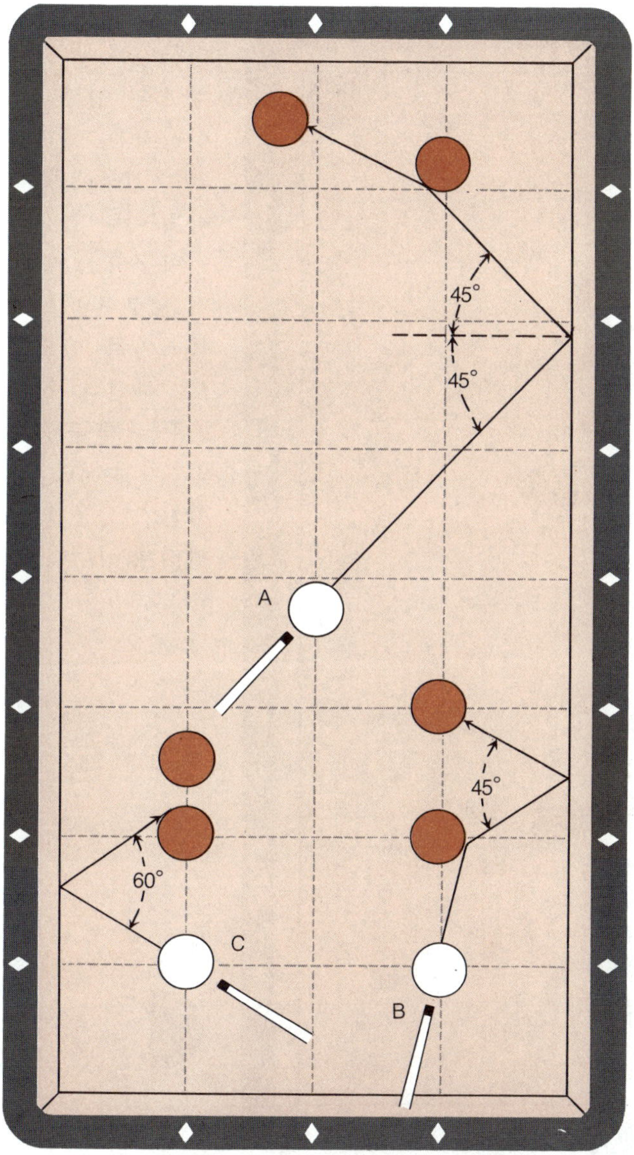

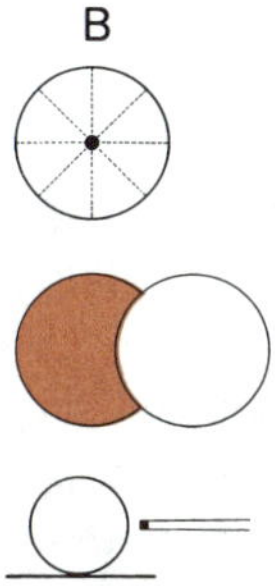

2등변3각형의 입사각과 반사각

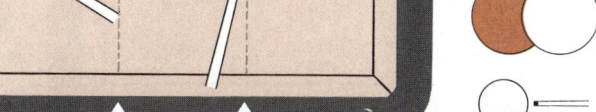

그림은 비틀기의 효과를 나타내기 위해 옆치기를 $\frac{1}{3}$의 두께로 가하면서 제1적구에 맞히고 그 다음 원 쿠션을 시킨 다음에, 코너쪽의 제2적구로 수구를 맞히려는 타구법이다. A보다 B의 입사각과 반사각은 예각이 되어 있음에 주의하기 바란다.

당구의 경기 면적은 쿠션에 의해 둘러싸여 있으므로, 쿠션과 공의 운동 관계를 충분히 이해하고, 공 잡는 연습을 하면 빨리 향상된다.

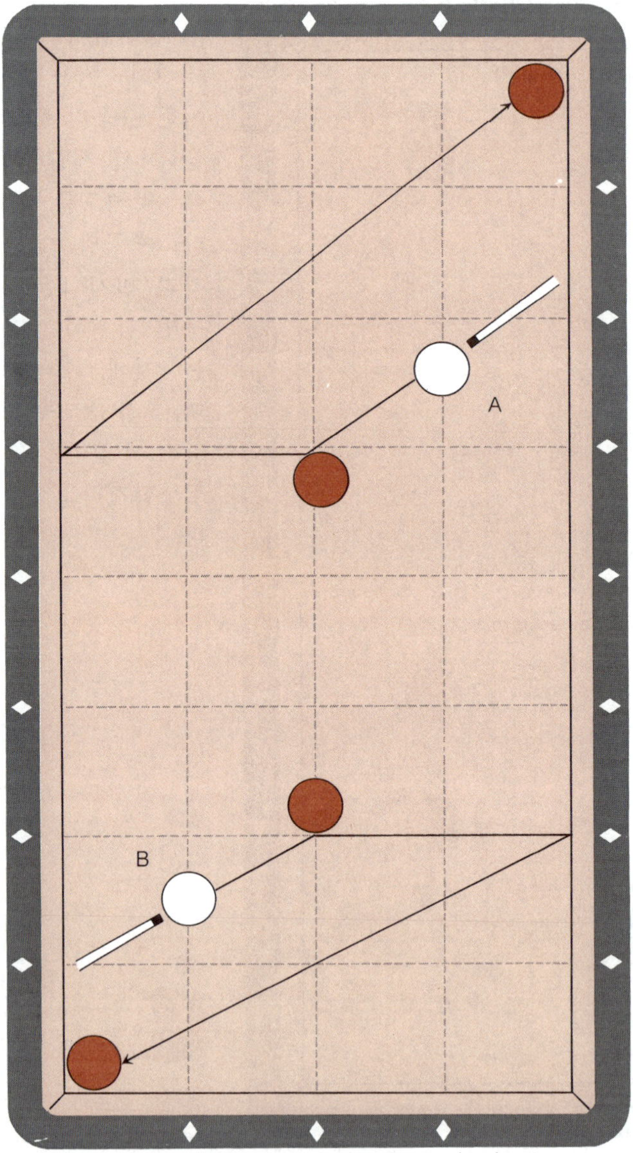

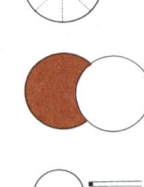

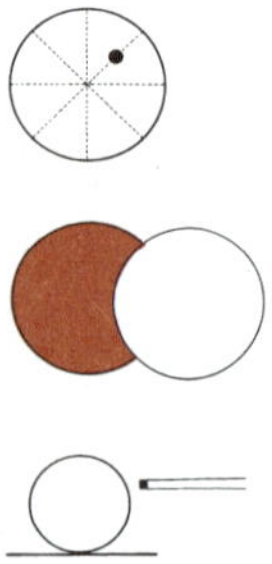

비틀기의 효과와 입사각·반사각

# ② 공 잡는 법과 겨냥점

수구를 제1적구와 제2적구에 맞혀 득점하려면 여러 가지의 공 잡는 방법이 있다. 이들 공 잡는 법과 겨냥점을 알아보자.

## *3각구의 겨냥법*

3각구는 수구와 제1적구, 제2적구가 수구 가까이에 3각형을 이루고 있는 것으로 가장 타구하기 쉬운 공 배치의 모양이다.

수구 중심을 치는 보통치기의 경우에는, 그림과 같이 제1적구와 제2적구의 끝을 잇는 선을 그어, 그 선에 직각이 되도록 제1적구의 중심에서도 선을 같이 연장하여, 공의 반지름의 길이에 뻗은 T점을 겨냥점으로 한다.

이 3각구를 근구(近球)라고도 하는데, 타구하기 쉬운 공인 만큼 4~5회 정도 연습하면 T점을 겨냥하여 제1적구와 제2적구에 맞힐 수 있게 된다.

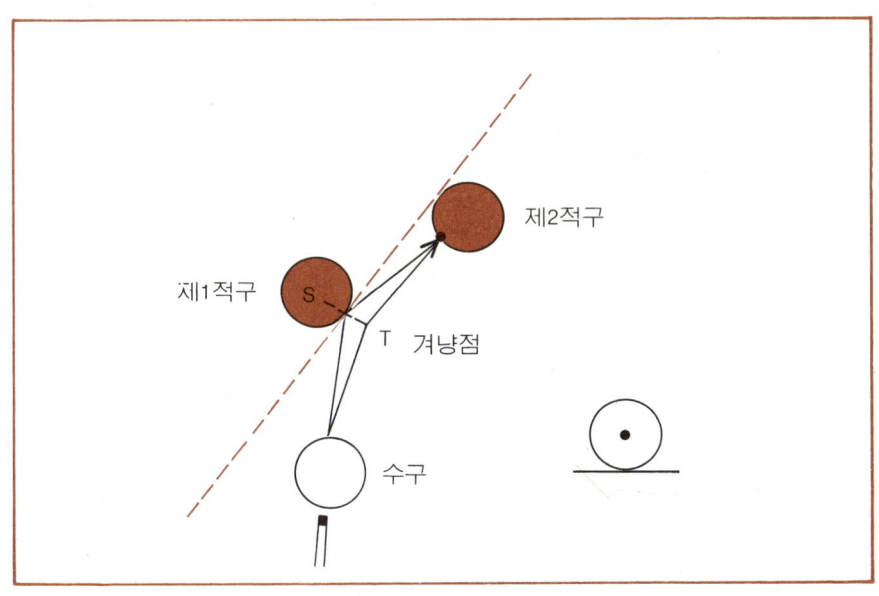

3각구의 겨냥점

# 밀어치기의 겨냥법

밀어치기(follow)는 수구로 제1적구를 밀어 제쳐 놓고 제2적구에 맞히는 타구법이다.

밀어치기의 타구법은 그림과 같이, 수구와 제1적구의 중심을 이어 선을 긋는다. 다음에 제2적구와 제1적구의 중심을 이어 선을 긋는다.

두 개의 선 사이에 끼워진 부채꼴 모양을 2등분한 T점이 밀어치기의 겨냥점이 된다.

이 겨냥점을 목표로 밀어치기를 할 때는 중심위를 쳐서 $\frac{1}{2}$의 두께를 가한다.

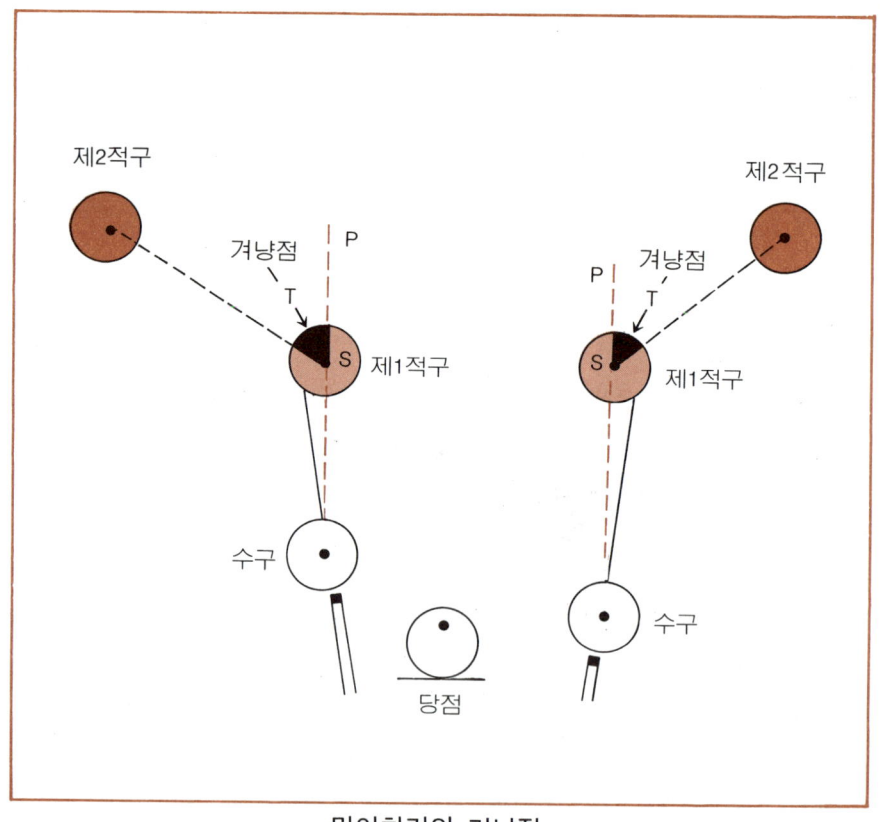

밀어치기의 겨냥점

# 먼 밀어치기

제1적구와 제2적구가 수구보다 멀리 있을 때 밀어치기를 하려면 첫째, 얼굴을 구대 면에 가까이하여 구대면과 제1적구의 접촉점을 비쳐보듯이 바라본다.

이 접촉점이 제1적구의 중심이 되므로, 여기에 수구, 제1적구, 제2적구의 중심을 이어 수구와 제1적구의 중심선과 제1적구와 제2적구의 중심선에 끼어진 제1적구의 부채꼴 모양의 중간에 있는 T점을 겨냥점으로 한다.

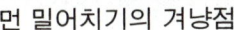
먼 밀어치기의 겨냥점

# 밀어 빼어치기

밀어치기에 속하는 타구법에 밀어 빼어치기가 있다. 밀어빼어치기는 그림과 같이 제1적구를 쿠션에 넣은 다음, 수구와 제2적구에는 맞지 않도록 뺀다.

수구는 오른쪽 위를 치며 힘 조절에 주의한다.

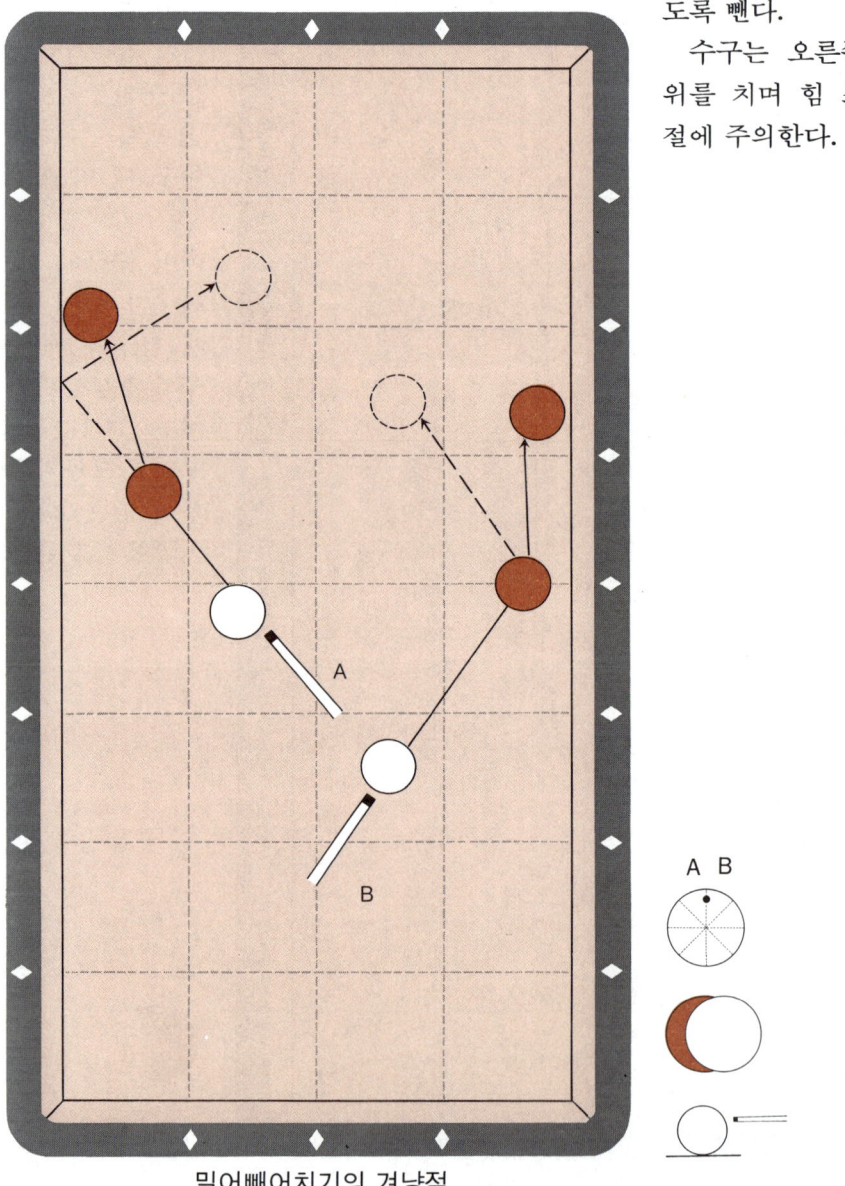

밀어빼어치기의 겨냥점

# 끌어치기의 겨냥법

끌어치기(draw)는 수구의 중심 아래를 치고 역회전을 가하면서 제1적구에 맞혀, 수구를 제2적구까지 되돌아오게 하여 맞히는 타구법이다.

이 타구법은 그림과 같이, 수구의 중심에서 제1적구, 제2적구의 중심을 잇는 선을 긋는다.

이것을 2등분한 제1적구의 부채꼴 모양의 원둘레보다 약간 안쪽의 T점이 끌어치기의 겨냥점이 된다.

2등분선이 제1적구의 부채꼴의 원둘레와 교차한 점을 겨냥점으로 해도 끌어치기의 타법이 되지만, 얇게 닿게 해야하므로 미스를 범하기 쉽다.

브리지를 낮게 하여 부드럽게 쳐내며, 스냅을 적절히 조절한다.

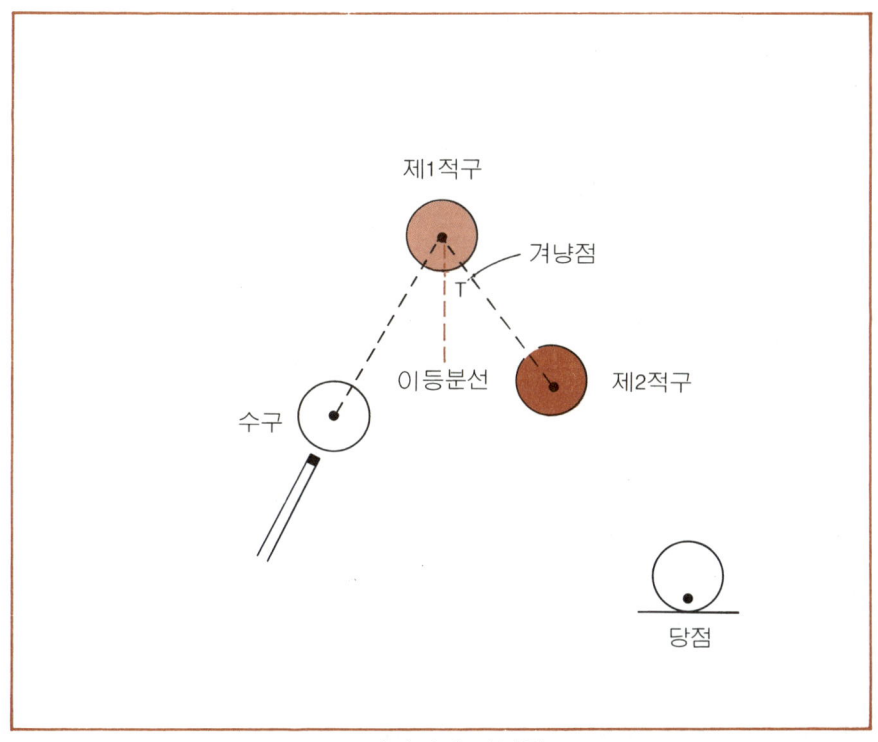

끌어치기의 겨냥점

# 얇은 공의 겨냥법

얇은 공은 수구와 제1적구, 제2적구를 잇는 선이 가깝게 있어서 둔각을 이루고 있을 때의 타구법으로 제1적구에 얇게 맞혀야 하므로 얇게치기라고 한다.

얇은 공의 겨냥점은 그림과 같이 수구와 제1적구의 끝이 조금 겹치는 듯이 선을 긋고, 이 선을 따라 수구가 똑바로 나가도록 T점을 겨냥점으로 한다.

수구를 너무 강하게 치거나, 제1적구에 두껍게 또는 얇게 맞게 쳐도 미스가 나기 쉽다.

얇게치기는 예상외로 어렵다. 따라서 제1적구와 제2적구의 거리가 떨어져 있을 때는 다른 타구법을 취하도록 한다.

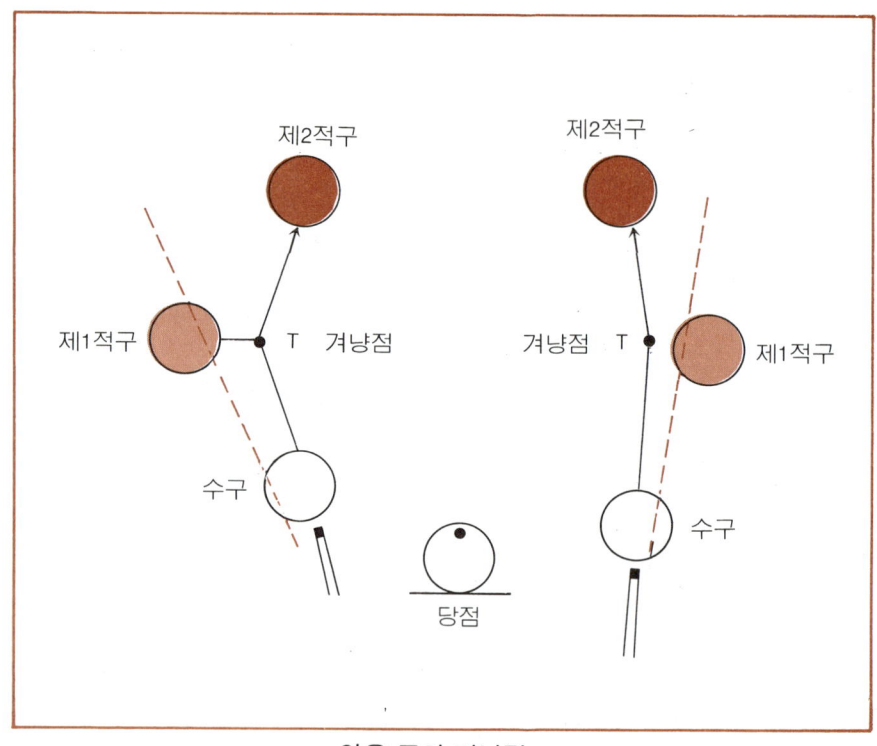

얇은 공의 겨냥점

얇은 공 치기

# 비틀어치기의 겨냥법

앞에서 이미 공과 쿠션의 관계 항목에서 보았듯이, 비틀기(english)는 수구의 왼쪽 옆이나 위, 또는 오른쪽 옆이나 위를 쳐, 옆 회전을 가하여 적구의 진로나, 쿠션에 넣은 수구의 입사각과 반사각을 자유롭게 조절하는 타구법이다.

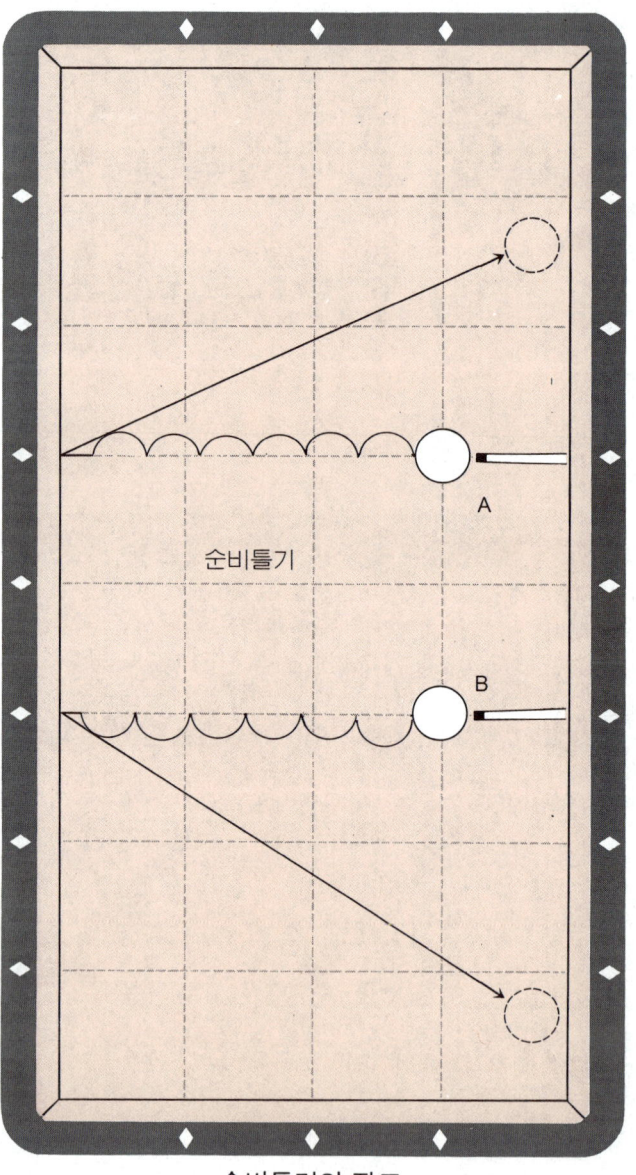

순비틀기의 진로

이 비틀기를 가한 타구법에서 쿠션에 넣은 수구를 오른쪽으로 진로를 잡으려 할 경우, 오른쪽 옆을 치면 순(順)비틀기, 그 반대로 왼쪽 옆을 치면 역(逆)비틀기가 된다. 그림과 같이 순비틀기와 역비틀기에서는 입사각과 반사각에 차이가 있으므로, 비틀어 치기에서는 힘의 조절과 입사각·반사각의 관계를 주의해서 쳐야 한다.

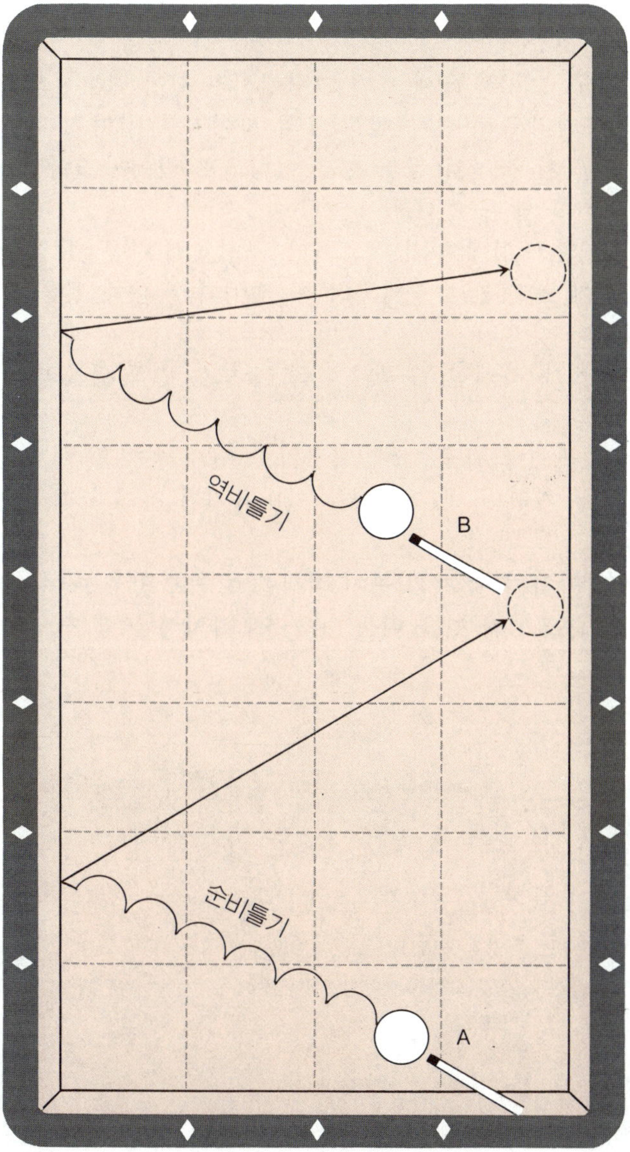

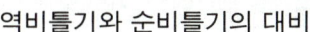

역비틀기와 순비틀기의 대비

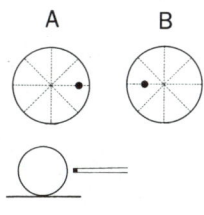

# 밀어 마중나오기치기의 겨냥법

　밀어 마중나오기치기의 공은 제1적구와 제2적구가 쿠션에 접근해 있어서, 수구와 이들 적구가 일직선이 아닐 때, 제1적구를 제2적구에 맞혀 쿠션에 넣고 난 다음, 제2적구가 쿠션에서 나올 때 수구와 마주치게 하는 타구법이다.
　그러나 수구·제1적구·제2적구 세 개가 그림에서와 같이 일직선으로 나란히 있을 경우라 할지라도 쿠션과 제2적구의 사이가 벌어져 있거나 또는, 제1적구와 제2적구의 사이가 공의 지름 이상으로 벌어져 있을 때는 밀어 마중나오기치기를 할 수 있다.
　마중나오기치기는 공의 배치에 따라 다르지만, 쿠션에서 나온 제2적구를 오른쪽에서 마주치게 하려면 수구의 오른쪽 옆이나 오른쪽 위를 친다.
　또한, 왼쪽에서 마주치게 하려면, 수구의 왼쪽 옆 또는 왼쪽 위를 타구한다.
　그림의 B와 같이 수구·제1적구·제2적구가 직선에 가까운 배치일 때는 수구에 순비틀기를 가하면 제1적구에는 역비틀기가 걸려져 적구가 붙어 있다.
　여기에 제1적구가 밀착하여 세 개의 공이 직선을 이루고 있을 때나, 제1적구가 제2적구와 너무 떨어져 있을 때는 마중나오기치기를 할 수 없는 경우도 있다.

밀어 마중나오기 치기의 타구법

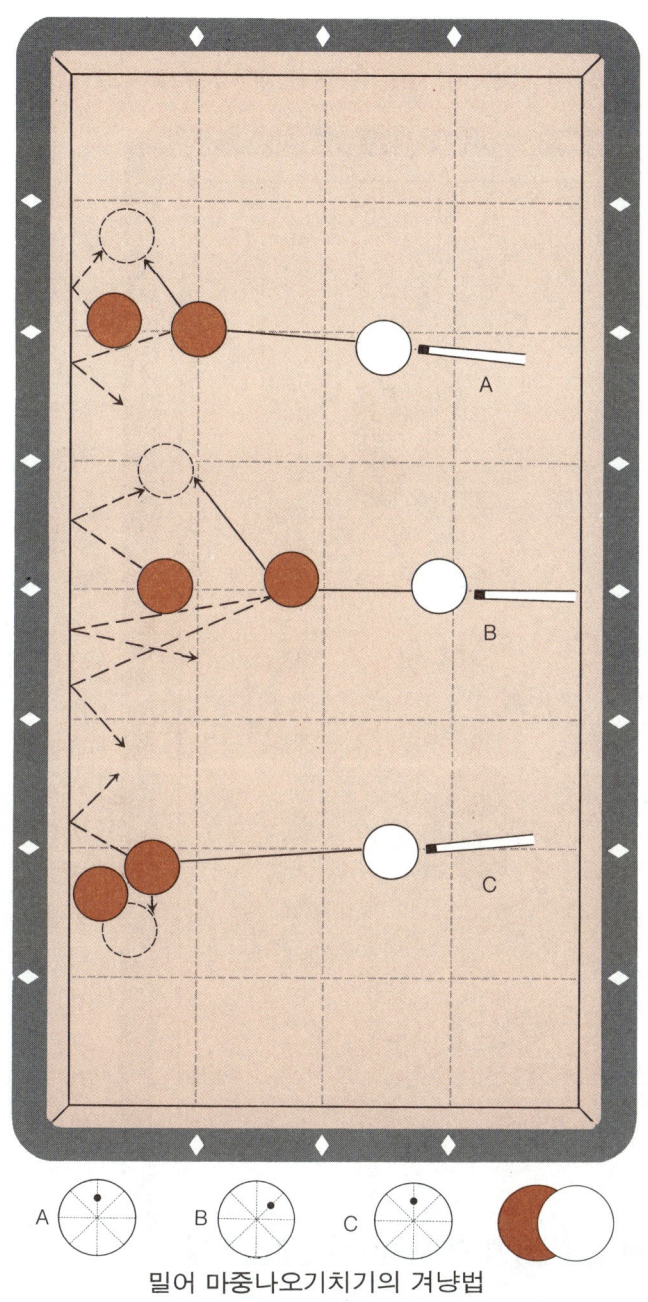

밀어 마중나오기치기의 겨냥법

# 빈 쿠션의 겨냥법

빈 쿠션잡기는 밀어치기를 할 수 없을 때나, 제1적구와 제2적구가 밀착 또는 접근되어 있을 때, 또는 수구와 제1적구가 거의 밀착된 상태에서 수구를 먼저 쿠션에 넣었다가 적구에 맞히는 타구법이다.

공의 배치에 따라 겨냥법도 달라지는데, 쿠션에 넣은 수구의 입사각과 반사각은 거의 같다는 원리를 응용하여 그림 1과 같이 수구의 중심에서 쿠션을 향해 직각으로 선을 그은 다음, 수구를 도달시킬 위치에서 직각으로 쿠션을 향해 선을 긋고 이 두 선을 2등분하여 수구에서 내려 그은 직각의 선에 가깝게 T점을 정하여 이를 겨냥점으로 한다.

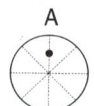 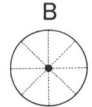

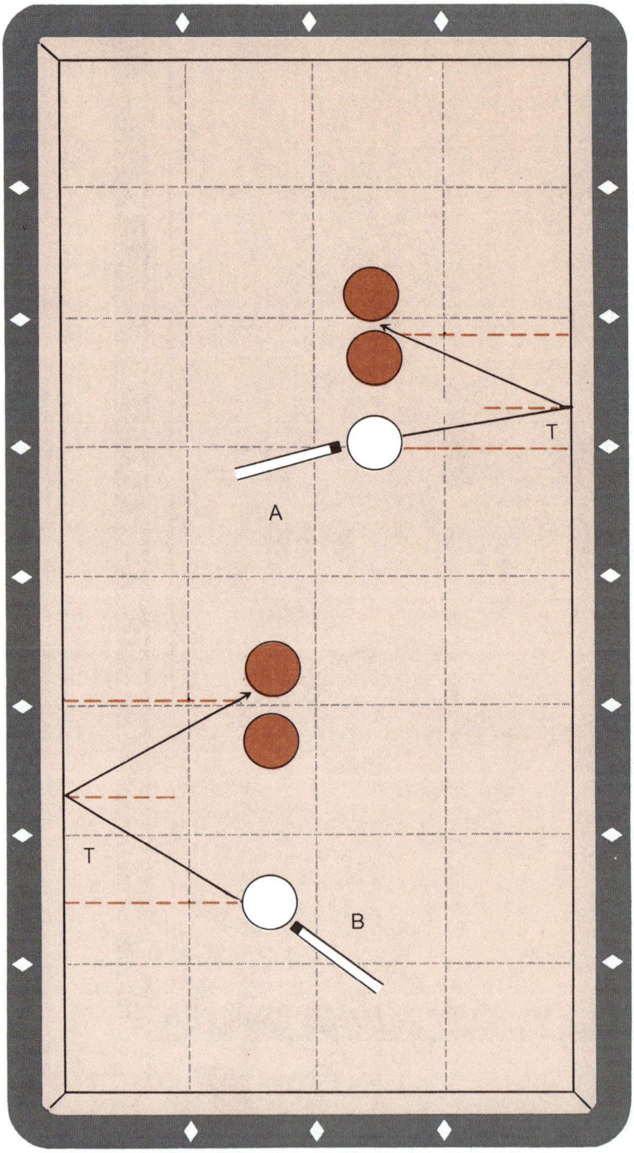

빈 쿠션의 겨냥점(1)

그림 2는, 비틀기를 가해 빈 쿠션잡기를 할 때의 겨냥점을 표시한 것이다. 수구에 비틀기를 가한 경우에는 수구의 중심과, 제1적구의 중심을 잇는 선을 쿠션에 직각으로 내려 그은 선의 2등분한 위치보다 제1적구에 가까운 T점에 수구를 넣으면, 겨냥한 대로 수구가 진로를 취하여 제2적구에 맞게 된다.

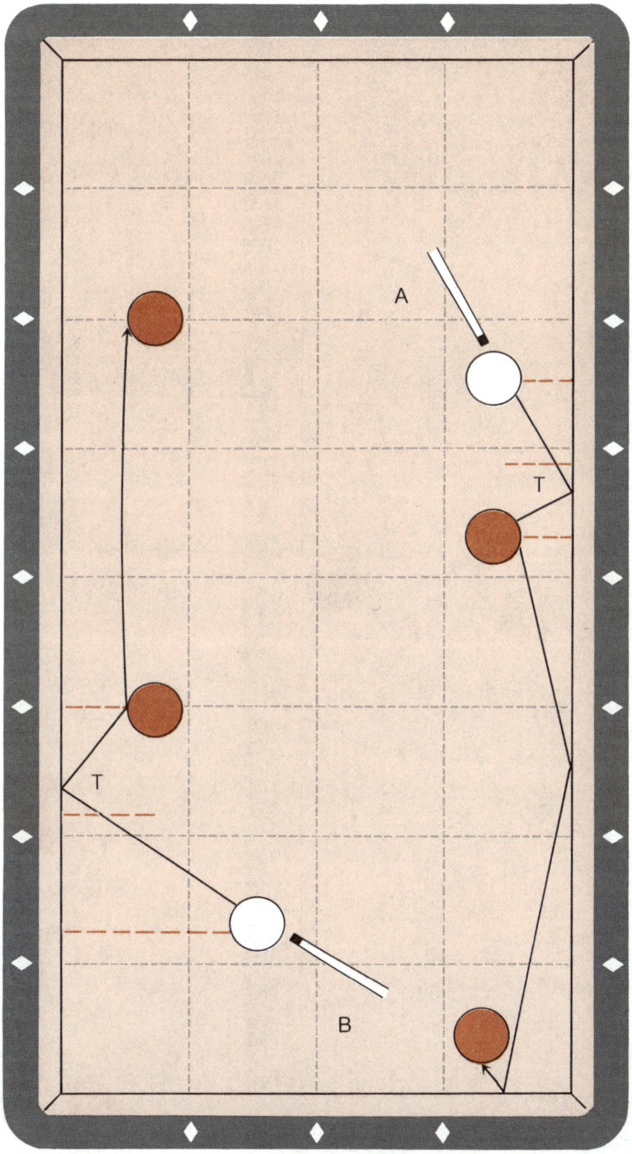

빈 쿠션의 겨냥점(2)

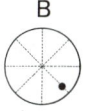

# 공 쿠션의 겨냥법

공(球) 쿠션은 그림과 같이 제1적구가 쿠션에 닿아(붙어) 있거나, 쿠션에서 약간 떨어져 있을 경우에, 제1적구를 쿠션 대신으로 하여 제2적구에 맞히는 방법이다.

공(球) 쿠션 잡기는 제1적구에 얇게 맞히지 않도록 하며, 제1적구에서 예각으로 반사시킬 때는 중심 아래를 타구한다. 이와 반대로, 둔각으로 반사시키려할 때는 왼쪽 위 또는 오른쪽 위를 쳐서 역비틀기를 가한다.

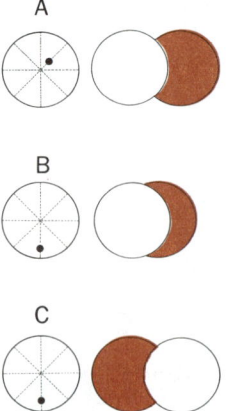

공 쿠션의 겨냥법

# 반사구의 겨냥법

이것은 공(球) 쿠션과는 달리, 그림과 같이 수구를 일단 쿠션에 넣었다가 진행 방향과 반대로 수구를 한 번 더 다시 보내 반사시키면서 제2적구에 맞히는 방법이다.

제1적구가 쿠션에서 떨어져 있어서 공(球) 쿠션치기를 할 수 없을 때, 반사구치기로 타구한다.

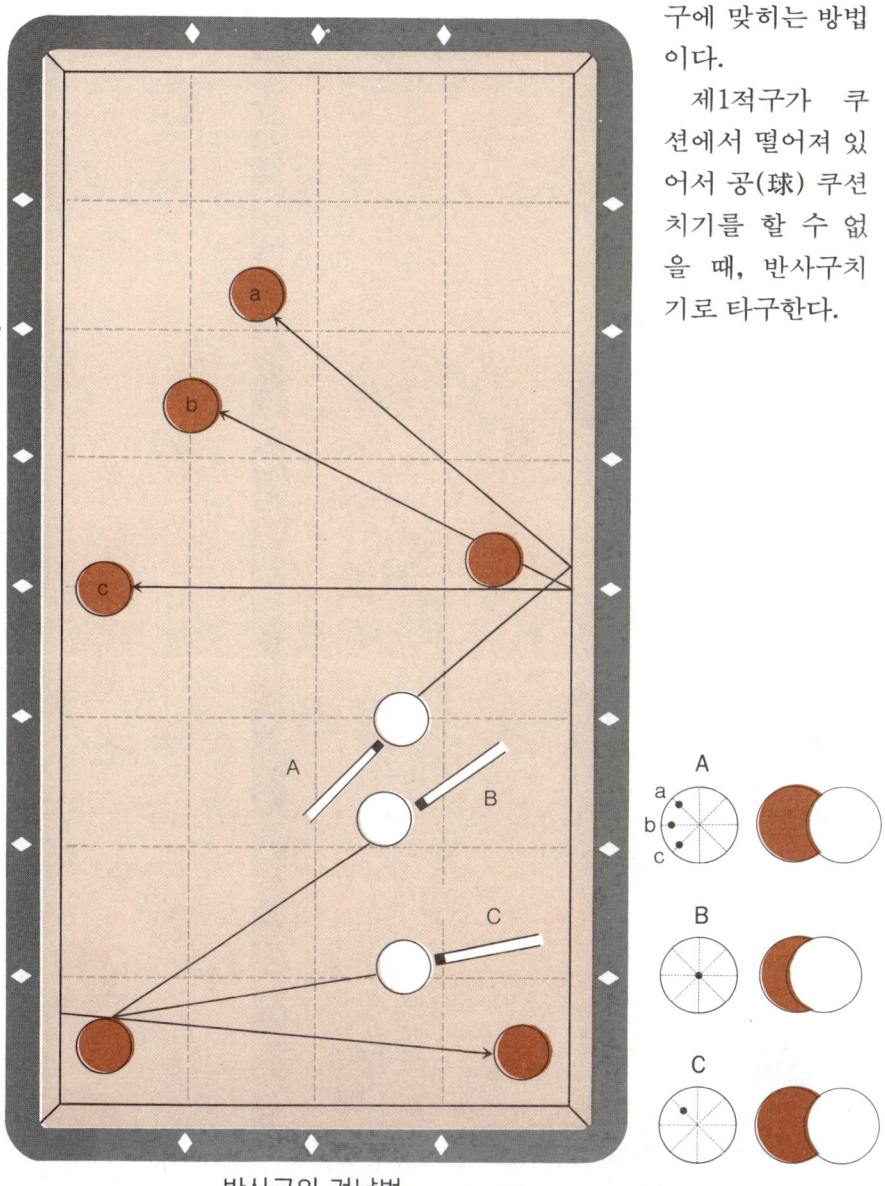

반사구의 겨냥법

# 걸쳐치기의 겨냥법

이것은 그림과 같은 공의 배열일 경우, 쿠션에 먼저 수구를 넣어 적구에 가볍게 걸치는 듯이 맞힌 다음, 제2적구에 맞히는 방법이다.

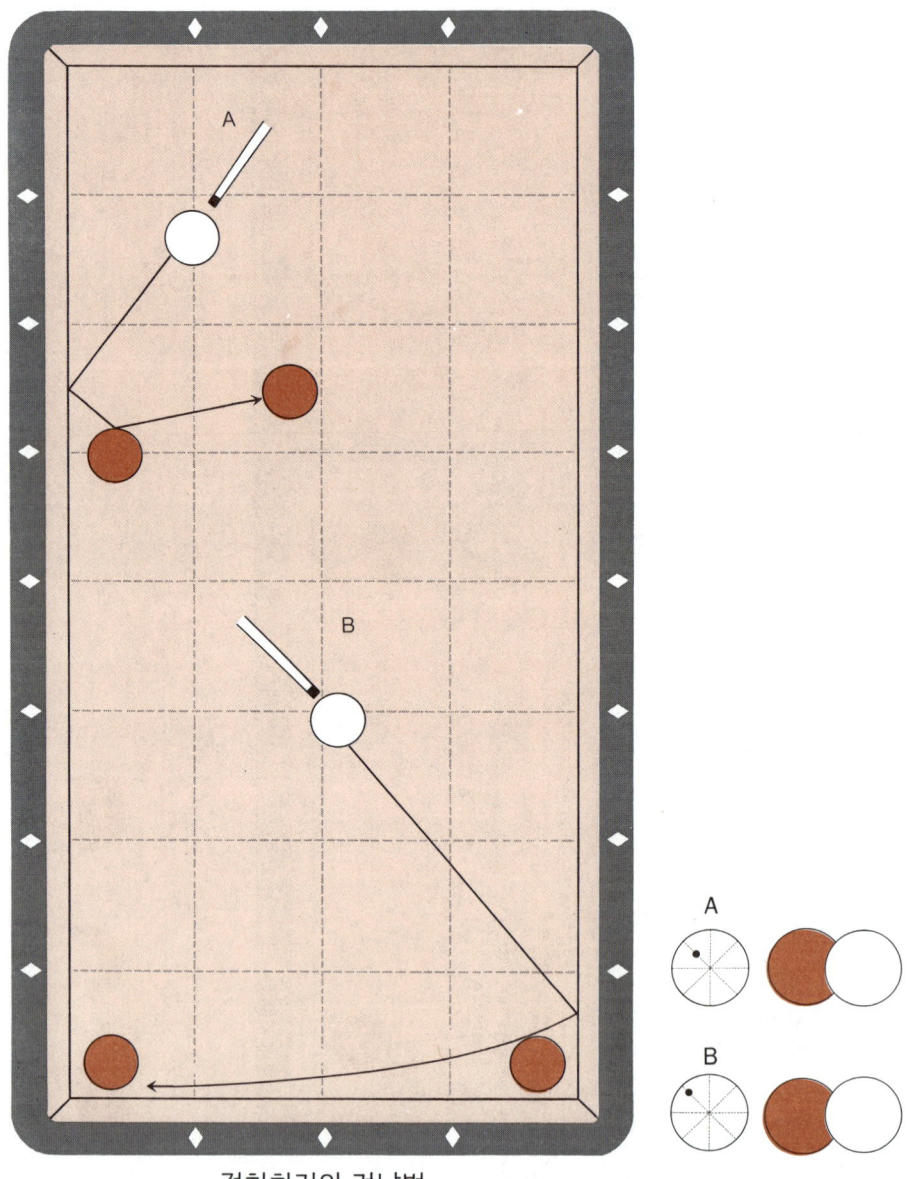

걸쳐치기의 겨냥법

# 쿠션의 겨냥법

쿠션을 이용한 타구법은 앞에서 말한 빈(空) 쿠션, 공(球) 쿠션, 반사구 외에 원 쿠션, 투 쿠션 등이 있다.

## 원 쿠션

쿠션 잡기는 쿠션에 넣은 수구의 입사각과 반사각은 서로 같다는 원리를 기본으로 하여, 당점·두께·힘조절 등을 바꾸면서 입사각과 반사각을 조정하여 맞히도록 한다. 그림1은 널리 응용되는 원 쿠션의 겨냥점을 예시한 것이다. 그림과 같은 공 배열일 때, 구대의 바깥에 또 1개의 제2적구가 있다고 가정한다. 쿠션을 경계로 하여 가정한 공과 구대내의 공과 제2적구가 2등변 3각형이 되는 쿠션의 T점이 원 쿠션의 겨냥점이다.

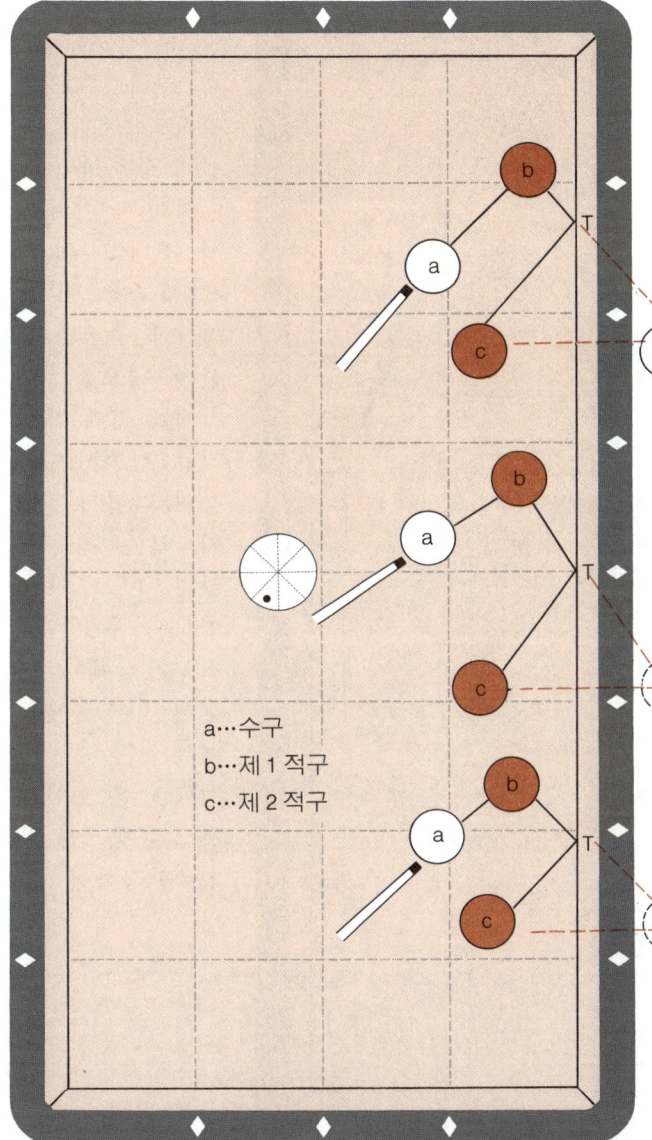

a…수구
b…제1적구
c…제2적구

원 쿠션의 겨냥점(1)

그림2와 같은 공 배열일 경우는, 구대의 바깥에 가정한 공을 눈대중으로 하여, 이 공이 곧바로 가도록 수구를 제1적구에 맞혀 직접 잡기를 하듯이 쿠션에 넣으면 제2적구에 맞게 된다. 그러나 원칙적으로는 쿠션에 넣은 수구의 입사각과 반사각이 같다고 해도, 제1적구에 맞은 다음에 수구를 쿠션에 넣으면, 입사각에 비해 반사각은 감소하여 2등변3각형이 되지 않는 경우가 많다. 이 오차를 염두에 두고 제2적구가 제1적구에서 떨어져 있을 때는, 수구를 쿠션에 넣은 포인트를 오른쪽으로 약간 변경하면 좋다.

입사각과 반사각이 2등변3각형이 되도록 조정하여, 제1적구에 맞힌 수구를 포인트에 넣는다

원 쿠션의 겨냥점(2)

이 그림은 당점과 두께를 바꾸었을 때의 원 쿠션의 일예이다. 보통치기로 하여 제1적구에 맞은 수구를 쿠션에 넣을 때, 포인트를 수구쪽으로 변경하여 입사각과 반사각의 오차를 해소하느니보다 비틀기를 가해 쿠션에 넣으면 확실히 잡을 수 있는 경우가 많으므로, 원 쿠션에서는 비틀어치는 방법, 두께를 주는 방법, 당점의 정확한 쳐내기 등에 주의하도록 한다.

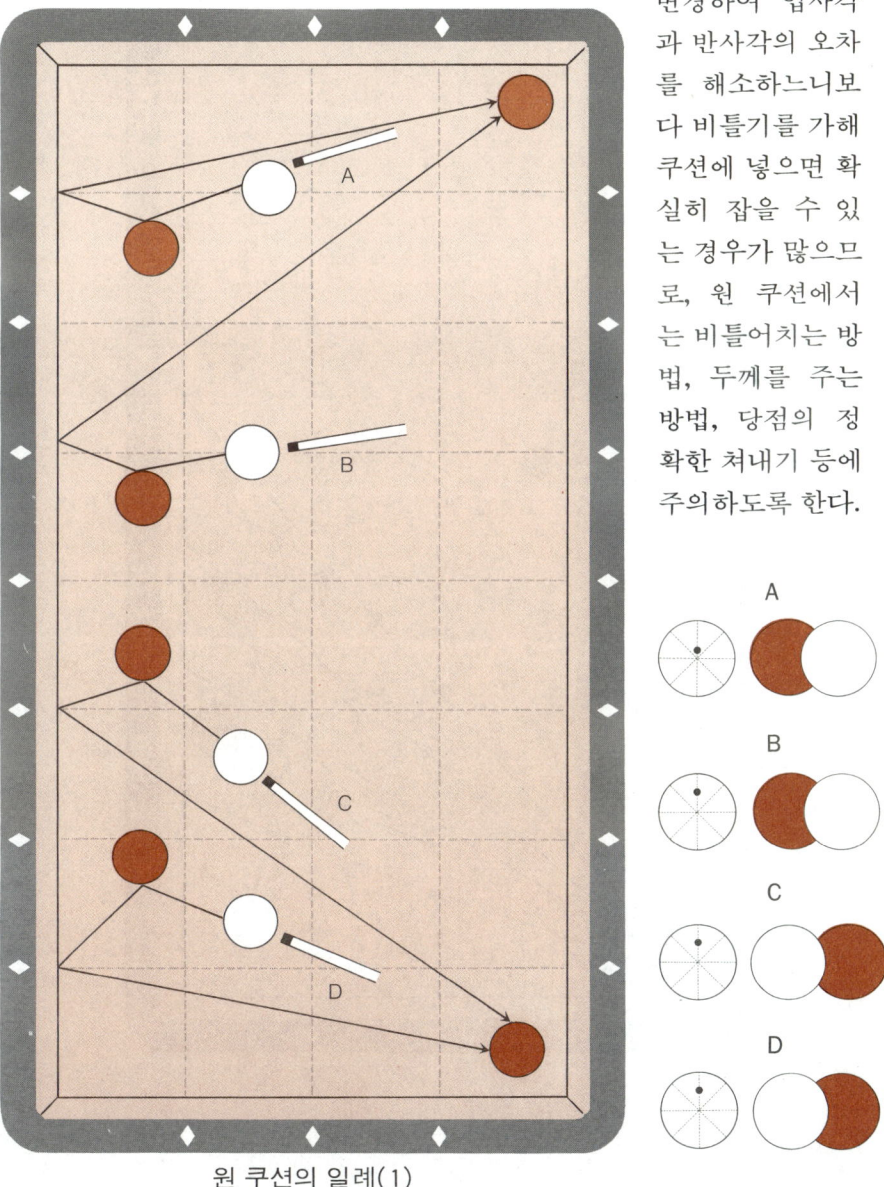

원 쿠션의 일례(1)

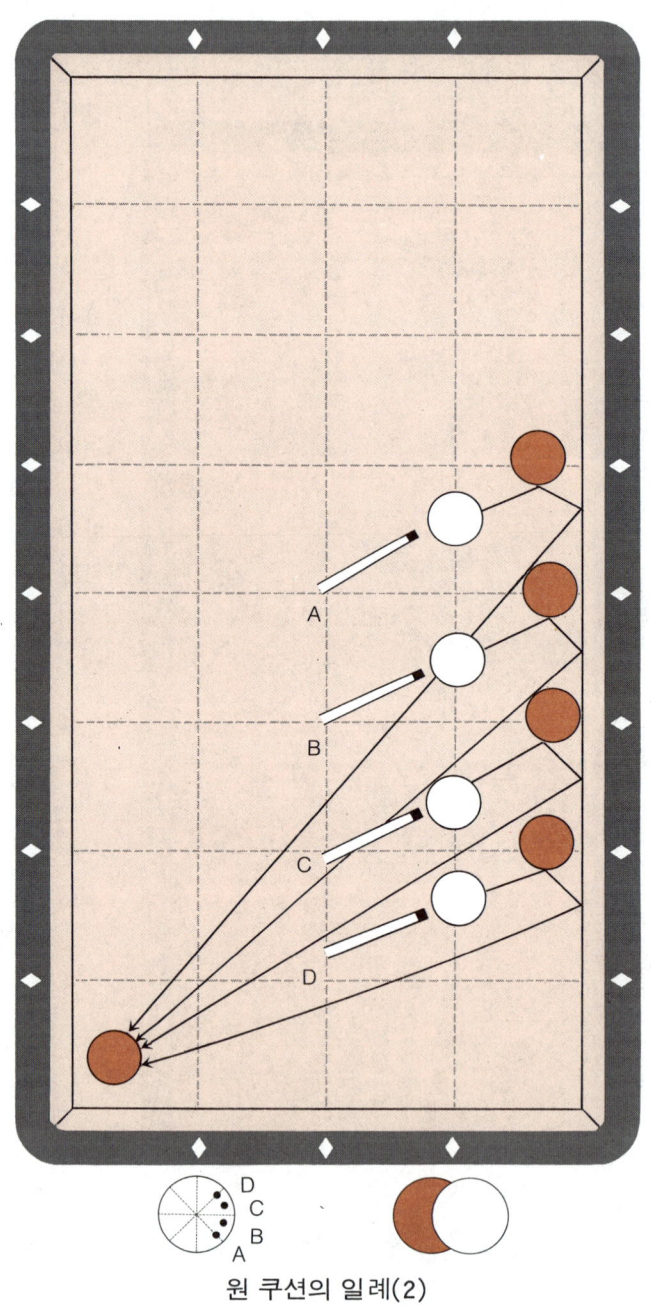

원 쿠션의 일례(2)

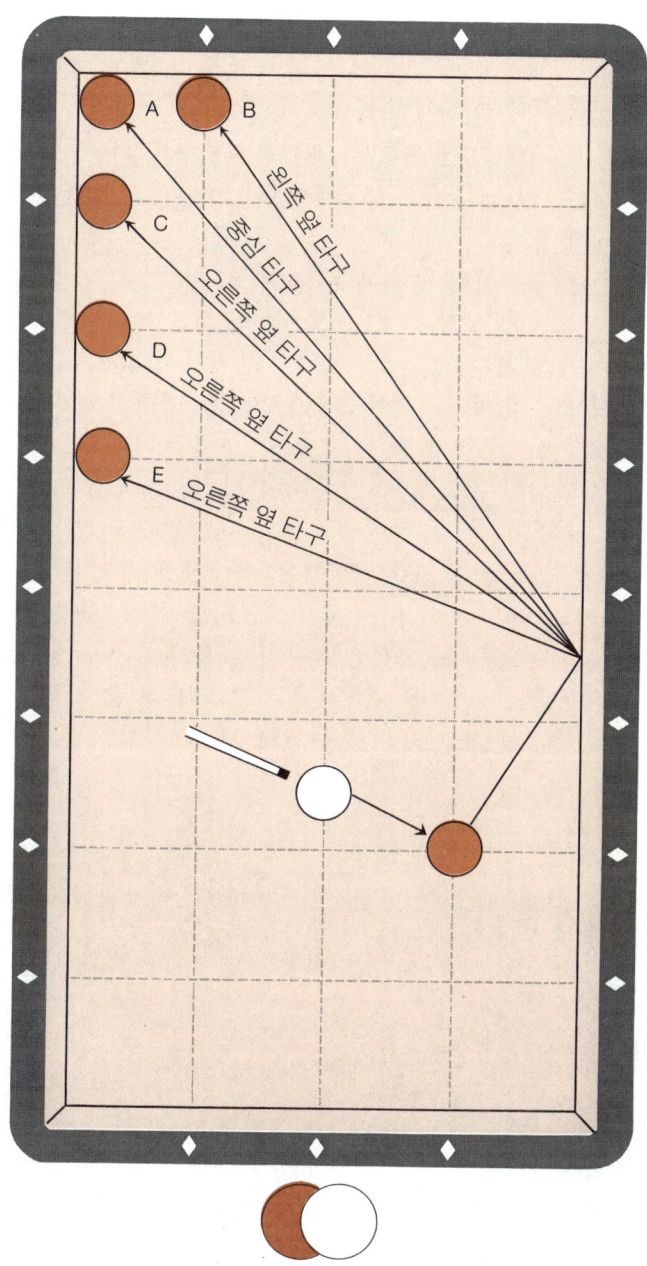

원 쿠션의 일례(3)

## 투 쿠션

 투 쿠션은 원 쿠션보다 어렵다. 쿠션에 두 번씩 수구를 넣어야 하므로 수구를 처음 쿠션에 넣는 각도가 조금이라도 틀리면, 제2적구가 있는 목표 지점보다 수구의 진로가 엄청나게 달라질 수 있다.
 투 쿠션을 하려면 우선, 수구를 제1적구에 맞힌 다음, 쿠션에 두 번 넣어 제2적구에 맞힐 때까지 수구를 어떻게 가까운 코스로 보낼 수 있는가를 파악해야 한다.
 이와 같이 보통치기의 경우에는 쿠션에 넣은 수구의 입사각과 반사각은 서로 같다는 원리에서, 제1쿠션으로 가는 수구의 진로와 제2쿠션에서 나온 수구의 진로는 평행선을 이루지 않으면 안되므로, 실제에 있어서 수구가 쿠션에 맞을 때마다 비틀림이 가해져 입사각보다 반사각이 커진다.
 따라서, 평행선의 진로를 취하지 못한다. 이 오차를 잘 이해해두어야 한다.
 보통치기로 공을 잡을 수 없을 때는, 수구에 비틀기를 가해 쿠션에 넣어 제1쿠션에 넣었을 때의 입사각과 제2쿠션에서 나왔을 때의 반사각이 거의 평행선이 되도록 수구의 진로를 잡도록 하는 것도 필요하다.
 그림 1의 A와 B는 $\frac{1}{2}$의 두께의 비틀기를 가하지 않은 경우와 비틀기를 가한 경우의 수구의 진로 차이를 표시한 것이다.

투 쿠션의 타구법

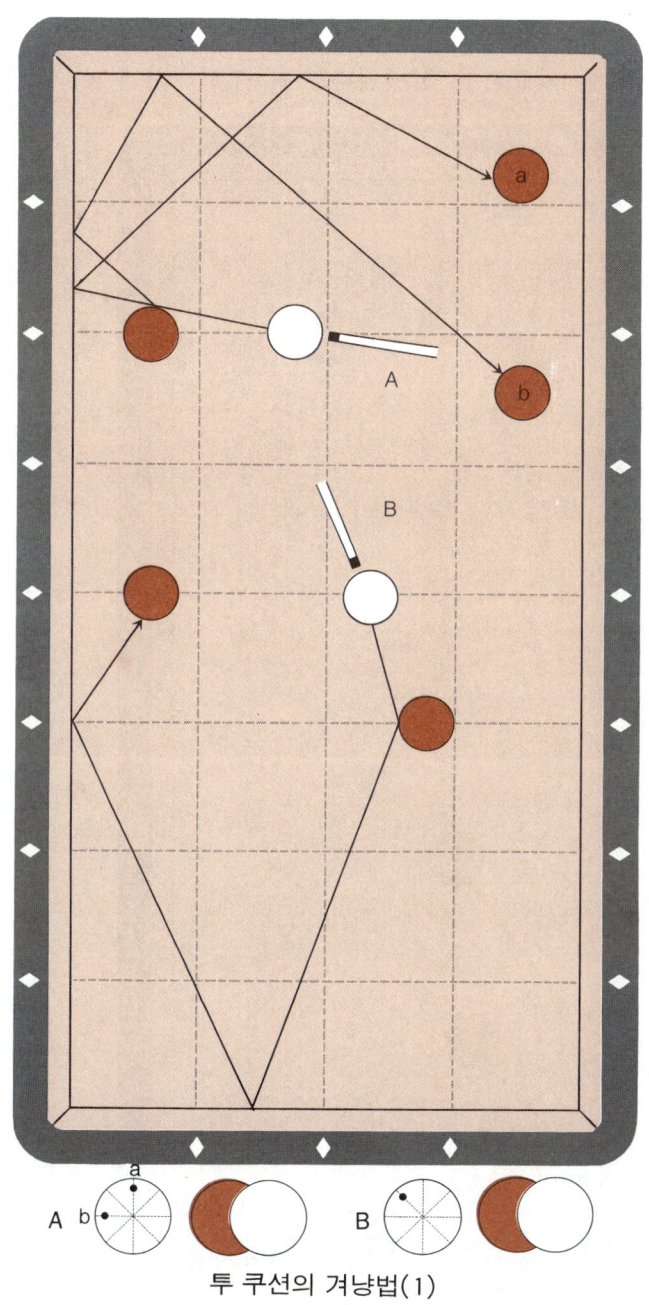

투 쿠션의 겨냥법(1)

그림 2와 3은 수구의 가까운 코스를 이해하고 코너쪽에 투 쿠션시킨 공 잡는 법의 대표적인 일예이다. 투 쿠션에서는 이와 같이 쿠션에 두 번 넣었을 때의 반사각의 각도를 계산하면서, 제2적구의 위치에 따라 오차대로 수구를 보내거나, 오차를 비틀기에 의해 커버한다든가 하는, 정확한 판단이 요구된다.

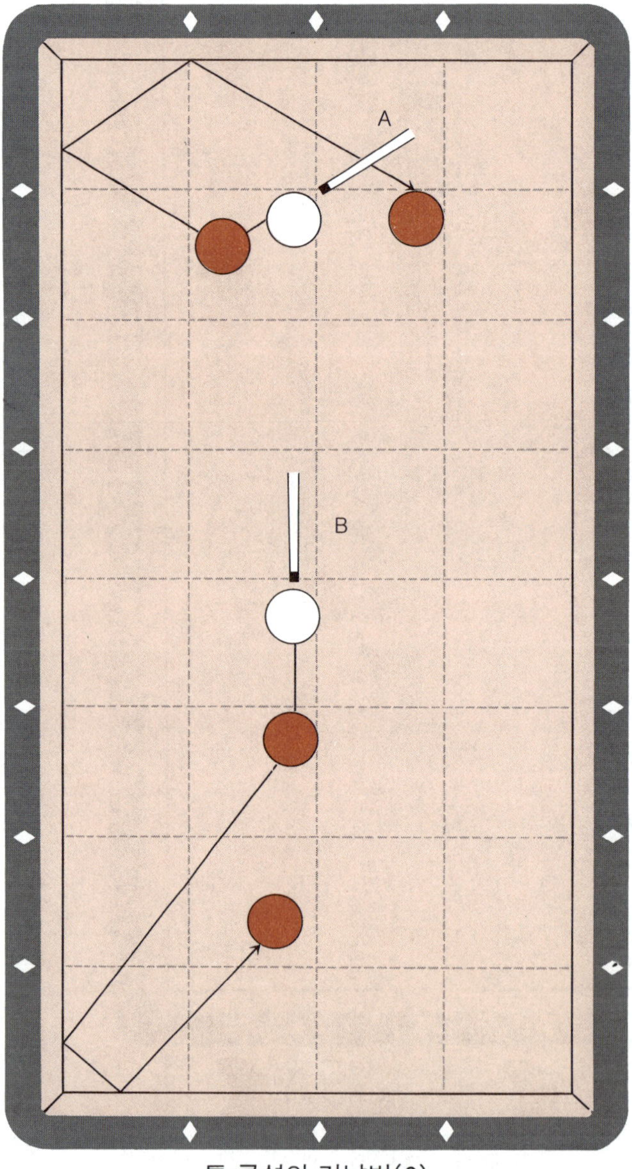

투 쿠션의 겨냥법(2)

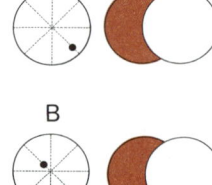

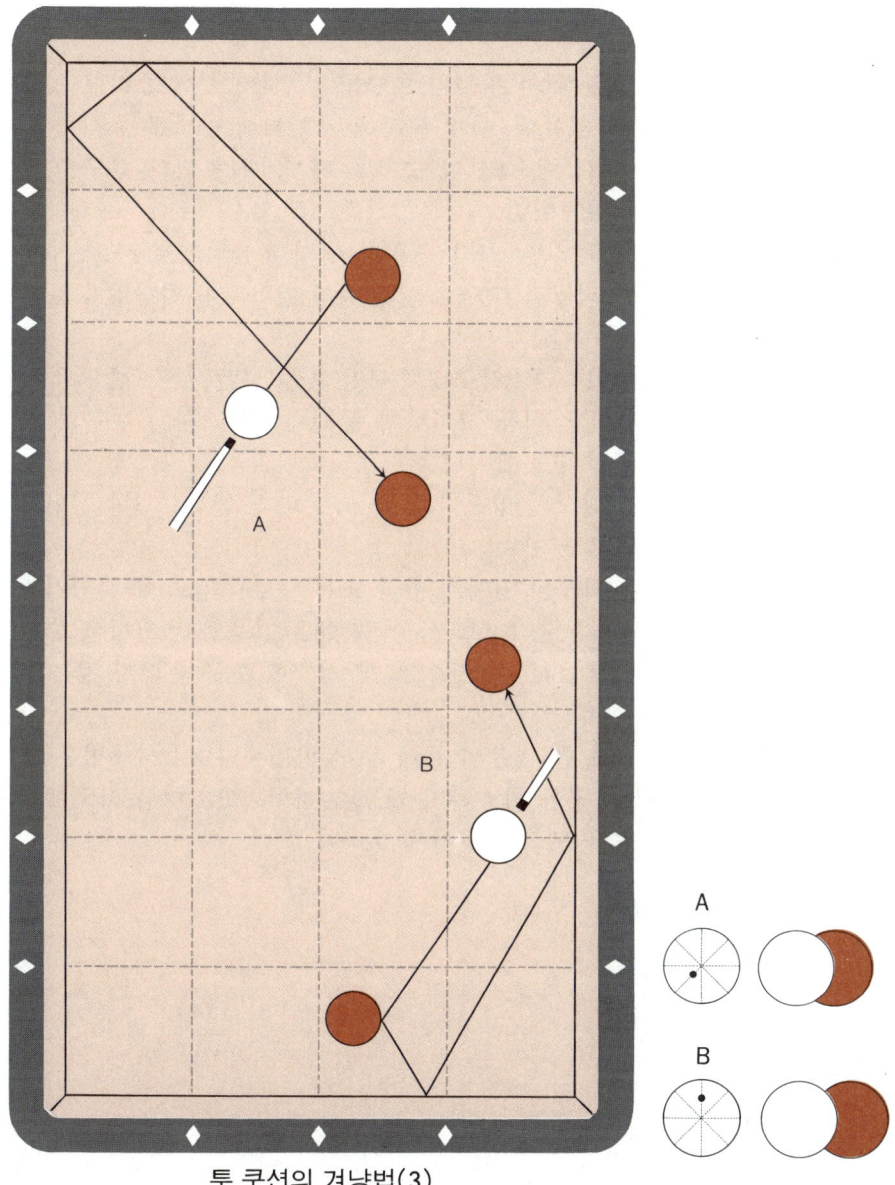

투 쿠션의 겨냥법(3)

## 드리 쿠션

드리 쿠션 경기에서는 물론이며, 4구 경기에서도 상대방이 남긴 공이 멀리 있거나 공의 배열에 따라 드리 쿠션을 하지 않으면 안 될 경우가 많다.

때때로 드리 쿠션을 할 때의 수구의 도달점은 『파이브 앤드 하프 시스템』이라는 계산 방법이 있는데, 이것은 쿠션 포인트에 숫자를 표시해 놓고, 수구 위치의 숫자에서 제3쿠션의 숫자를 빼서, 제1쿠션의 수구를 넣는 포인트를 예측하는 방법이다.

이 계산 시스템에 대해서는 『기법 응용편』에서 후술하기로 하고, 드리 쿠션으로 멀리 있는 제2적구를 수구로 맞힐 때의 일반적인 겨냥법을 들어 보기로 한다.

드리 쿠션으로 멀리 있는 제2적구에 수구를 맞힐 때는, 투 쿠션에서 설명한 입사각과 반사각의 간격을 고려함과 동시에, 제1적구를 수구와 반대 방향으로 보낼 것인가의 문제이다.

수구의 입사각을 제1적구의 입사각 안쪽 또는 바깥쪽으로 취할 것인가의 문제를 결정하지 않으면 안 된다.

수구의 입사각을 제1적구의 입사각 안쪽 또는 바깥쪽으로 할 것인가의 결정은 공의 배열에 따라 달라지므로, 이 판단을 잘못하면 진행 도중에 수구와 제1적구가 키스(kiss)를 일으켜 제2적구에 수구가 맞지 않는 수도 있다.

그림은 코너에 공을 모을 경우의 드리 쿠션 방법이다. 이 타구법은 수구의 뒤를 달리는 제1적구를 키스하지 않도록 하며, 또한 다음 타구에서 득점이 쉽게 되도록 공을 모으는 것이 중요하다.

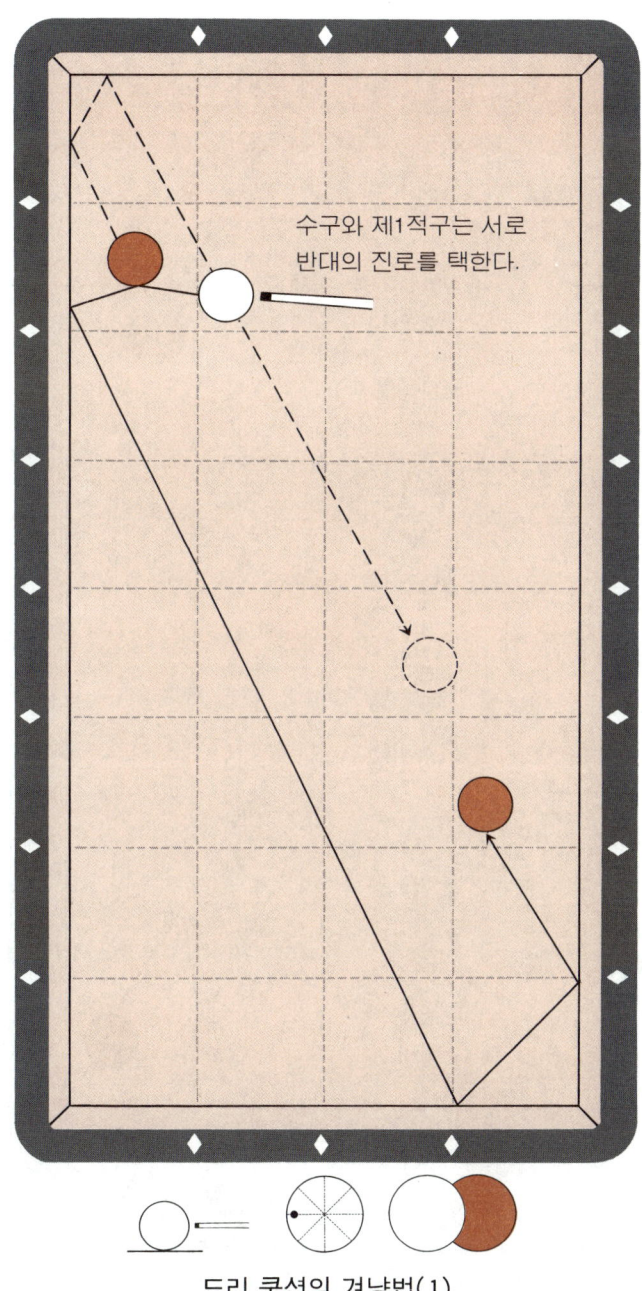

드리 쿠션의 겨냥법(1)

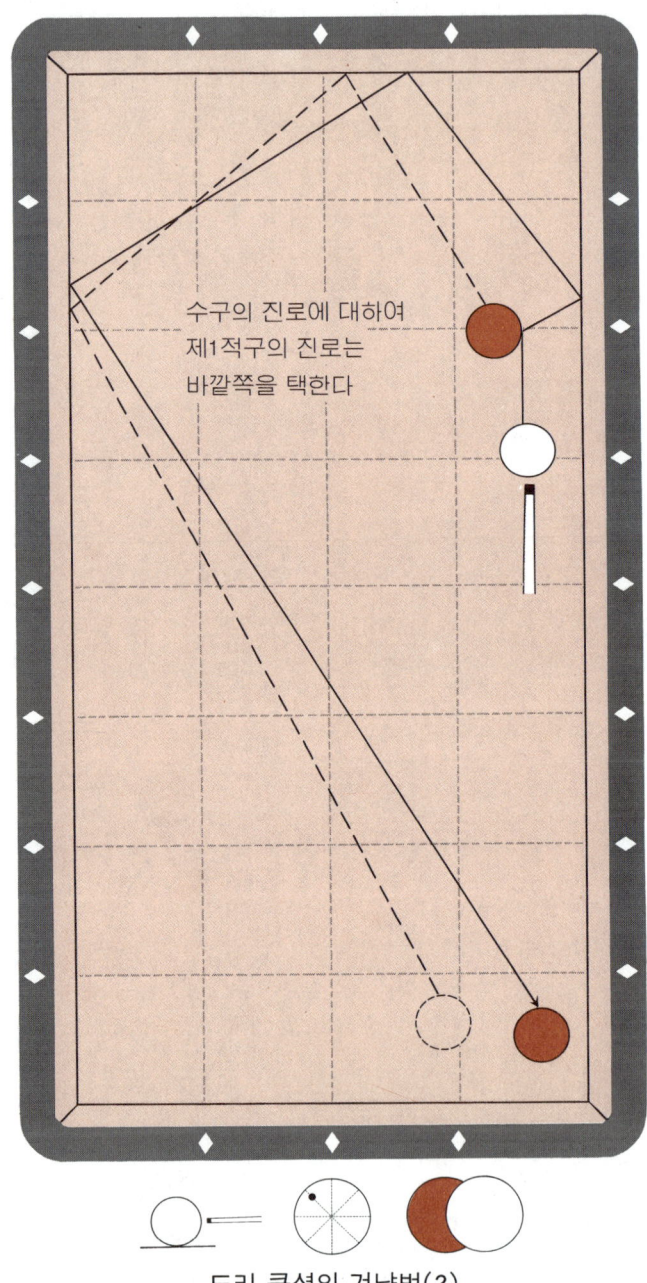

드리 쿠션의 겨냥법(2)

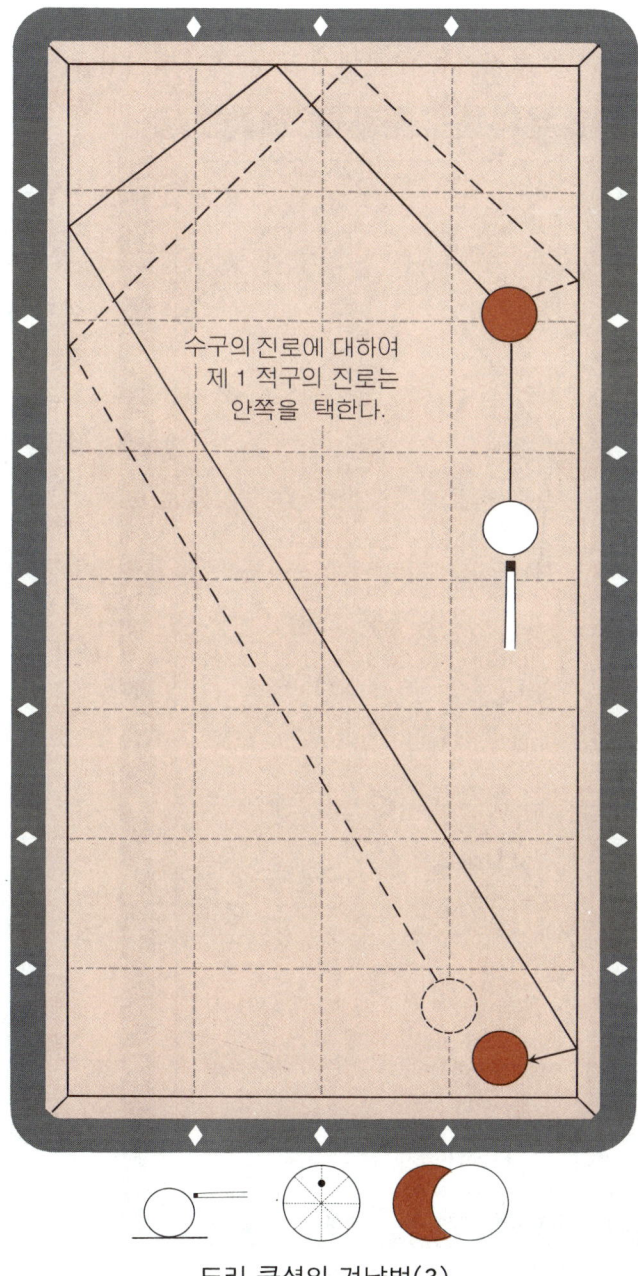

드리 쿠션의 겨냥법(3)

# 크게 돌려치기

크게 돌려치기는 수구를 보통의 경우보다 좀더 강하게 쳐내어 멀리 나가게 해야 하므로 브리지는 수구에서 15cm정도 떨어진 위치에서 만들고, 보통치기보다 길게 큐를 훑어서 쳐낸다. 그리고 다음 득점의 연결이 쉽도록 공을 모을 때는 반대로 짧게 하여 재빨리 쳐내는 편이 좋다. 어떠한 방법이든간에 수구를 크게 돌려서 잡아야 하는 만큼 힘 조절에 주의해야 한다.

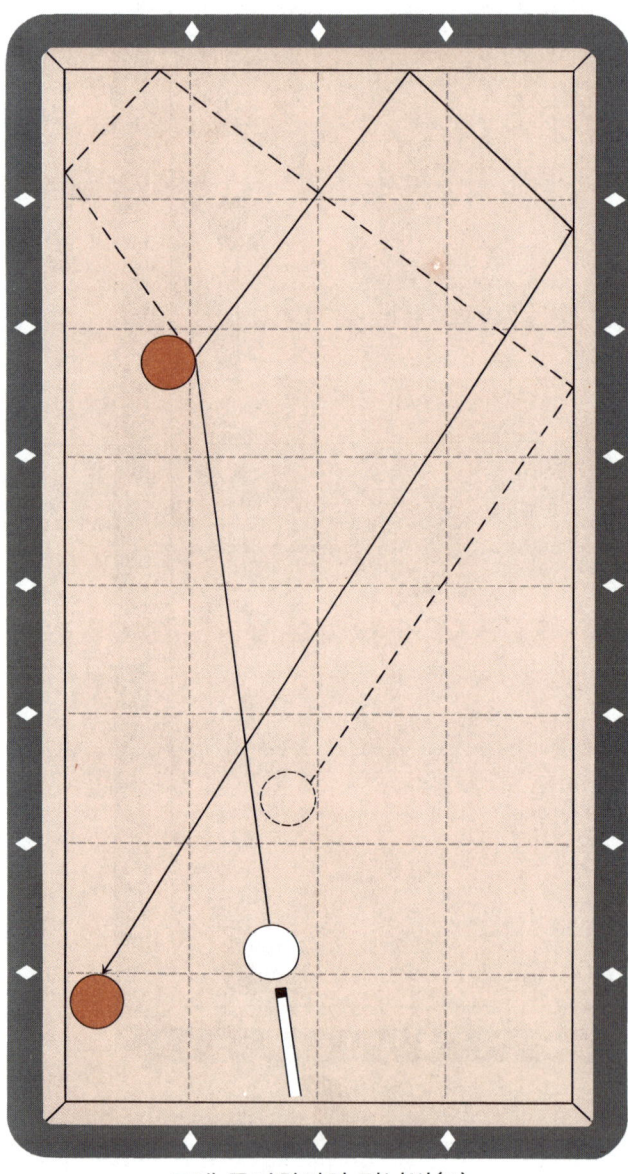

크게 돌려치기의 겨냥법(1)

그림1과 2는 크게 돌려치기의 일례이다.

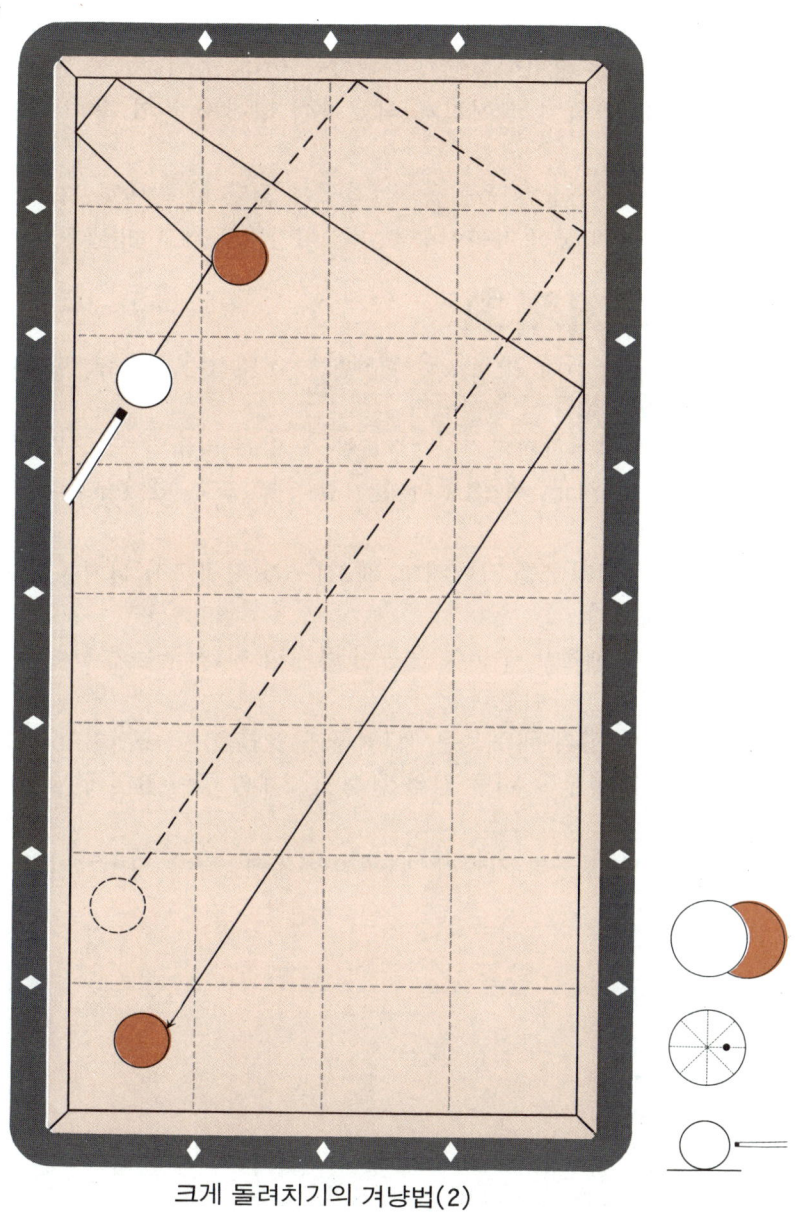

크게 돌려치기의 겨냥법(2)

# 죽여치기의 겨냥법

당구의 기법을 습득하는 데 있어서 공을 효과적으로 운동시키기 위해서는, 날카롭고 절도있는 큐의 솜씨를 중요시하지만, 솜씨가 향상됨에 따라 수구의 운동을 억제하는 큐의 죽여치기를 익혀야 한다.

큐를 죽여서 잡는 방법이 바로 『죽여치기』이다.

죽여치기에는 『죽여 끌어치기』와 『죽여 밀어치기』의 두 가지가 있다.

그 어느 것이든 수구의 운동을 제1적구에 옮길 때 최대한 그 힘을 죽여야 하므로 수구의 중심 가까이를 치며 $\frac{2}{3}$이상의 두께를 가한다.

## 죽여 밀어치기

죽여 밀어치기는 수구의 운동을 억제하는 쳐내기와, 수구를 제1적구에 맞힐 때의 힘의 조절을 중요시한다.

그림1은 죽여 밀어치기의 기본이라 할 수 있는 타구법으로, 우선 그림과 같이 수구, 제1적구, 제2적구가 들어갈 수 있도록 반지름 약 18cm의 원을 그린다.

이 원내에서 제1적구를 밀어내고, 제2적구가 원내에서 튀어 나가지 않도록 수구에 맞힌다.

두껍게 맞히기 때문에 수구의 운동이 옮겨진 제1적구는 쿠션에 들어갔다가 다시 원내로 되돌아온다.

수구에 부여된 힘의 대부분은 제1적구에 맞았을 때 옮겨져야 하는 것이 핵심으로, 제1적구를 너무 강하게 밀면, 3개의 공이 원내에 남지 않는다.

제1적구와 제2적구의 거리가 너무 벌어지면 죽여 밀어치기가 어렵게 된다.

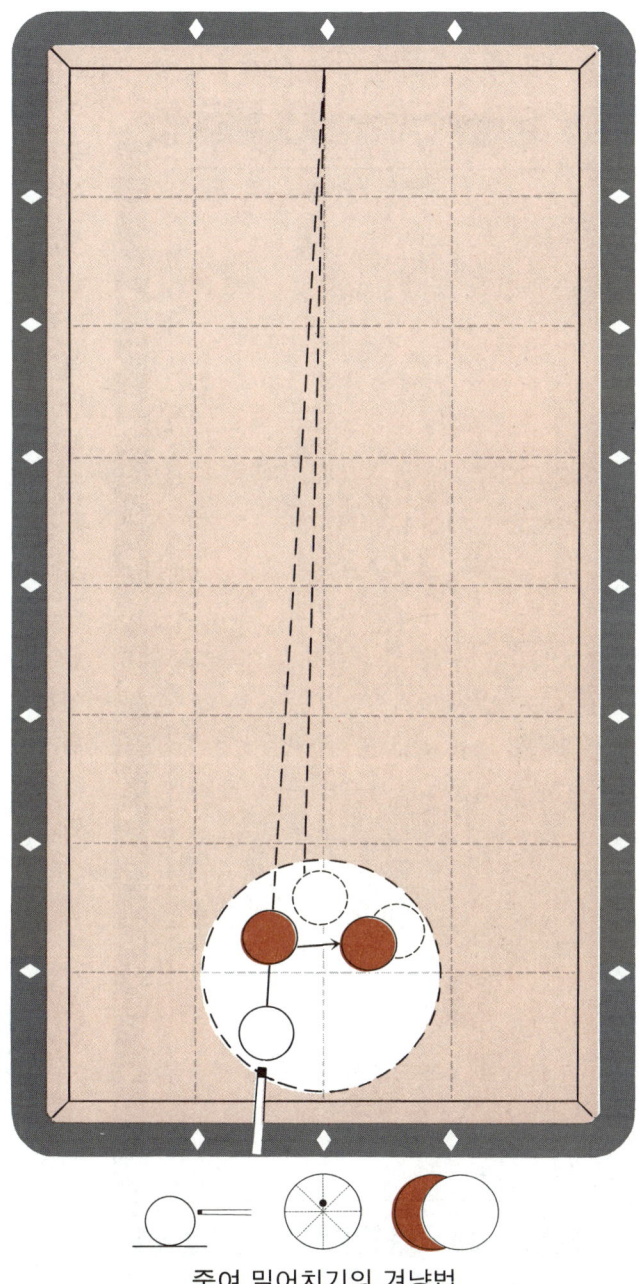

죽여 밀어치기의 겨냥법

# 죽여 끌어치기

그림은, 죽여 끌어치기의 기본이라 할 수 있는 타구법이다. 죽여 밀어치기와 마찬가지로 수구, 제1적구와 제2적구가 들어가도록 반지름 18cm 의 원을 그린다. 수구를 중심보다 약간 아래를 쳐서, $\frac{2}{3}$ 이상의 두께를 가한다. 너무 강하게 걸어 3개의 공이 원내에 남지 않으면 죽여 끌어치기가 제대로 안 된 것이다.

이 방법도 제1적구에 맞힌 순간 수구의 힘 대부분을 제1적구에 부여하는데, 이 때의 힘 조절이 결정적 포인트가 된다.

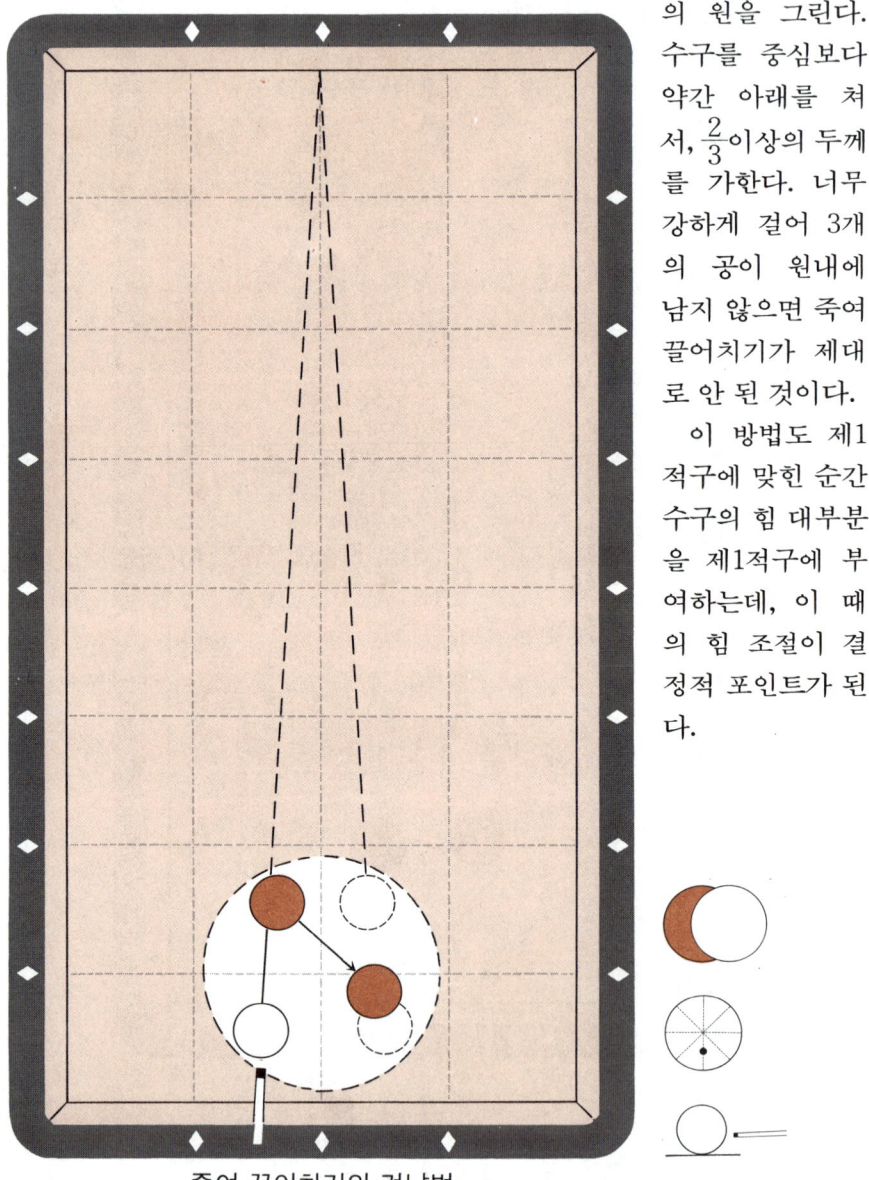

죽여 끌어치기의 겨냥법

밀어치기

끌어치기

2. 기법 기초편 157

# 모아치기의 겨냥법

모아치기는 멀리 또는 가깝게 흩어진 공을 잡는 법이 일단 마스터된 사람이 코너에 공을 모아 놓고, 모인 공의 형태를 크게 흩어지지 않도록 하면서 몇 번이든 득점을 계속해 가는 방법이다.

코너에 공을 모아, 다음 공을 득점하기 쉬운 위치에 되돌아오게 하면서 모아치기의 모양을 흩어지지 않게 하여 득점을 계속 올릴 수 있다는 점에서 당구의 묘미가 있다.

모아치기는 4개 코너 중 하나를 선정하여, 수구, 제1적구, 제2적구를 원내로 모은다. 물론 이 원내 이외에서도 3개의 공을 모아 놓으면 모아치기 방법은 될 수 있지만, 그림과 같이 4개의 원내는 모아치기에 가장 유리한 장소이다.

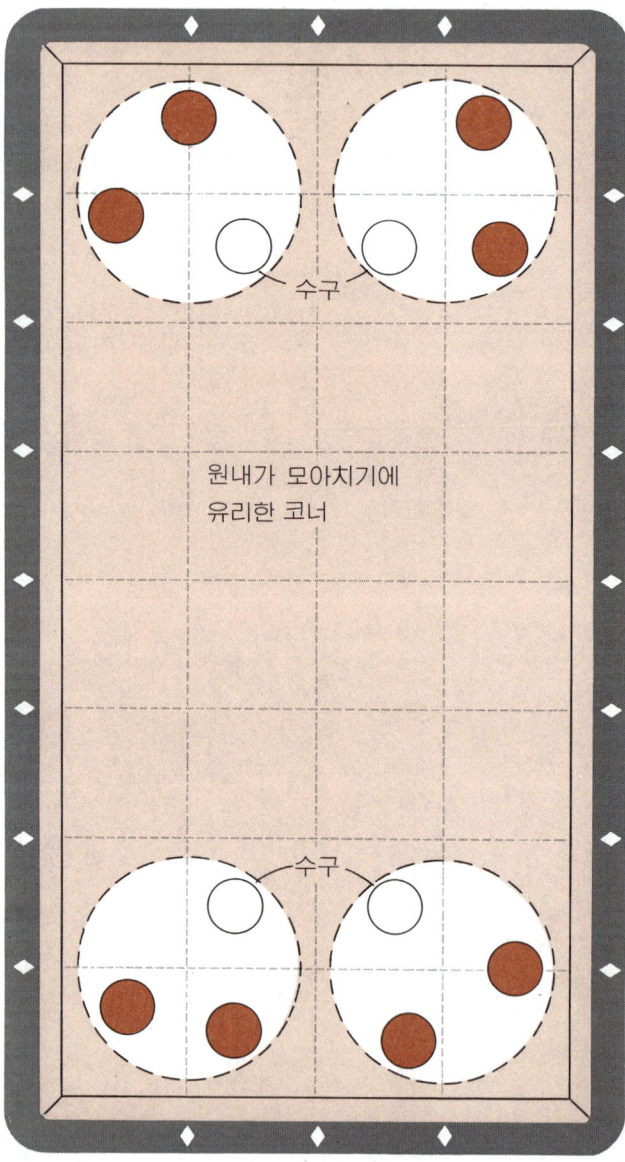

모아치기의 코너

원내에 공을 모을 경우에, 무리하게 공을 한 번에 모으려고 하면 안 된다. 득점을 해가면서 2단계, 3단계로 나누어, 제1적구 또는 제2적구부터 먼저 원내로 몰아 넣고, 계속 수구와 나머지 적구를 이동시킨다.

모아치기는 수구를 적구에서 되도록 떼어놓지 않도록 하여, 다음에 칠 때 득점을 하기 쉽게 해놓는다.

모아치기에 익숙치 못한 사람은, 일반적으로 스트로크를 강하게 하여 수구를 적구로부터 멀리 달리게 하여, 모처럼 모아진 공을 흩어지게 하는 수가 많다.

또, 타구하기 가장 쉬운 코너에 공을 모았다해도, 밀어치기나 얇게치기를 할 때 힘 조절을 그르쳐 공 배열을 잘못하여, 모은 공을 잡기 어렵게 만드는 수도 많다.

모은 공이 나란히 붙게 되거나, 반대로 흩어지지 않도록 하기 위해서는 힘 조절에 특히 주의해야 한다.

모은 공을 흩어지지 않게 하려면, 수구, 제1적구, 제2적구를 가릴 것 없이 구대면에서 멀리 굴러가게 치지 않도록 한다.

모아치기의 가장 손쉬운 배열은 수구를 당구대 중앙쪽에 배치하고, 적구를 짧은 쿠션 전방으로 모이도록 하는 것이다. 수구를 쿠션에 밀착시키면 타구하기 어려우므로 쿠션과 수구의 밀착을 피하기 위해서 수구, 제2적구의 진로를 그르치지 않도록 쳐내야 한다.

모아치기와 세리(series)는 각종 기법을 충분히 익힌 고점자가 될수록 연속 득점이 가능하다.

이것은 흩어진 공치기의 기법을 모아치기에 응용할 수 있기 때문이다. 4구 경기의 묘미는 모아치기를 습득하는 데 있으므로, 앞의 그림에서 예시한 것처럼 원내에 공을 모아 완전히 모아치기로 잡을 수 있도록 연습을 되풀이 해야 한다.

모아치기를 제대로 할 수 있게 되면 드리 쿠션 경기나 보크라인 경기의 고급 테크닉을 구사할 수 있는 기초를 잡게 될 것이다.

# 마세의 겨냥법

마세(massé)는 처음 프랑스에서 시작되어 미국의 제이코프 세퍼가 완성하여 오늘에 이르게 된 고급 테크닉이다. 마세에서는 큐 밑을 위로 향하게 세워서 스트로크한다. 예전에는 수평 타구로는 잡기 힘든 공을 이 마세로 득점을 했지만, 최근에 와서는 모아치기와 함께 연속 득점이 용이한 세리의 공 배열을 잡기 위한 타구법에도 응용되기에 이르렀다.

마세의 기본이 되는 당점의 결정법은 그림1과 같이, 수구 위에서 $\frac{6}{10}$ 동심원(同心圓 : 같은 중심을 가진 또 하나의 작은 원)을 그린다. 그 다음, 얇게 치는 관계상, 제1적구와 수구의 가장자리를 따라서 선을 긋고, 이 선과 평행하게 수구의 S에 연결되는 선을 긋는다. 이 2개의 평행선에 대하여, S의 연장선과 S에서 직각으로 선을 긋고, 동시에 제2적구와 2등변 3각형을 만든다. SPT를 잇는 $\frac{6}{10}$ 부채꼴 안이 마세의 당점 범위로서, 제2적구의 점 A와 A´사이의 부채꼴 모양 수구가 제1적구에 얇게 맞고 난 다음 제2적구에 맞는 범위가 된다. 당점 범위 안에서 수구의 운동에 변화를 부여하려면, 큐의 세우는 각도를 달리하여 쳐나가면 된다.

마세는 특히, ① 폼과 브리지 만드는 법, ② 큐 세우는 법, ③ 그립과 스트로크가 중요시된다.

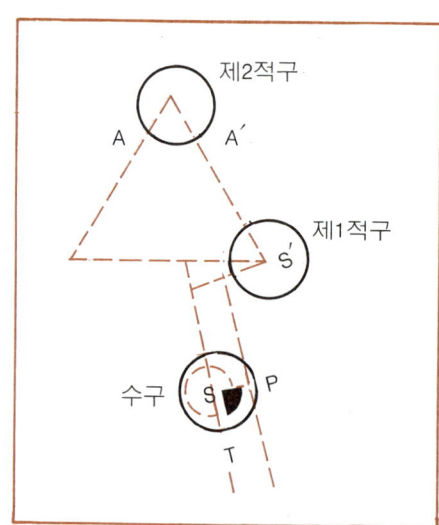

마세의 당점 범위

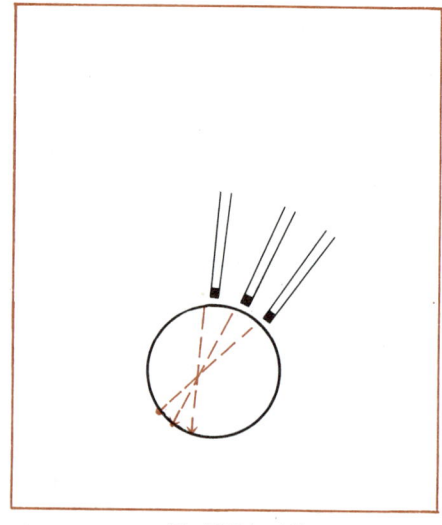

큐 세우는 법

이 그림은 적구의 거리가 다른 경우, 큐 세우는 법의 변화를 예시한 것이다. A와 같이 수구, 제1적구, 제2적구가 접근해 있을 때는, 당점 범위의 위쪽을 치기 위해 큐를 거의 직각으로 세운다. B와 같이 제1적구와 제2적구의 거리가 약간 떨어져 있을 때는 큐 각도를 구대면에서 약 70°정도로 하고 C와 같이 제2적구가 떨어져 있을 때는 약 45°가 되도록 한다. 이것은 적구의 거리 차이에 따라 당점의 선택도 달라지며, 큐 세우는 법도 달라진다는 것을 나타낸다.

이들 마세에서는 적구를 멀리 달리게 하는 특별한 경우를 제외하고는 강한 쳐내기를 해선 안 된다.

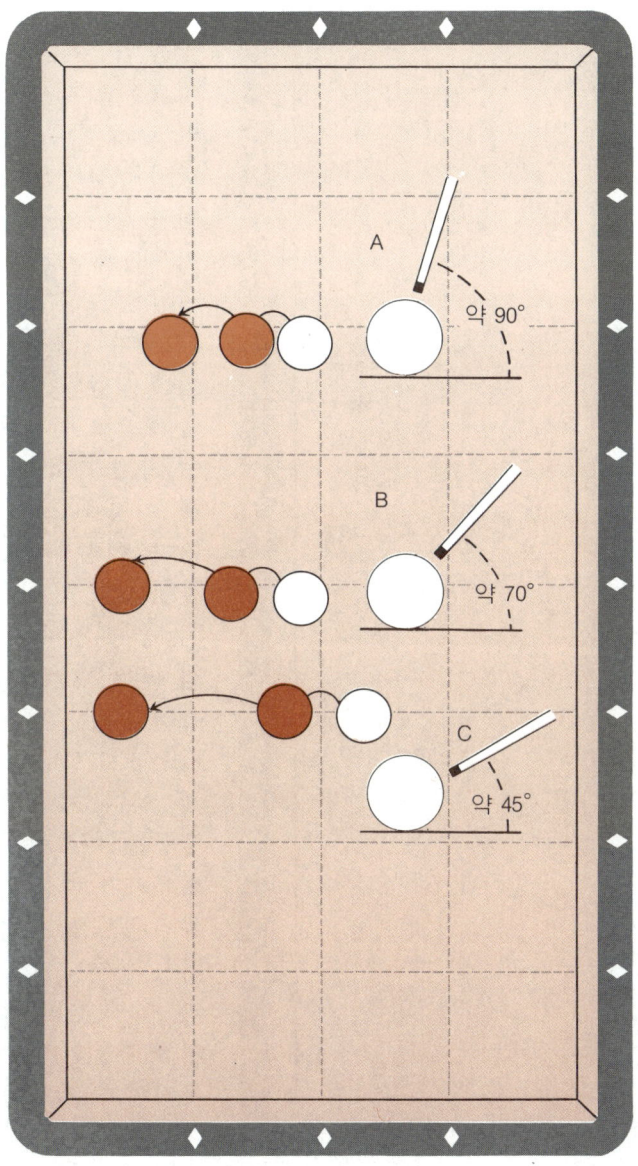

마세의 큐 세우는 법

2. 기법 기초편 161

# 밀기 마세

밀기 마세는 수구, 제1적구, 제2적구가 쿠션을 따라서 배열되어 있을 경우에 쿠션을 따라서 맞히는 타구법이다. 밀어치기 공의 당점을 수구의 윗부분에 두고 수구를 타구하는 것이므로 밀기 마세라고 부른다. 당점의 결정법은 그림과 같이 수구의 윗부분에 $\frac{6}{10}$ 동심원을 그리고 제1적구의 중심과 이 동심원의 중심을 선으로 연결하여 그린 다음, 다시 이것을 2등분한다. 이렇게 4등분된 원의 하나가 이 공 배열의 당점 범위가 된다. 그러나 이 당점을 타구해도 힘 조절에 따라 수구의 운동은 미묘하게 변화하기 때문에, 큐와 구대면 사이의 수구의 운동과 힘 조절의 관계를 충분히 알지 못하면, 겨냥한 대로의 밀기 마세가 되지 않는다.

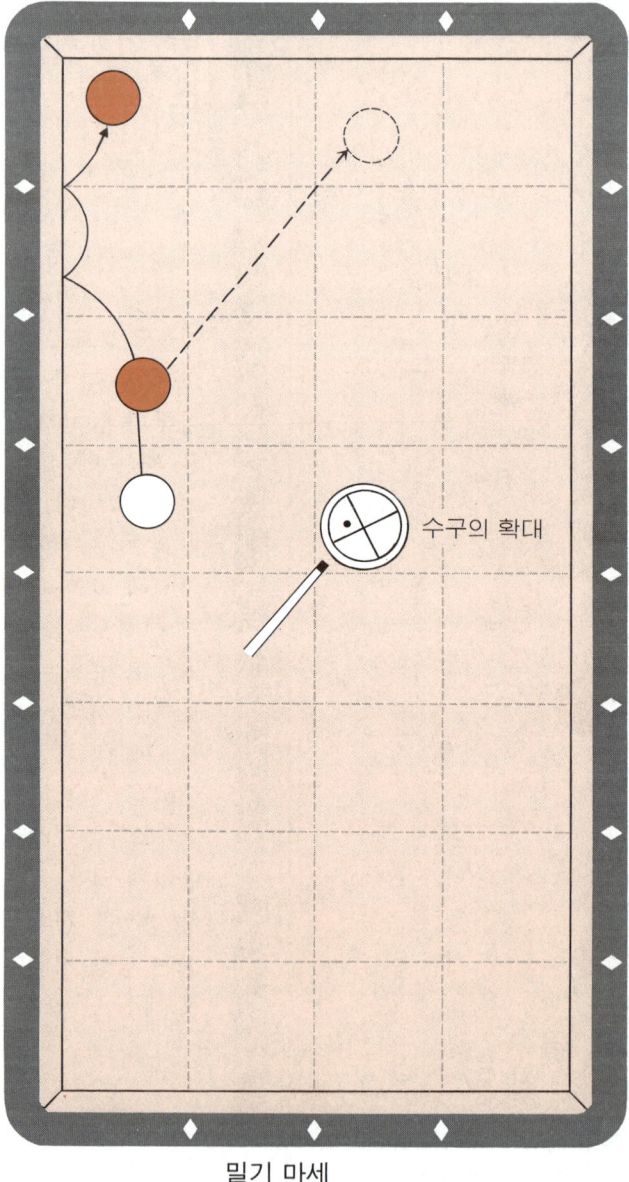

밀기 마세

# 끌기 마세

끌기 마세는 끌어치기의 브리지를 만들 수 없을 때나, 다음 득점을 하기 쉽도록 다음 공의 위치를 좋게 하기 위해, 쿠션에 넣은 제1적구를 조용히 후진시킬 때 사용된다.

당점은 보통의 끌어치기를 할 때의 당점에서 수구의 윗부분으로 옮긴 위치이다. 이 당점은 밀기 마세와 마찬가지로 수구의 윗부분에 $\frac{6}{10}$ 동심원을 그리고, 제1적구의 중심과 수구의 중심을 잇는 선을 긋는다. 4등분 선 안의 보통치기의 당점을 옮긴 위치가 끌기 마세의 당점이 된다. 밀기 마세와 마찬가지로, 큐 세우는 법과 힘 조절에 따라 수구와 제1적구는 크게 변화한다.

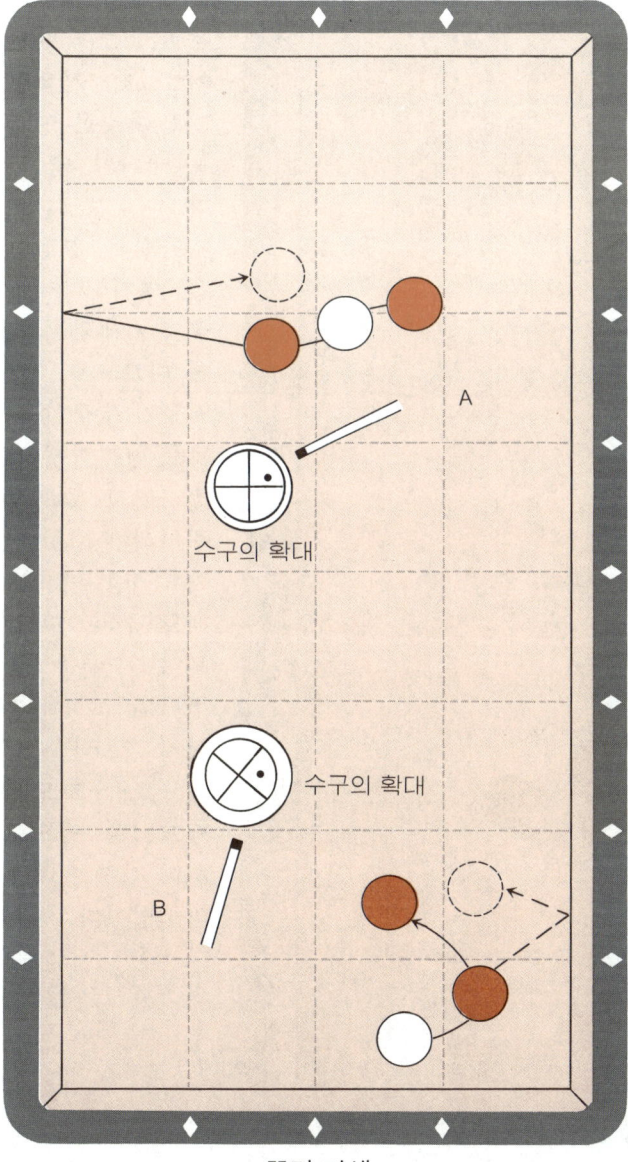

끌기 마세

# 특수한 마세

특수한 마세는 수구, 제1적구, 제2적구가 일직선으로 나란히 있거나 (A), 수구와 제1적구 또는 제2적구가 밀착되어 있을 때(B)의 타구법이다. 어느 경우이든 마세에 숙련되어 있지 않으면 그림과 같은 마세를 구사할 수 없다.

당점의 결정법은 밀기 마세나 끌기 마세와는 크게 다르므로, 제2적구가 수구의 진로를 방해하여 키스시키지 않도록 주의해야 한다. 이 특수한 마세는 제1적구의 위치보다 수구를 한 번 앞으로 내보내지 않으면 안 되므로, 고도의 테크닉을 필요로 하며 가장 어려운 타구법이다.

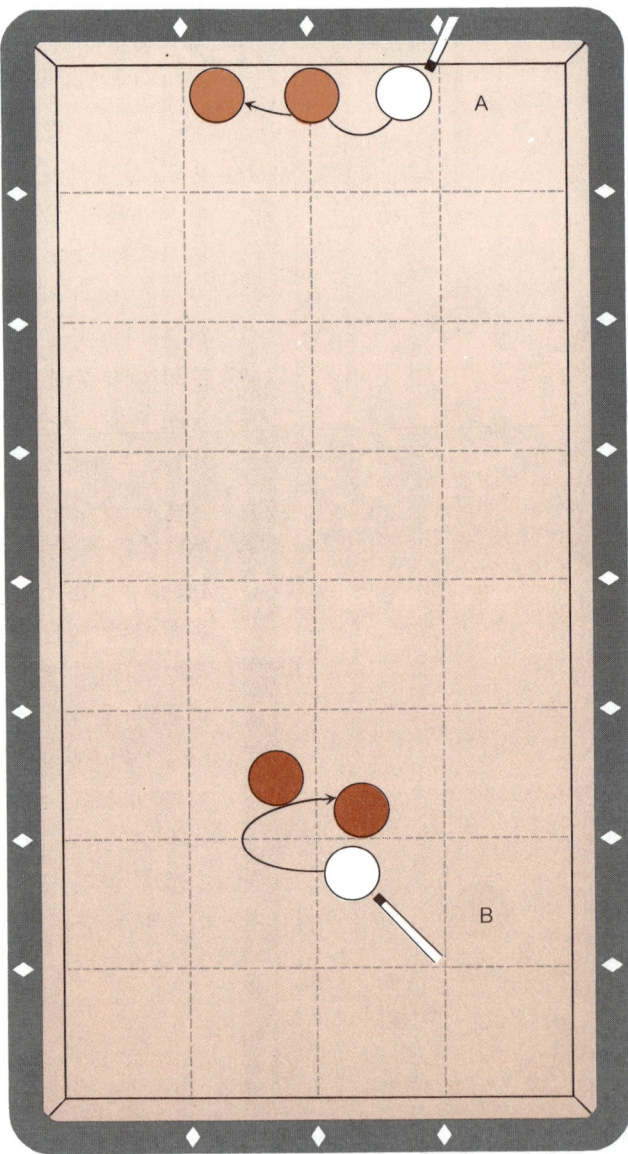

특수한 마세

2. 기법 기초편  165

# 세리의 겨냥법

　세리(series)는 수구와 제1적구, 제2적구를 3각구의 형태로 하여 쿠션을 따라서 모양을 흩어지지 않도록 유지하면서 연속 득점을 하는 타구법이다. 미국 출신의 유명 선수 세퍼는 이 세리로 3구 경기 때 3000점을 한 번의 실수도 없이 쳐낸 일이 있다. 이것이 계기가 되어, 무제한의 연속 득점을 하지 못하게 하는 제한 구역을 설치한 보크라인 경기가 고안되기에 이르렀다. 세퍼는 3각구의 모양을 흩어지지 않게 하여 쿠션을 따라 돌며, 마치 레일 위를 달리게 하듯이 연속 득점을 한 연유로 이 세리를 아메리칸 세리, 또는 레일 널스(레일의 유모차라는 뜻)라 부르게 되었다.

　또한, 일본의 명선수로 알려진 아마다 쇼우(天田章)는, 소위 『아마다 식 5세리』를 창안했는데, 이 아마다 식 5세리는 4개의 공 전부를 이용하면서도 수구, 제1적구, 제2적구의 3개의 공으로 3각형을 유지한 채 이동시키면서 득점을 가산해 갈 때, 나머지 또 하나의 적구(제3적구)를 짧은 쿠션에 넣어 적당한 위치에 되돌아오게 하여, 연속 득점을 해가는 타구법이다.

### 세리의 공의 배치

　세리의 공 잡는 법은 우선, 이 공을 잡는 데 가장 알맞는 3각구의 모양이 되도록 해야 한다.

　그림의 A는 아메리칸 세리에 가장 적당한 공의 배열이다. 그림과 같이 쿠션을 따라서 수구, 제1적구, 제2적구가 3각형을 이루는 모양이 이상적인 공의 배열이다. 세리를 하려면 이 공의 모양을 흩어지지 않도록 하면서 연속 득점이 될 수 있도록 연습해야 한다. 그러나 아무리 이 모양을 흩어지지 않도록 하기 위해 힘의 조절이나 수구와 적구의 회전 등에 주의해도, 세리의 이상적인 모양은 몇 번 치면 흩어지게 마련이다. 이상적인 공의 배열이 흩어지면 모양을 다시 갖추기 위한 법이 필요하다.

　그림의 B는 아마다 식 5세리의 이상적인 공 배열이다. 짧은 쿠션에 넣어 적당한 위치로 되돌아오게 하는 제3적구가 제2적구의 바깥쪽에 있는 이 외에는, 아메리칸 세리의 이상적인 배치와 다를 바 없다. 단, 이상적인 공 배치라 해도 제3적구를 짧은 쿠션에 넣어 적당한 위치로 되돌아오게 하면서 득점을 올려야 하는 만큼 아메리칸 세리에서의 공 배열법과는 다른 세리의 모양으로 정비하는 노력이 필요하다.

즉, 아메리칸 세리 이상으로 스냅을 크게 또는 적게 컨트롤하면서 세리의 모양을 바로 잡도록 해야 한다.

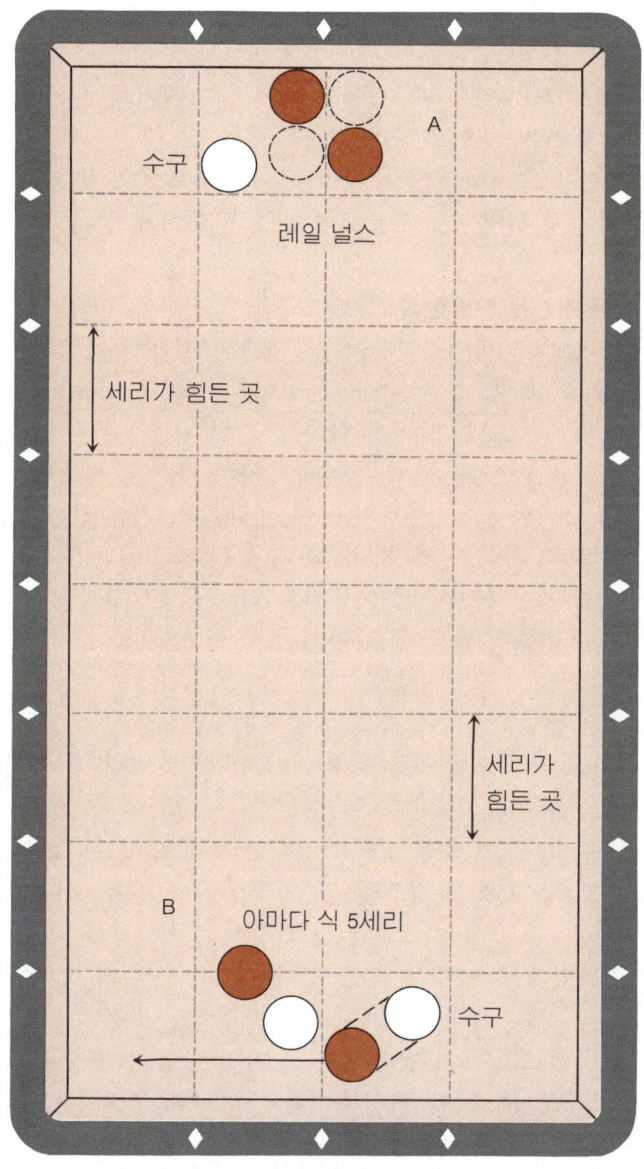

세리의 이상적인 공의 배열

### 세리의 포인트

세리의 공 잡는 법에서는 수구에 가해지는 힘 조절에 주의하여 3각형의 모양을 유지할 것, 제1적구와 제2적구에 수구가 맞는 두께에 주의할 것, 제1적구와 제2적구의 진로를 잘못 판단하지 말 것 등의 세 가지에 주의하지 않으면 안 된다.

특히, 힘 조절을 그르쳐 제2적구의 거리를 떨어지게 하거나, 세리의 모양을 흩어지게 하지 않도록 한다.

세리의 모양을 유지하려면, 수구 가까이에 브리지를 만들고, 그립은 큐의 중심 가까이에 두면서 스트로크를 짧고 민첩하게 한다.

### 세리가 힘든 쿠션은 분별한다

3각구의 모양으로 세리를 계속하는 데 있어서 주의할 점은, 쿠션을 따라서 공을 몰고 갈 때, 공을 잡는 데 있어서 어려운 장소와 비교적 잡기 쉬운 장소가 있다는 것을 알아야 한다.

대체로 쿠션을 레일로 하고 왼쪽에서 돌아가면서 세리를 할 때는 긴 쿠션의 제3포인트와 제2포인트의 사이, 반대쪽의 긴 쿠션에서는 제5포인트와 제6포인트의 사이가 가장 타구하기 힘든 장소이다.

세리 모양을 유지하면서 연속 득점을 하려면, 이 가장 치기 힘든 장소에서도 공을 자유롭게 잡을 수 있는 수련이 필요하다.

### 3각구 만드는 법

세리에 알맞는 3각구의 배열로 하려면, 마세 등 갖가지 방법을 이용한다.

그러나 한두 번 만에 공을 모아서 3각구 형태로 만든다는 것은 실패할 확률도 크므로, 공 배열에 상응한 공 모으기를 몇 단계로 나누어 행할 필요가 있다.

다음 그림 1단계~5단계는 공을 모아가는 경우의 공 모아치기의 일예이다.

세리에 알맞는 모양으로 공을 모으는 방법은 공의 배열에 따라 다르므로 기본적인 구도(構圖)를 제시하기란 곤란한데, 한두 번 만에 공을 모으기란 어렵다는 것을 우선 생각하고, 수순을 그르치기 않도록 모양을 정비한다.

그림(1단계)과 같은 공 배열일 때는, 수구의 중심 아래를 쳐서 끌어치기를 취하면서 제1적구를 크게 돌려 수구 쪽으로 되돌아오게 한다.

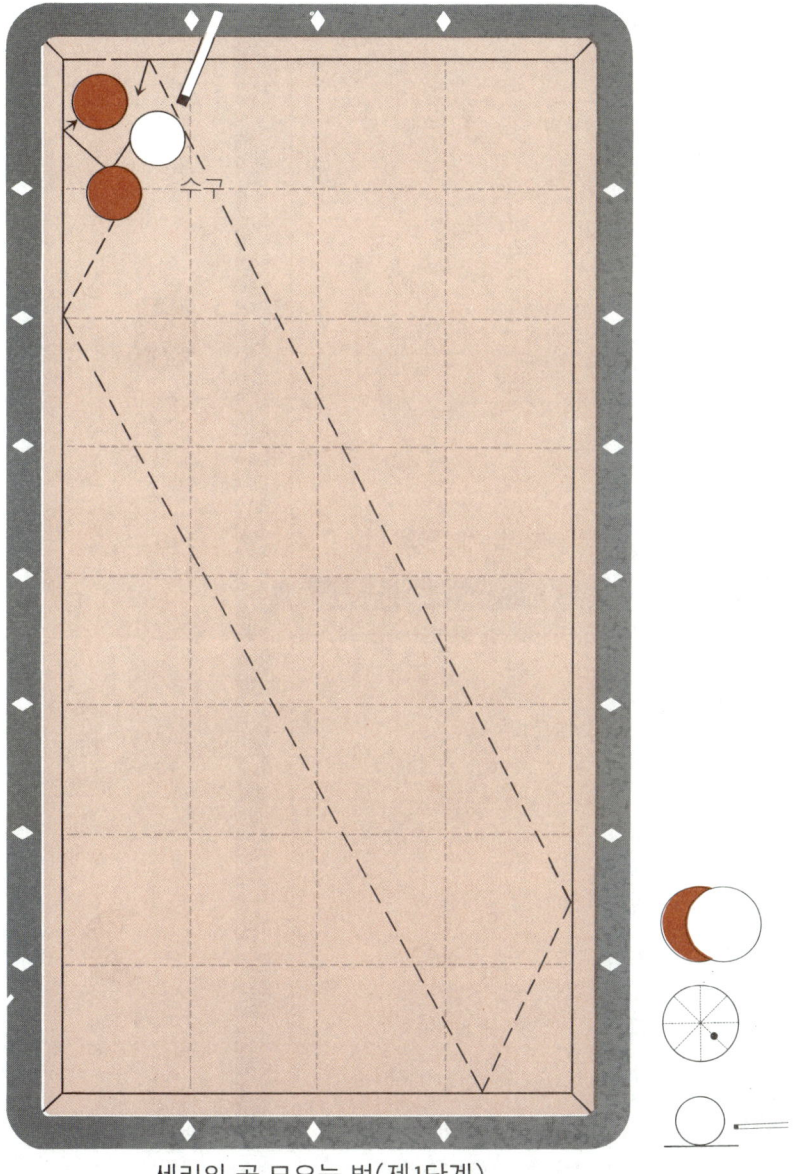

세리의 공 모으는 법(제1단계)

그 다음 수구의 중심 위를 약하게 쳐서 $\frac{1}{4}$의 두께를 가한다(2단계). 다음에 수구의 오른쪽 위를 쳐서 $\frac{2}{3}$두께를 가하면서 공을 잡는다(3단계).

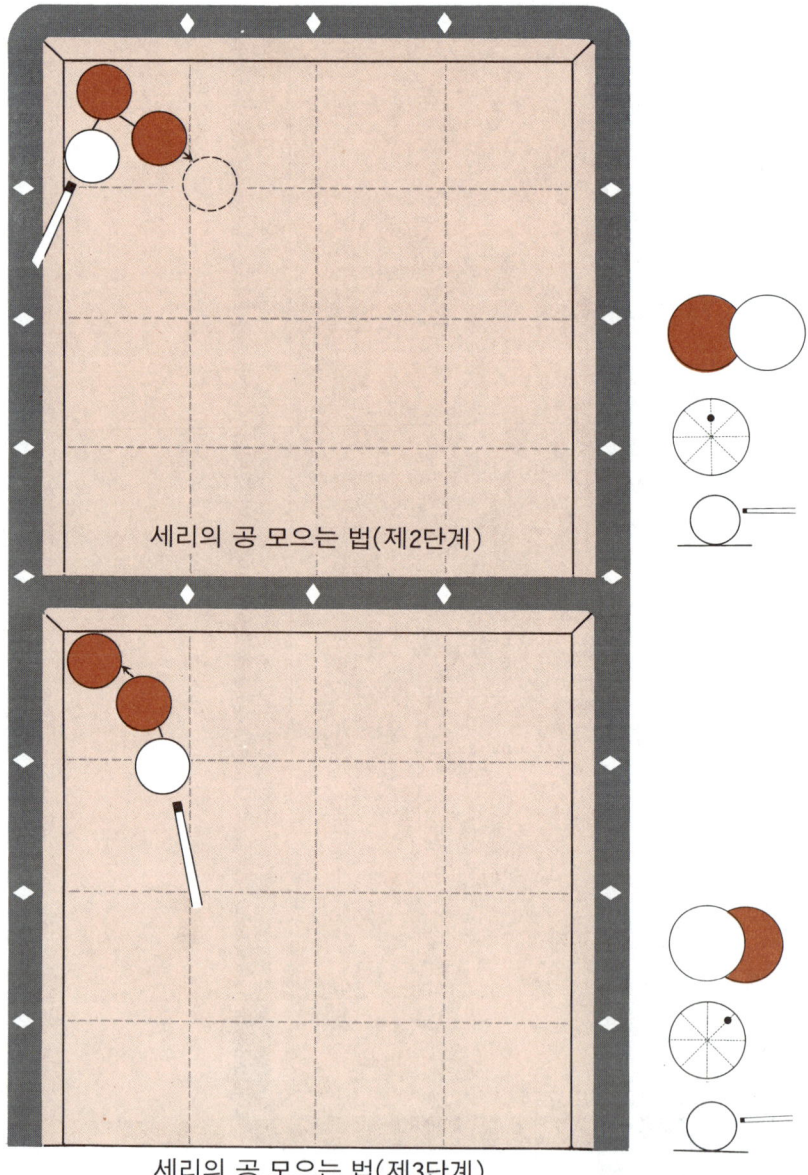

세리의 공 모으는 법(제2단계)

세리의 공 모으는 법(제3단계)

다시 수구의 왼쪽 위를 쳐서 $\frac{2}{3}$ 두께를 가하여 맞히면(제4단계), 제5단계와 같은 세리의 적당한 모양이 된다. 이와 같이, 세리에 의한 연속 득점을 하기 위해서는 여러 가지의 공 잡는 기법을 숙련하여 공을 모으면서 공 배열을 잡아 나가야 한다.

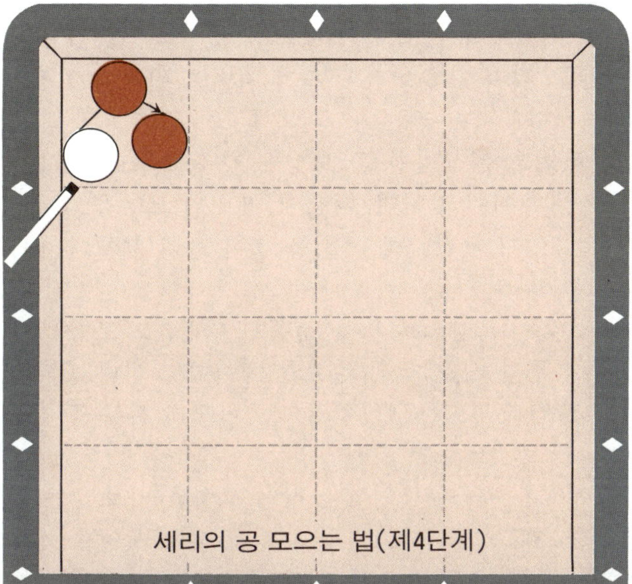

세리의 공 모으는 법(제4단계)

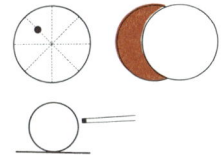

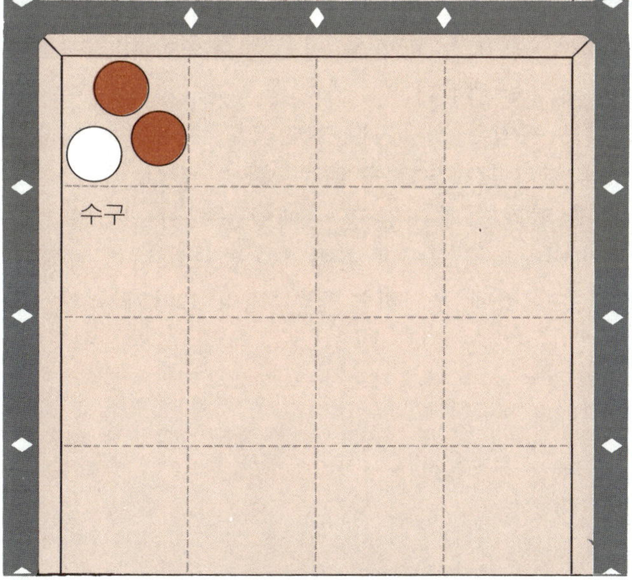

세리의 공 모으는 법(제5단계 : 세리에 알맞는 모양)

### 세리의 기본형을 다시 만드는 법

　세리는 레일 널스라고까지 부른다. 따라서, 앞에서 말한 바와 같이 3각구의 모양을 흩어지지 않도록 하면서 쿠션을 레일로 삼고, 이 레일에 얹은 공을 연속 득점을 할 수 있도록 몰고 가지 않으면, 안 된다. 공 잡는 법의 가장 고등 기법인 만큼, 갖가지 흩어진 공치기 기법을 완전히 익히지 않으면 이 세리는 할 수 없다.
　세리로 연속 득점을 하려고 이상적인 공 모양을 갖추었다고 해도, 처음에는 3각구의 모양이 곧 흩어지고 만다. 따라서, 세리의 모양을 제대로 정비했을 때 이 모양이 흩어지지 않도록 득점을 쌓아 올리며 계속 타구해 나가도록 한다.
　그림의 A는 세리에 알맞는 모양으로 공을 정돈한 다음, 그 모양을 흩어지지 않게 할때의 제1적구와 제2적구의 진로를 표시한 것이다. B와 C는 공의 배열이 흩어진 경우에 원형(原形)으로 되돌아오게 하는 공 잡는 법이다.
　B와 같이 배열이 흩어졌을 때는 원 쿠션을 하여 모양을 바로잡는다.
　C의 경우에는, 수구를  제1적구와 제2적구에 얇게 맞혀 모양을 정돈한다. 흩어진 모양에 따라 원형으로 바로잡는 방법도 달라진다. 3각구의 모양이 흩트러지면, 이러한 공 잡는 방법을 써서 원형으로 바로잡으면서, 쿠션을 돌리며 연속 득점을 해간다.
　세리를 구사할 수 있는 기법의 소유자 할지라도, 처음에는 대체로 5~6회 득점하는 동안에 세리를 계속할 수 없는 상황이 된다. 따라서, 세리에 의해서 연속 득점을 하려면, 흩어진 공의 배열을 다시 세리의 기본형으로 바로잡는 연구와 이상적인 모양을 흩어지지 않도록 하기 위해 쿠션과 공의 관계라든가 힘 조절에 주의하여 공이 멀리 도망가지 않도록 해야 한다.

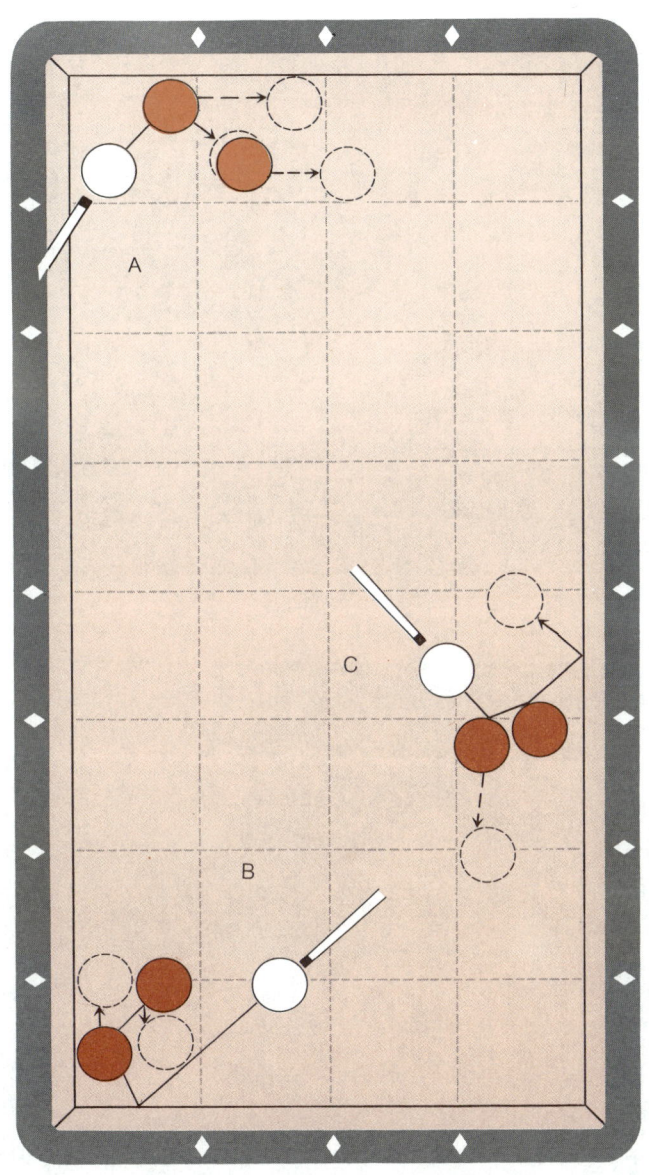

세리의 기본형을 다시 만드는 법

세리

## *Billiards*

### ③ 당구 기법 응용

# 1 3구 경기의 기초

　3구 경기는 빨간공 1개와 흰공 2개를 사용한다는 것, 테이블의 코너에 4곳의 제한 구역을 설정하고 이 제한 구역 내에서는 제1적구와 제2적구 중 어느 하나를 제한 구역 밖으로 내지 못하면 두 번의 연속 득점을 인정하지 않는 게임 방식이다. 그 밖의 룰은 4구 경기에 준하기 때문에 앞에서 든 여러 가지 방법으로 경기 실력을 몸에 익히면 될 것이다.
　3구 경기는 빨간공이 하나 적기 때문에 4구 경기보다 어려우며, 4구 경기의 지점보다는 20% 이하가 표준 실력으로 인정된다. 적구가 하나 적다는 것은 그만큼 공을 다루는 방법에는 제한이 따른다. 따라서 3구 경기에서는 뒤에 남은 공을 어떻게 처리하느냐에 세심한 주의를 기울여야 한다.

## 서브
　3구 경기에서는 자기의 수구 외에 제1적구와 제2적구 뿐이므로 각각 공의 진로를 잘 생각해서 다음 득점에 유리하도록 신중히 공을 다뤄야 한다.
　그림A는 3구 경기에서 서브를 넣는 방법이다. 수구의 오른쪽 위를 3분의 2 두께로 치면 정확하게 맞는다.
　그림B는 수구를 반대편에 놓고 왼쪽 위를 3분의 2 두께로 쳐서 맞히는 방법이다. 그러나 어떤 서브도 정확하게 맞는 반면, 다음 득점을 하기 쉬운 후구가 되도록 하기 위하여 그림과 같이 2분의 1 두께로 친다. 이 서브 방법으로 하면 모아치기에 유리한 위치로 공을 보낼 수 있다. 3구 경기에서는 적구가 하나 적은 만큼 제한 구역에 가까운 모아치기를 얻기에 적당한 코너 쪽으로, 서브 단계부터 공을 모으는 연구를 할 필요가 있다.

## 모아치기의 정석
　당구 경기에서는 뒷공을 득점하기 쉬운 위치에 두도록 공을 몰아야 하는데, 특히 3구 경기에서는 공을 모으기에 적당한 장소에 공을 모으도록 하는 데 유의하지 않으면 안 된다.
　공을 모으는 방법은 공을 흩어지게 해서 하는 것보다도 가까이 모으게 하는 것이 훨씬 득점하기 쉽다는 점에서 당구 기술의 정석으로서 여러 각도에서 연구되어 왔다. 이것은 4구 경기에서도 높은 점수를 내는 가장 유리한 수단이다. 따라서 3구 경기의 실력을 쌓기 위해서는 4구 경기에서도 이용도가 높은 모아치기의 테크닉을 더욱 충실하게 연습할 필요가 있다.

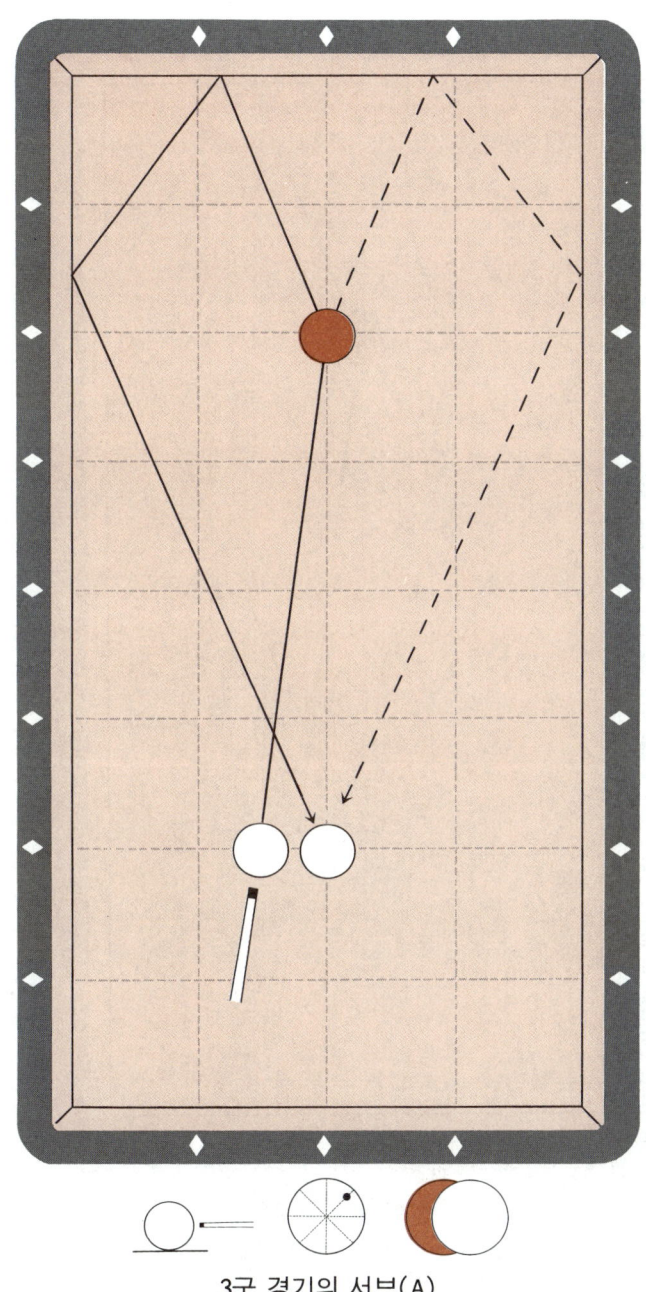

3구 경기의 서브(A)

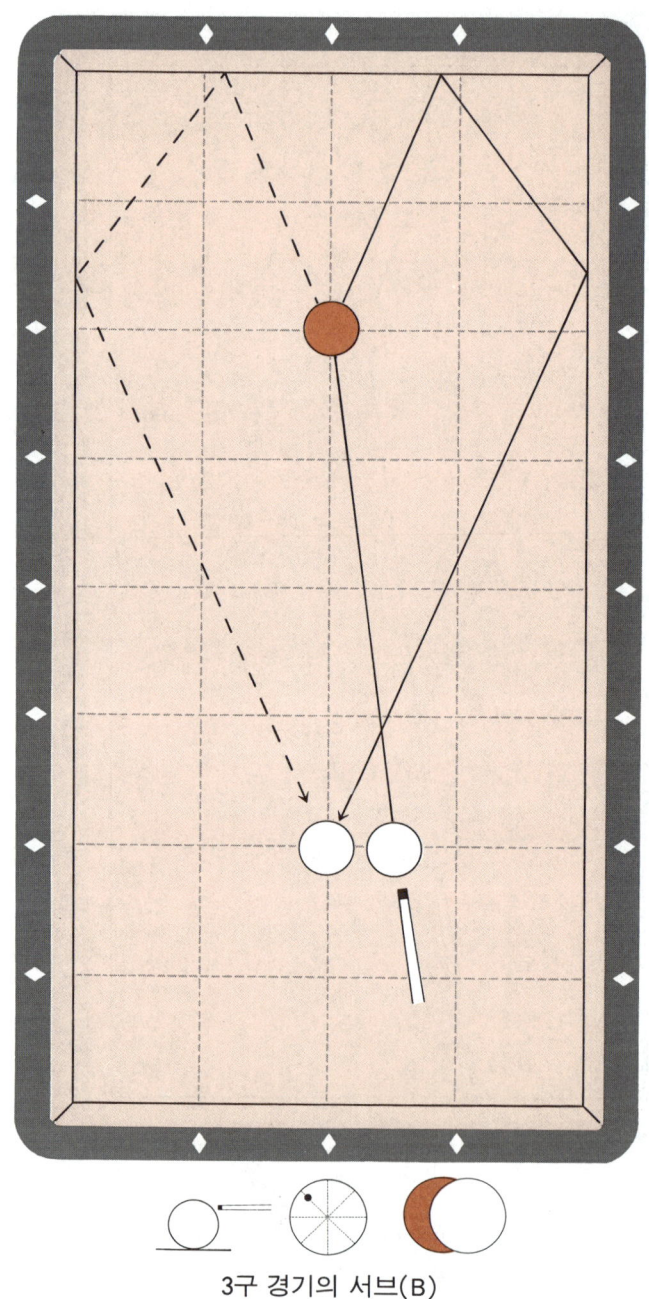

3구 경기의 서브(B)

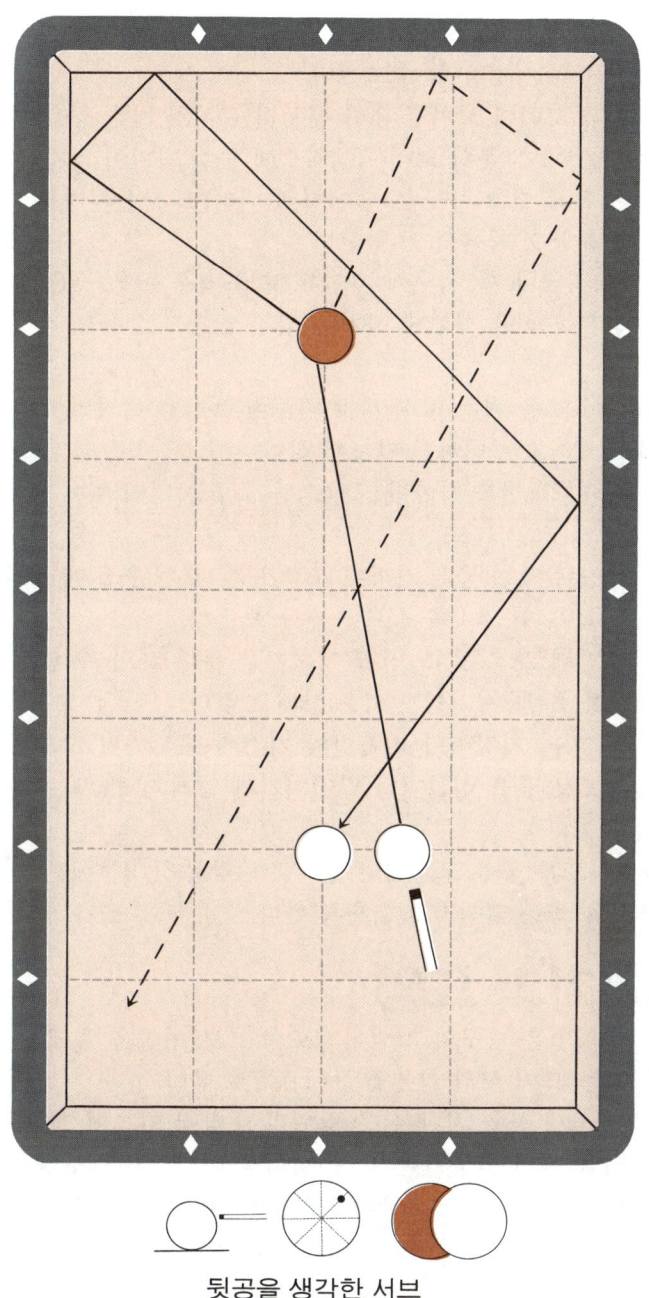

뒷공을 생각한 서브

## 모아치기의 조건

당구 테크닉의 정석이라 할 수 있는 모아치기의 기법을 충실하게 하기 위하여 몇 가지 유의 사항을 들어 보겠다.

① 테이블의 각 코너에 설치한 제한 테두리 근처가 가장 공을 치기 쉬운 장소이므로, 포인트 2개 분의 코너 쪽 4개소에 공을 가까이 가져 간다.

② 적구는 접근해 있고 수구는 떨어져 있더라도 모아치기를 할 수 있지만 가능한 한 수구도 가까이 있게 한다.

③ 수구를 제1적구나 제2적구에 가깝게 보낼 경우 어느 공을 롱 드라이브시키더라도 이 두 공을 가깝게 하기는 쉽지 않으므로 롱 드라이브를 가급적 피한다.

④ 공을 가까이 모을 때는 몇 단계로 나누어 득점을 해가면서 착실히 모은다. 한번에 모으려고 무리하지 말도록 한다.

⑤ 제1적구와 제2적구를 가까이 모았으면 수구를 멀리 떨어지지 않도록 한다.

⑥ 테이블 중앙에 있는 공을 가까이 모으게 할 때는 우선 제1적구나 제2적구 중 하나를 목표의 코너 쪽에 보낸 후에 모은다.

⑦ 수구를 쿠션에 프로즌시키면 끌어치기를 뜻대로 할 수 없으므로 수구를 중앙 테이블 쪽에 두고 치기 쉬운 상태로 한다.

⑧ 모은 공은 힘의 가감이나 비틀기의 가감에 주의하지 않으면 일직선이 되어 깨어지므로 공을 비틀거나 밀어치기나 얇게 맞힐 때는 공을 일직선이 되지 않게 한다.

득점에 유리하도록 공을 모으려면 위의 8개 항목을 염두에 두고 흩어진 공을 모으고 모은 공은 떨어지지 않도록 한다.

## 모아치기의 모양

공을 모으는 방법은 당구의 정석이기도 하므로 연습을 통해서 그 형을 외워 두어야 하는데, 이 형의 기본을 들어보기로 한다.

그림은 제1적구가 공을 치기 쉬운 범위의 중앙에 있으며 제2적구가 반대편 코너에 있을 때의 방법이다. 적구가 이렇게 배열되어 있을 때는 1부터 8까지의 어떤 위치에 수구가 있더라도 공을 모을 수 있다. 이 방법을 번호 순서에 따라 들어보기로 하자.

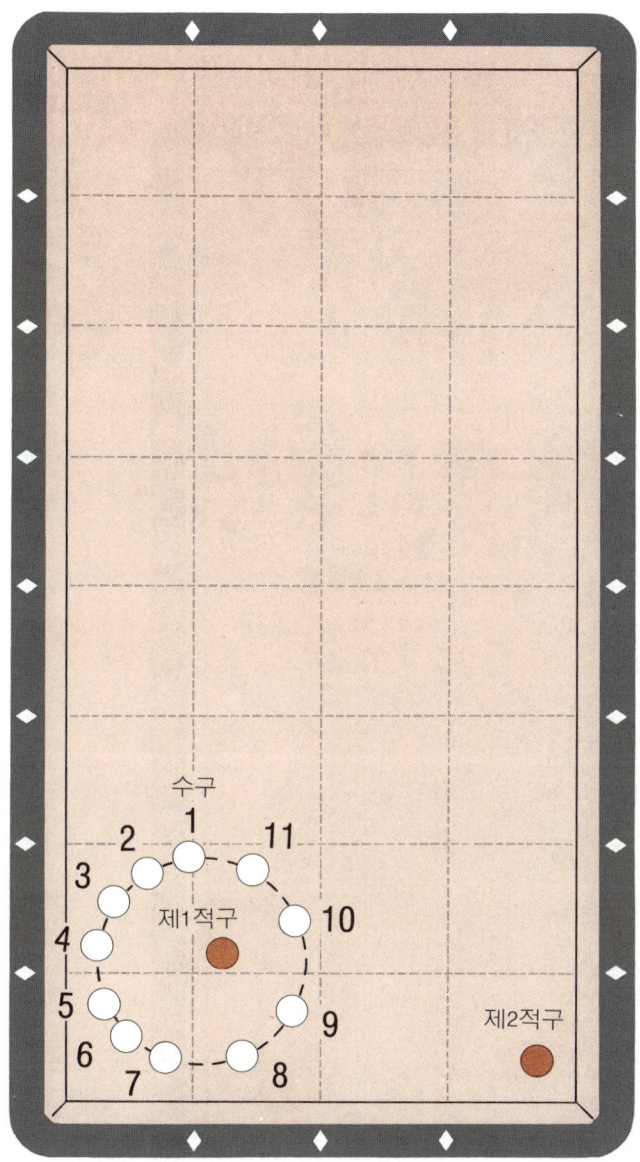

모아치기와 수구의 포인트

# 수구가 1의 위치에 있을 때

이 경우는, 제1적구를 투 쿠션시켜서 모아야 하는 만큼 수구의 오른쪽 위를 약간 세게 쳐서 두텁게 맞힌다. 수구를 세게 치면 제1적구에 맞았을 때의 반사각은 예각이 되어 제2적구에 맞는다. 이 각도는 힘의 가감에 따라서 다르므로 너무 약하게 치지 않도록 한다.

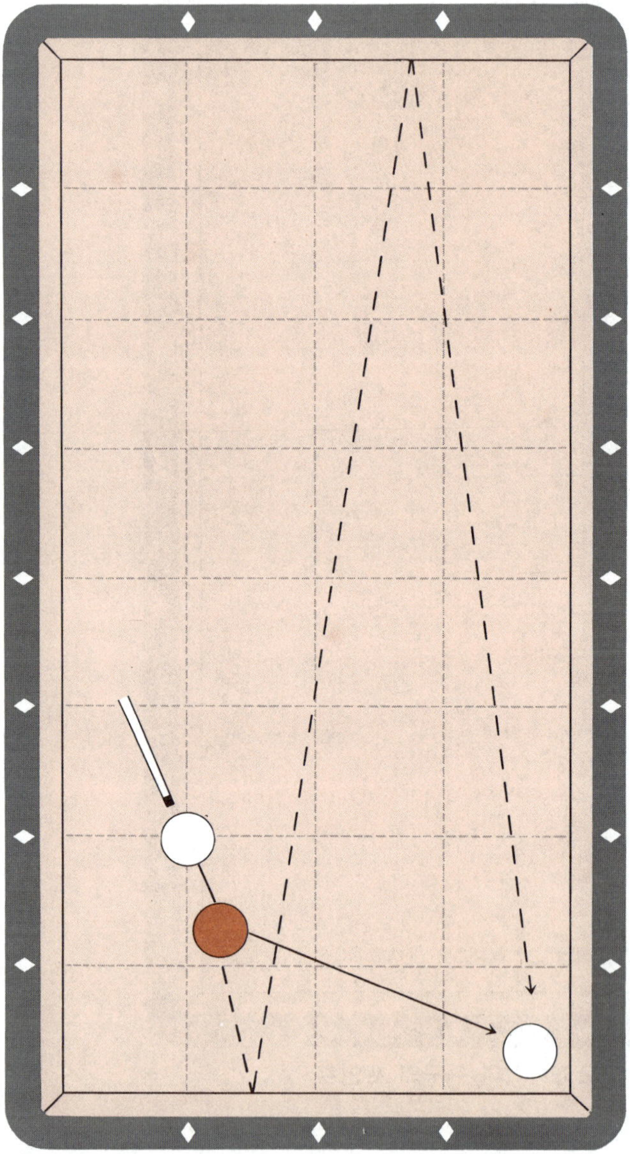

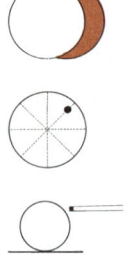

수구 1 위치에서의 모아치기

# 수구가 2의 위치에 있을 때

이 경우는 수구의 중심보다 약간 좌측 옆을 쳐서 강하게 밀어부치듯이 제1적구의 중심에 맞히고, 밀어치기의 방법을 취한다. 제2적구를 드리 쿠션시켜야 하는 만큼, 약하게 치면 뒷공이 나빠져서 공이 모아지지 않는다.

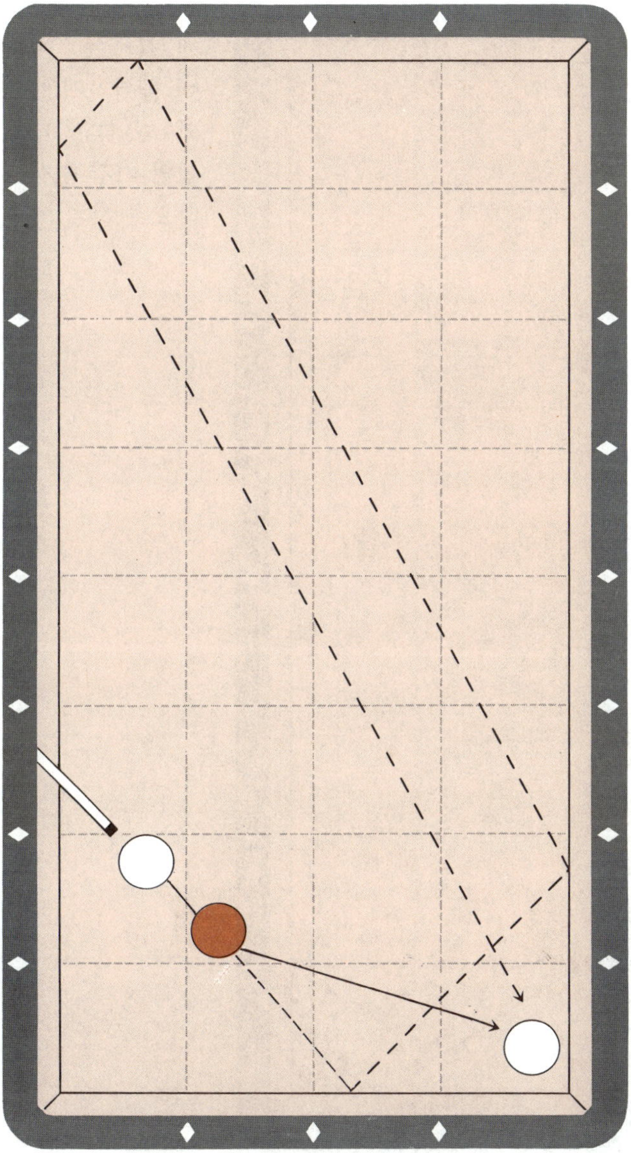

수구2 위치에서의 모아치기

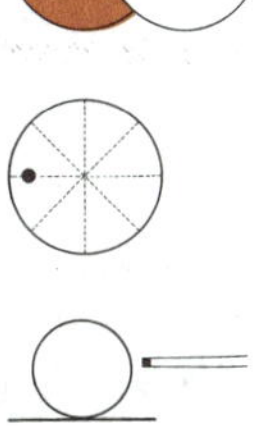

# 수구가 3의 위치에 있을 때

이 경우에는 왼쪽 위를 쳐서 제1적구에 충분히 두텁게 맞아 마중나오기 치기의 방법을 취한다. 이러한 방법으로 하면 제1적구가 제2적구에 두텁게 맞기 때문에 제2적구는 쿠션에 들어가서 수구와 만난다. 이때, 힘의 가감에 주의하도록 하자.

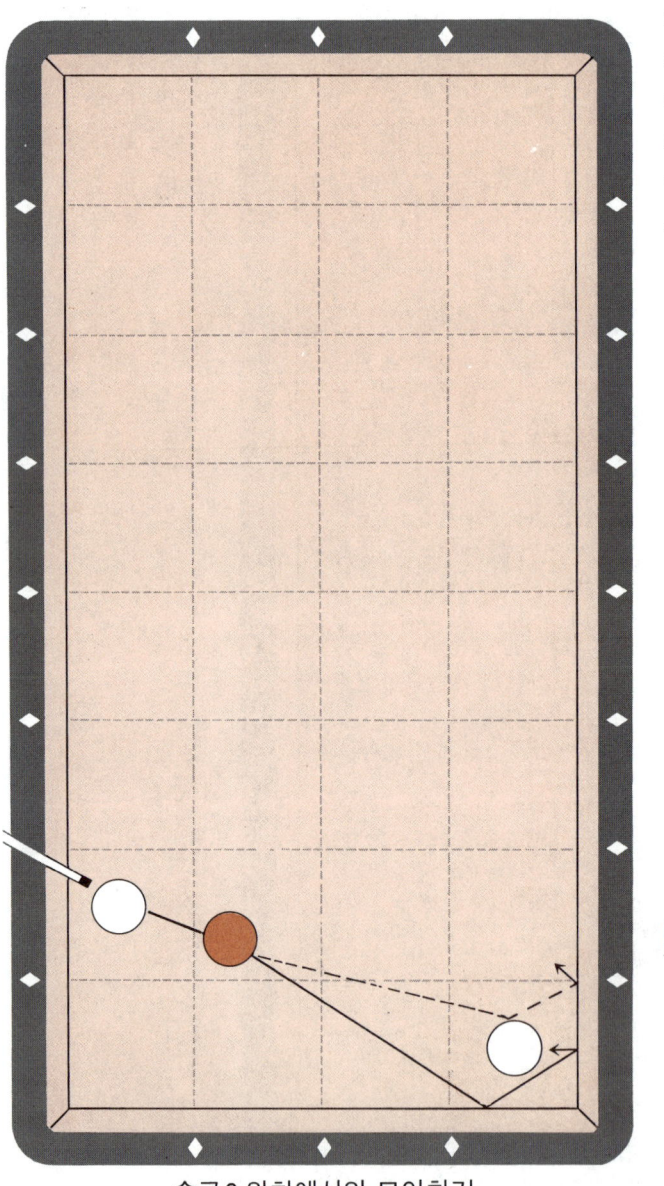

수구 3 위치에서의 모아치기

# 수구가 4의 위치에 있을 때

이 경우는, 수구의 왼쪽 위를 쳐서 제1적구에 살짝 맞히면서 수구로 드리 쿠션시켜 제2적구에 맞힌다. 공 모으기가 어려운 것 같지만 그다지 어렵지 않다. 제1적구에 너무 두텁게 맞으면 수구의 진로는 빗나가고 만다.

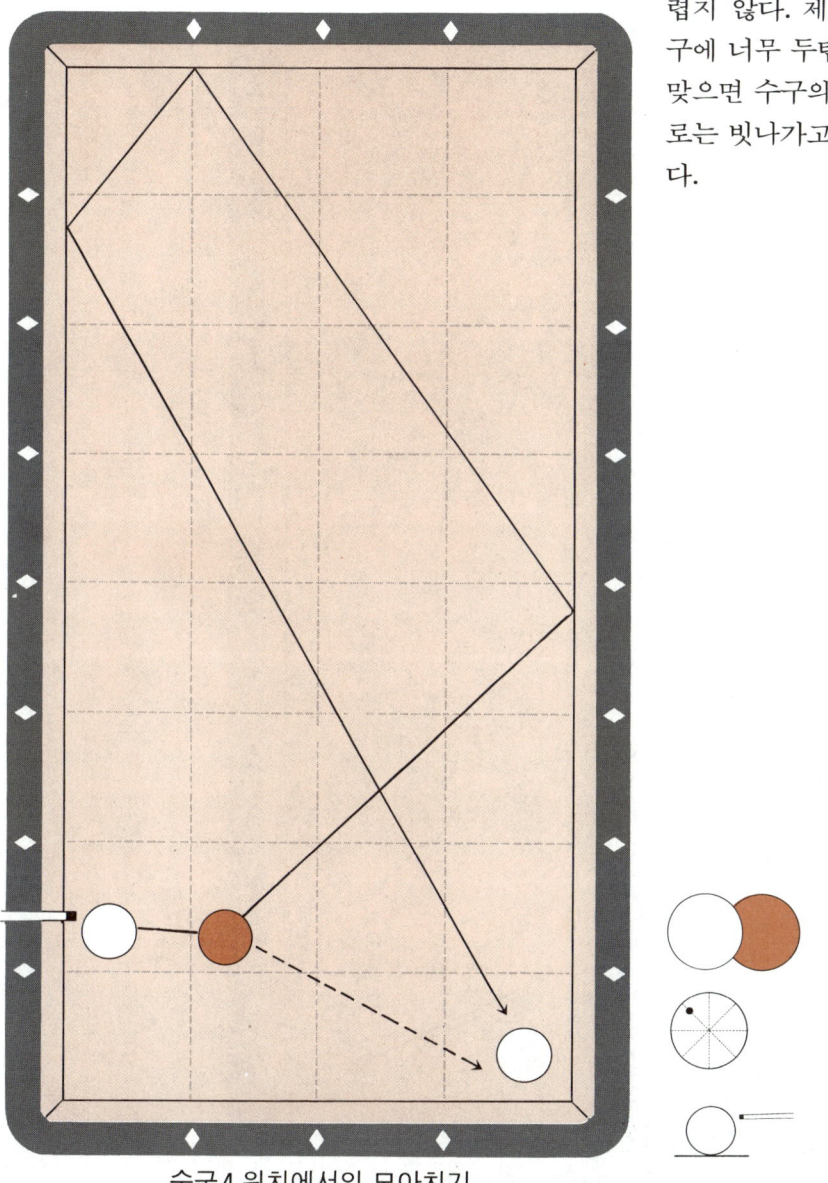

수구4 위치에서의 모아치기

# 수구가 5의 위치에 있을 때

이 경우는 수구의 중심에 3분의 2 두께로 쳐서 제1적구를 드리 쿠션시킨다. 바로 앞 그림에서 든 수구의 진로와 같은 식으로 하여 공을 모은다.

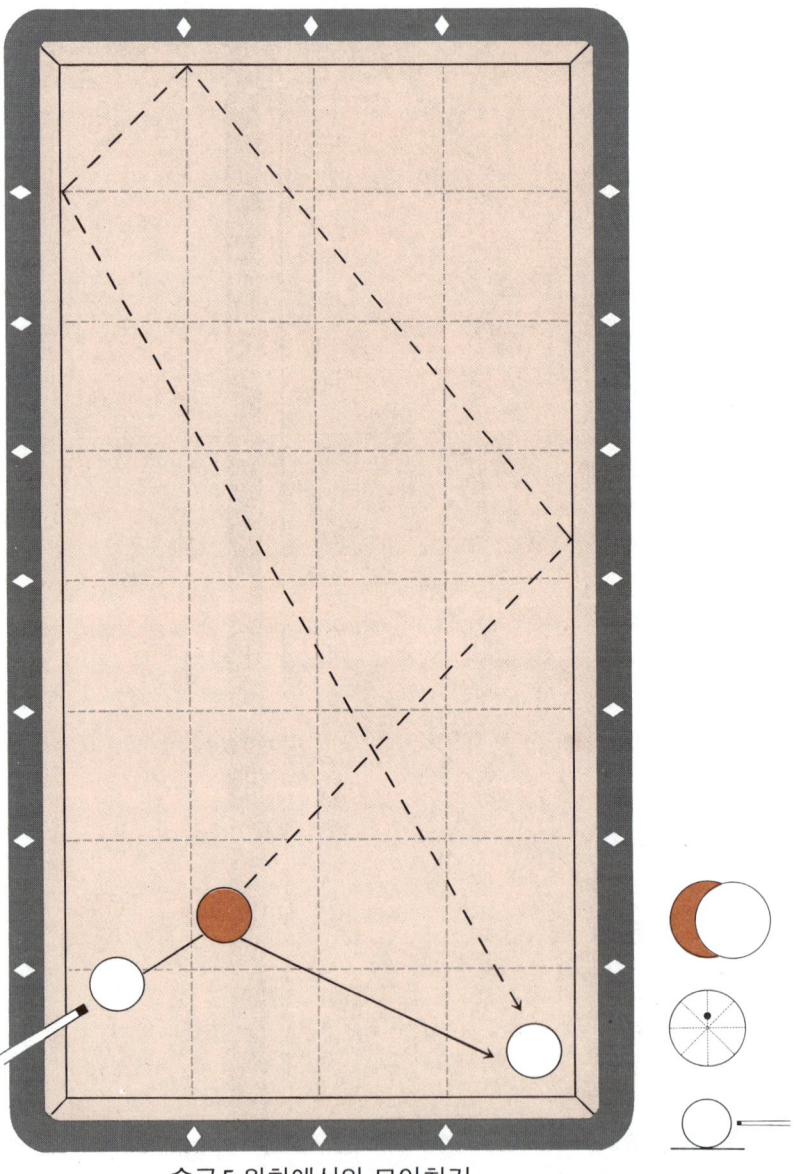

수구 5 위치에서의 모아치기

# 수구가 6의 위치에 있을 때

이 경우, 수구는 5의 위치보다도 약간 다르기 때문에, 중심보다 약간 아래에 3분의 2의 두께로 친다. 드리 쿠션의 위치가 5의 경우와는 다르지만, 결과적으로 제1 적구의 진로는 같게 된다.

이와 같이 수구의 위치가 약간 다르더라도 큰 차이가 생기게 된다.

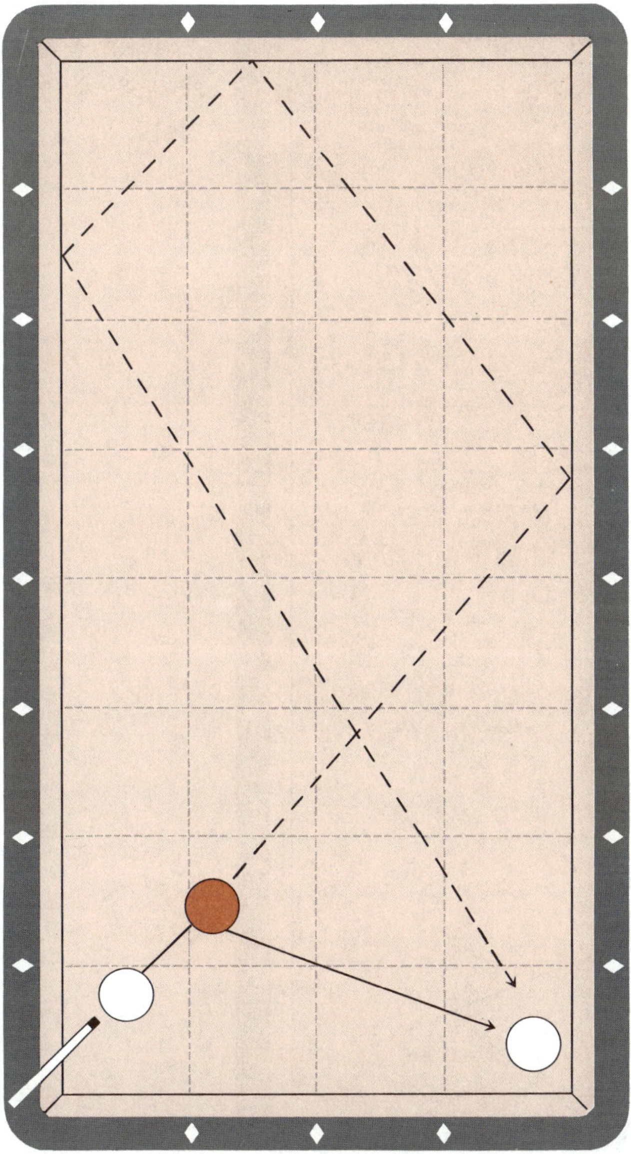

수구 6 위치에서의 모아치기

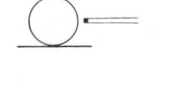

# 수구가 7의 위치에 있을 때

이 경우는 수구의 중심을 아래쪽으로 두어 3분의 2 두께로 치면 제1적구는 드리 쿠션을 하여 가까이 모여진다. 공을 모으는 데 가장 쉬운 배열이므로 힘의 가감에 주의하면 공을 쉽게 모을 수 있을 것이다.

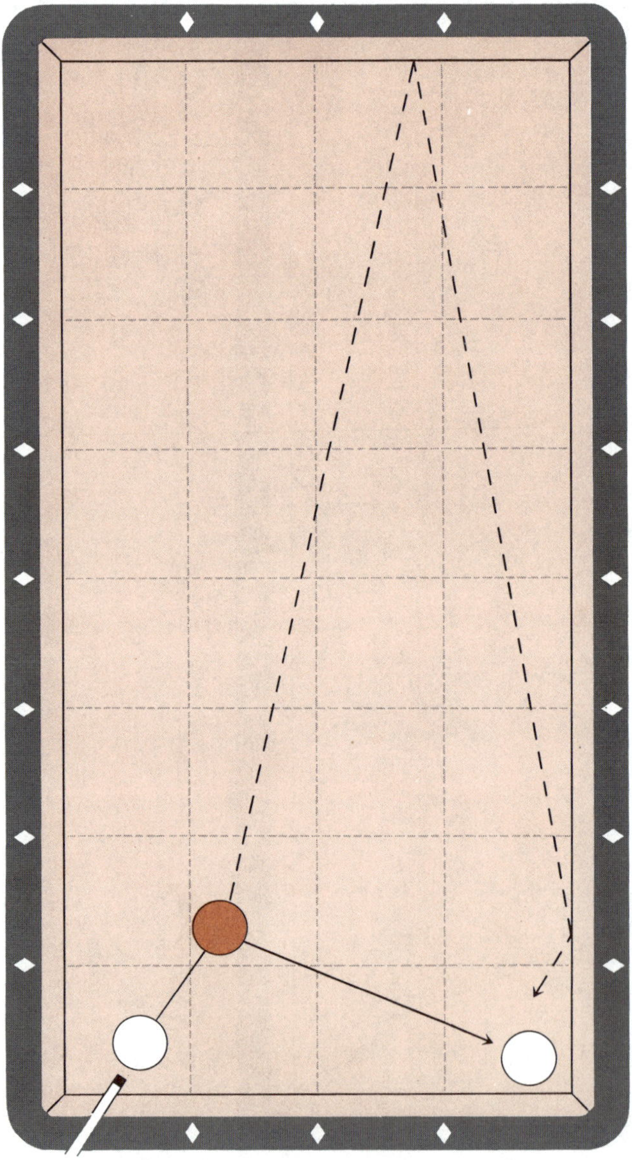

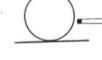

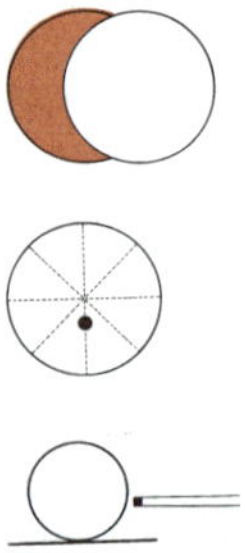

# 수구가 8의 위치에 있을 때

이 경우는 오른쪽 아래로 4분의 3의 두께로 치면 제1적구는 투 쿠션하여 모아진다. 이러한 배열일 때도 공을 쉽게 모을 수 있다.

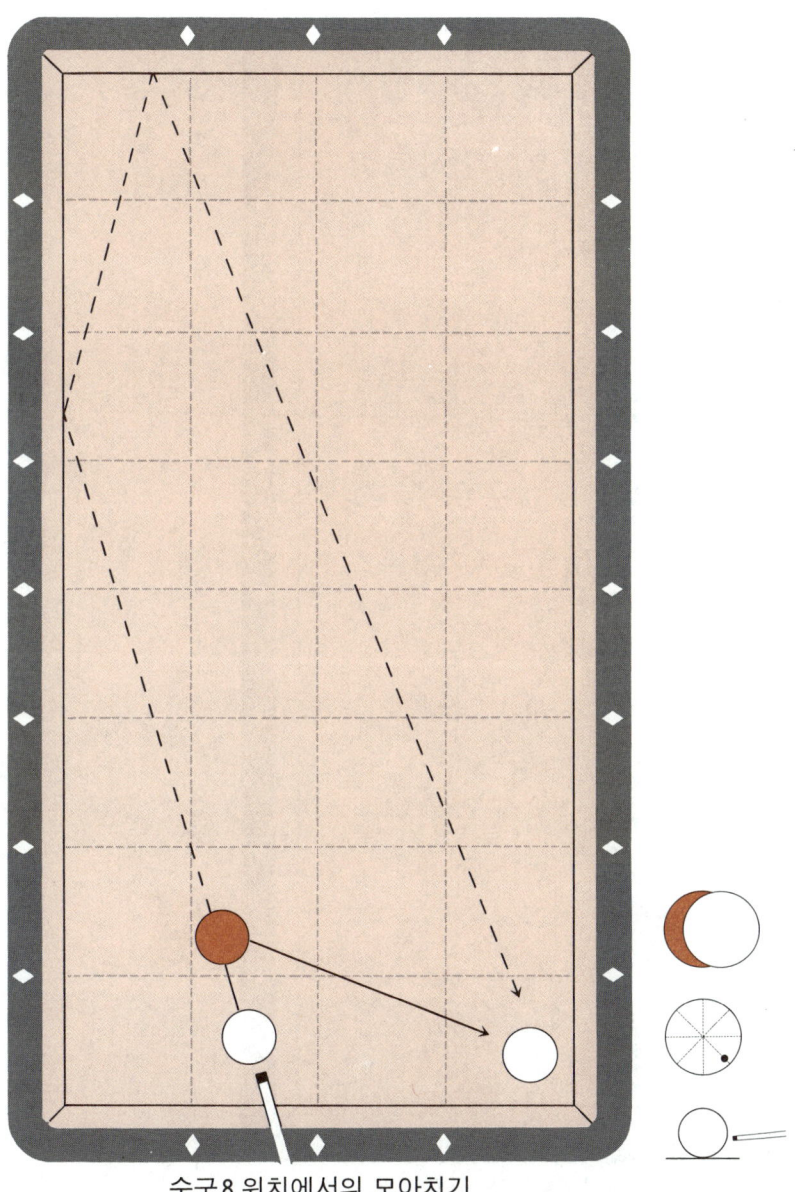

수구 8 위치에서의 모아치기

# 수구가 9의 위치에 있을 때

이 경우는 수구의 왼쪽 옆의 약간 위쪽을 3분의 1 두께로 치면 수구는 투 쿠션해서 제2적구에 맞는다. 제1적구 역시 원 쿠션해서 다가온다. 너무 두텁게 맞거나 너무 힘을 주어 치게 되면 모아치기의 형이 깨어져 버린다.

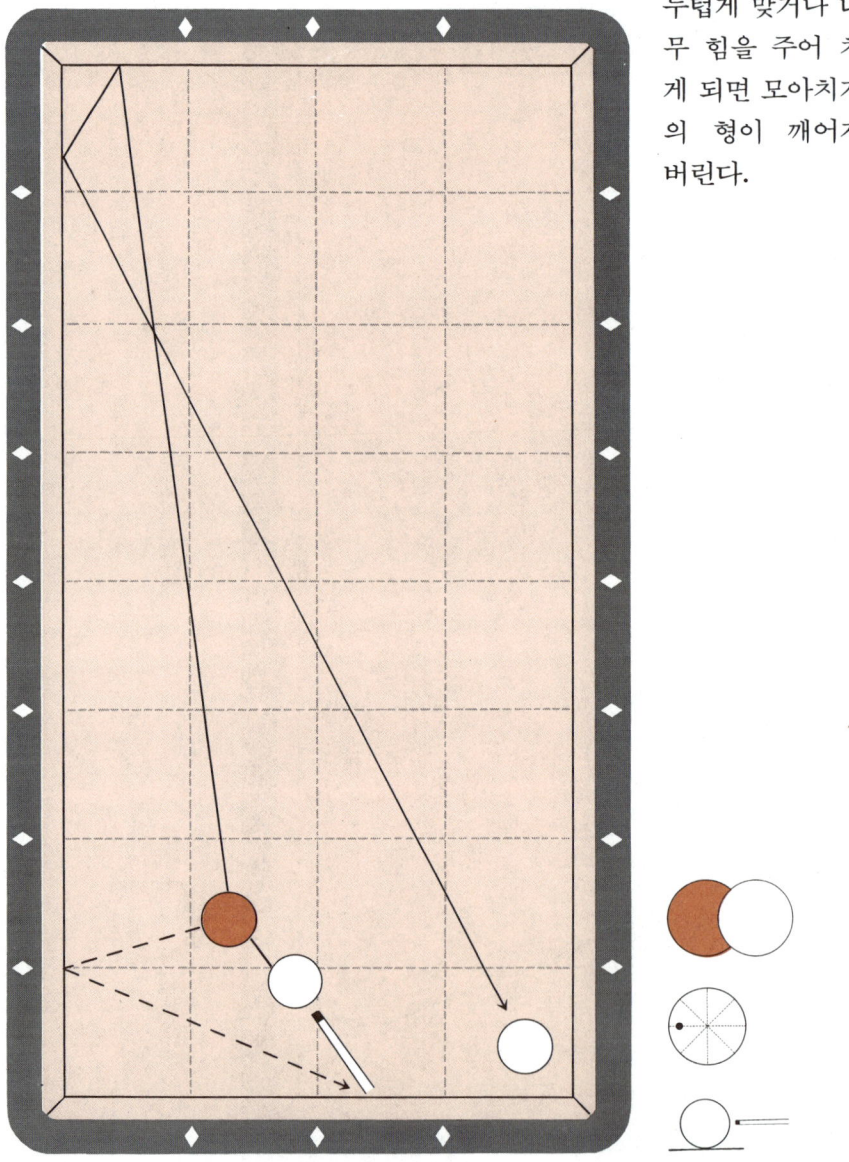

수구 9 위치에서의 모아치기

# 수구가 10의 위치에 있을 때

이 경우, 수구의 중심을 4분의 3 두께로 치면 끌어치기에 따라서 공을 모으는 방법이 생긴다. 이와 같은 공의 배열은 공을 모으기에 가장 좋은 형이다.

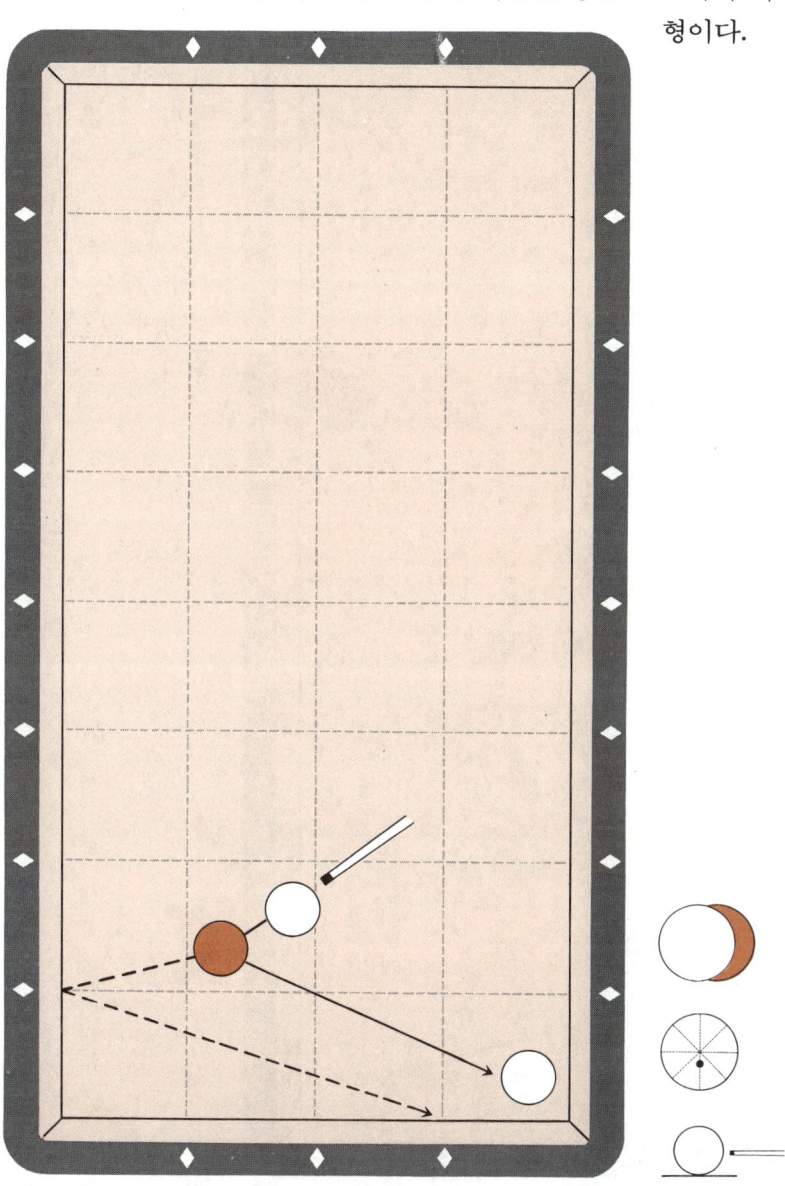

수구 10 위치에서의 모아치기

# 수구가 11의 위치에 있을 때

이 경우는 수구의 중심을 3분의 2 두께로 치면 제1적구에 맞은 뒤의 수구는 원 쿠션하여 제2적구에 맞는다. 제1적구는 드리 쿠션하여 가까이 오는데 이 도중에서 수구와 부딪치기 쉽다. 그래서 수구는 세게 치면서도 수구의 운동을 반대로 억제하는 큐를 치는 데 주의하지 않으면 안 된다.

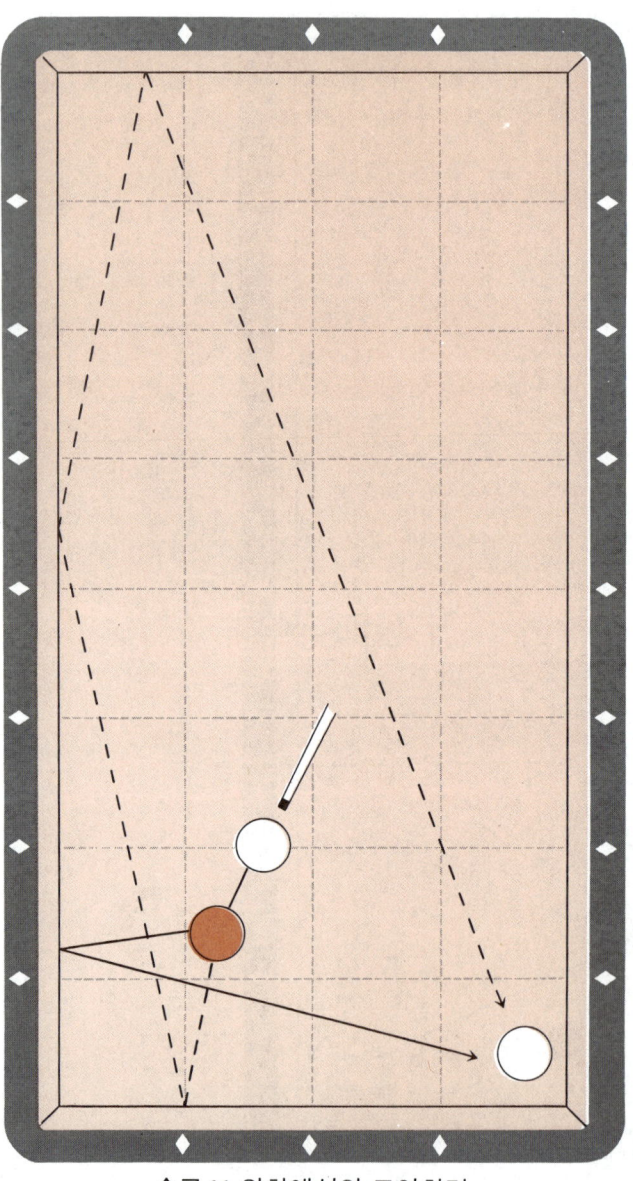

수구 11 위치에서의 모아치기

이상은 공을 치기 쉬운 장소의 중앙에 제1적구를 놓고 반대쪽 코너에는 제2적구를 놓아, 수구의 위치를 바꾸었을 때 공을 치는 법이다.

 수구의 위치를 바꾸어 공을 치는 연습을 똑같은 방법으로 다른 세 코너에서도 하면 공을 모으는 여러 가지 형을 알 수 있으며 실제의 경기에서도 크게 도움이 된다. 또한 공의 배열이 똑같아졌을 때, 어느 범위까지 똑같은 방법을 사용할 수 있는지도 알 수 있다.

 3구 경기는 네 코너에 설치된 제한 구역에서 적구 2개 중 1개를 제한 구역 밖으로 내보내야 하는 만큼, 공을 치는 방법이 좋으냐 서투르냐에 따라 경기를 좌우한다. 수구, 제1적구, 제2적구의 진로를 파악하면서 공을 원할하게 치기 위해서 모아치기의 형을 연습하고 외워 두어야 한다.

 쿠션과 모아치기의 관계나, 경기에서 모아치기를 할 때는 끌어치기로 해야 할 때가 많은데 끌어치기를 더욱 충실히 하여 좋은 점수를 낼 수 있도록 해야 한다.

3구 경기 장면

# 2 드리 쿠션 경기의 기초

 드리 쿠션 경기는, 수구를 제1적구에서 제2적구에 맞히는 사이에 세 번 이상 쿠션에 넣지 않으면 득점으로 인정되지 않는 경기이다. 이 경기에 강해지려면, 실제의 경기일 때 30~40%정도까지 응용할 수 있는 파이브 앤드 하프 시스템(five and half system), 플러스 토우 시스템(plus tow system), 맥시멈 잉글리시 시스템(maximum english system) 등, 쿠션을 이용할 때의 계산 방법을 연습함으로써 빨리 터득할 수 있게 된다. 세계의 저명한 선수들은 대개, 드리 쿠션 경기의 공 잡는 방법으로 널리 응용할 수 있는 파이브 앤드 하프 시스템이나 플러스 토우 시스템 등에, 자신이 고안한 시스템을 곁들여 보다 완전한 쿠션을 이용한 공 잡는 법을 구사하고 있다.

 4구 경기의 기술을 중급 이상으로 익힌 사람이 이들 시스템을 이용하면서 정진하면, 드리 쿠션 경기에 필요한 공 잡는 법의 기초를 굳건히 할 수 있다.

## 파이브 앤드 하프 시스템

 이 시스템은 그림과 같이 구대의 포인트와, 코너에 수구와 적구의 숫자를 적용시킨 것이다. 이것을 바탕으로 하여 수구를 제1적구에 맞히기 위해서는 수구를 쿠션의 어느 숫자에 넣으면 드리 쿠션을 시키면서 맞힐 수 있는가를 계산하는 것이다. 이 시스템은 1915년 미국의 〈Spanish Billiards Magazine〉이라는 잡지에 연재되어, 매플 메이, 캐너펙스, 레이튼 등 당시의 유명 선수들이 이 시스템을 응용한 플레이에 의해서 명성을 높였다. 그런데 이 시스템을 응용한다 해도, 계산대로 수구를 쿠션에 넣어 제1적구에 맞히려면, 다음과 같은 조건이 구비되지 않으면 안 된다.

 ① 힘 조절은 보통(긴 쿠션일 때 2.5의 힘) 이하로 한다.
 ② 큐를 좀 길게 하여 쳐낸다.
 ③ 당점은 중심이나 오른쪽 옆, 또는 왼쪽 옆으로 한다.(좌·우 당점을 칠 때는 순비틀기)
 이상 세 가지를 무시하면 계산대로의 공의 진로가 결정되지 않는다.

또한, 수구에 적용한 숫자보다 제1쿠션과 제3쿠션에 적용한 숫자가 많을 경우, 계산대로 공이 진행하지 않는 점에 주의해야 한다.

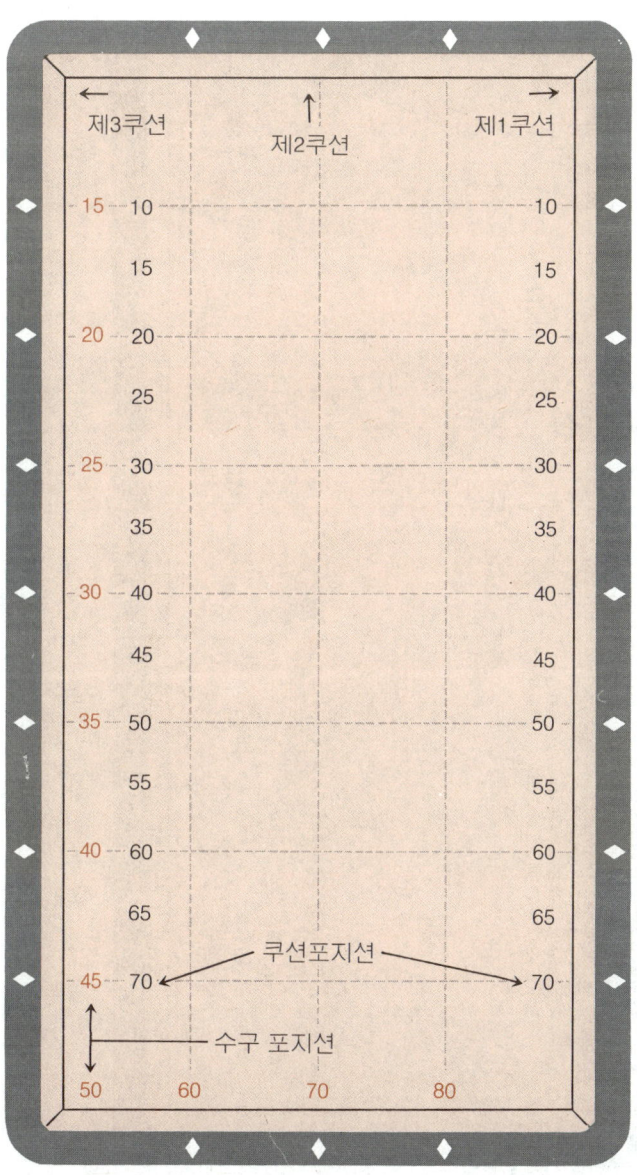

파이브 앤드 하프 시스템의 포지션과 숫자

# 수구 15와 20에서의 계산법

그림은 수구 15의 위치에서 드리 쿠션을 시키는 경우와, 수구 20의 위치에서 드리 쿠션을 시킬 때의 포지션과 공의 진로를 예시한 것이다.

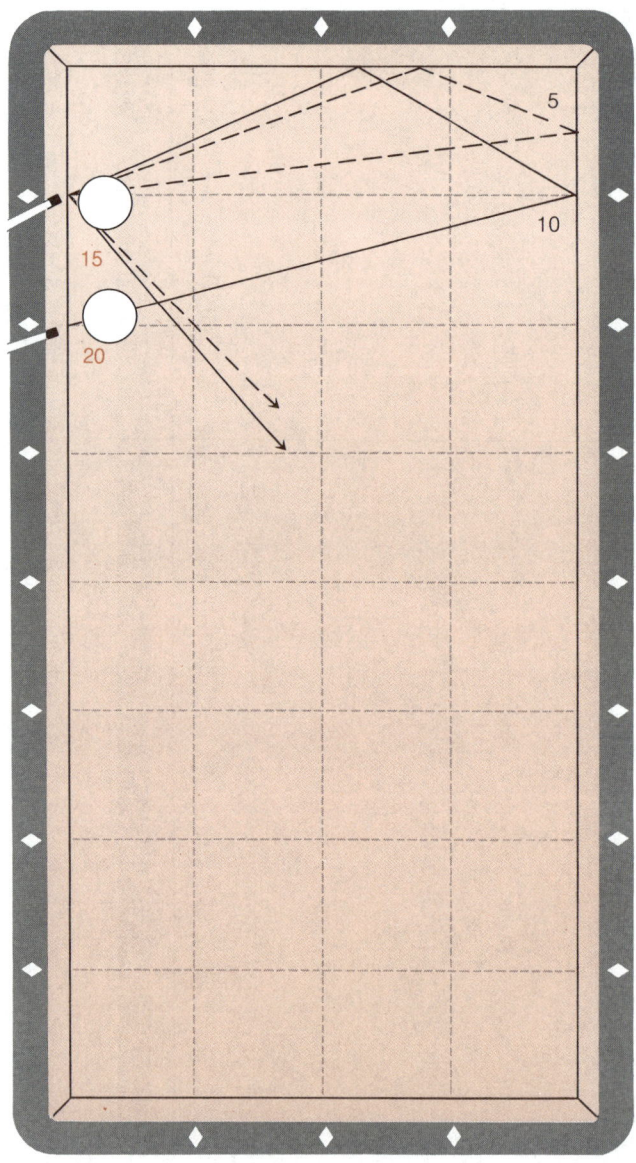

수구 15의 위치에서 드리 쿠션을 시키려면, 제1쿠션의 적구 포지션 5에 수구를 넣으며, 제3쿠션의 10에서 드리 쿠션을 한다. 계산 방법은 그림과 같다.

수구 20의 위치에서 드리 쿠션을 시킬 경우에는, 제1쿠션의 적구 포지션 10에 수구를 넣으면, 제3쿠션의 10에 들어가 드리 쿠션을 한다. 어느 것이거나 제3쿠션 10의 포인트에 들어갔다가 반사한 수구의 진로에 적구가 있으면 맞게 된다.

수구 − 제1쿠션
　　＝제3쿠션
15 − 5 = 10
20 − 10 = 10

수구 15와 20에서의 계산법

# 수구 25에서의 계산법

그림은 수구 포지션 25에서 드리 쿠션시킬 때의 계산 방법이다. 제1쿠션의 적구 포지션 20에 수구를 넣으면, 제3쿠션의 적구 포지션 5에 들어가 드리 쿠션을 한다. 마찬가지로 제1쿠션 적구 포지션의 15에 수구를 넣으면 제3쿠션 10에서, 또한 제1쿠션 10에 수구를 넣으면 제3쿠션 15에서 드리 쿠션을 한다.

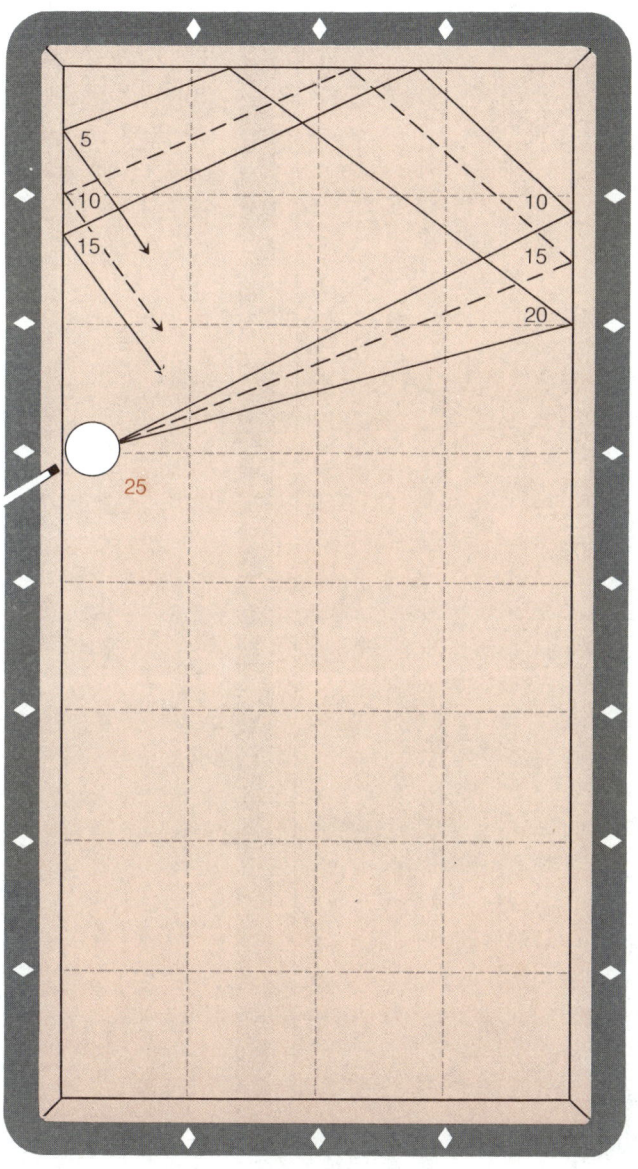

수구 25에서의 계산법

수구-제1쿠션
　　　=제3쿠션
25-20=5
25-15=10
25-10=15

# 수구 30에서의 계산법

그림은 수구 30에서 드리 쿠션시킬 때의 계산 방법이다. 제1쿠션의 적구 포지션 20에 수구를 넣으면 제3쿠션의 10에서, 또한 제1쿠션 15에 넣으면 제3쿠션 15에서, 제1쿠션 10에 넣으면 제3쿠션 20의 포지션에서 드리 쿠션을 한다.

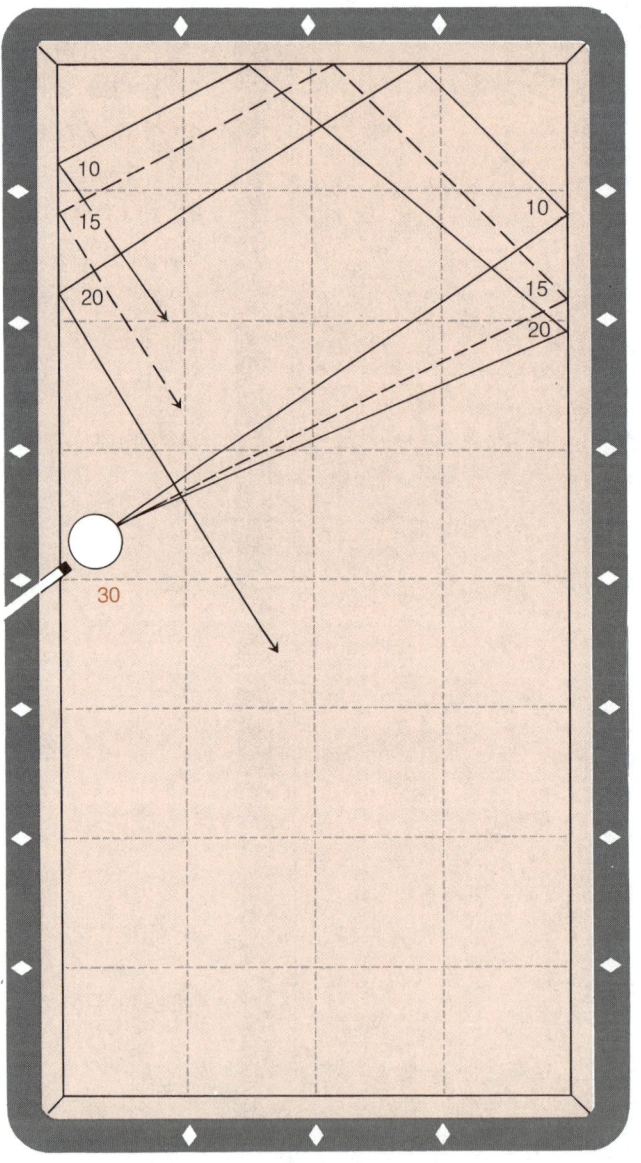

수구−제1쿠션
　　＝제3쿠션
30−20＝10
30−15＝15
30−10＝20

수구 30에서의 계산법

# 수구 35에서의 계산법

그림은 수구 35에서 드리 쿠션시킬 때의 계산 방법이다. 제1쿠션의 적구 포지션 30에 공을 넣으면 제3쿠션의 적구 포지션 5에서, 또한 25에 넣으면 제3쿠션 10에서, 제1쿠션 20에 넣으면 제3쿠션 15에서, 제1쿠션 15에 넣으면 제3쿠션 20에서 제1쿠션 10에 넣으면 제3쿠션 25의 적구 포지션에서 드리 쿠션을 한다.

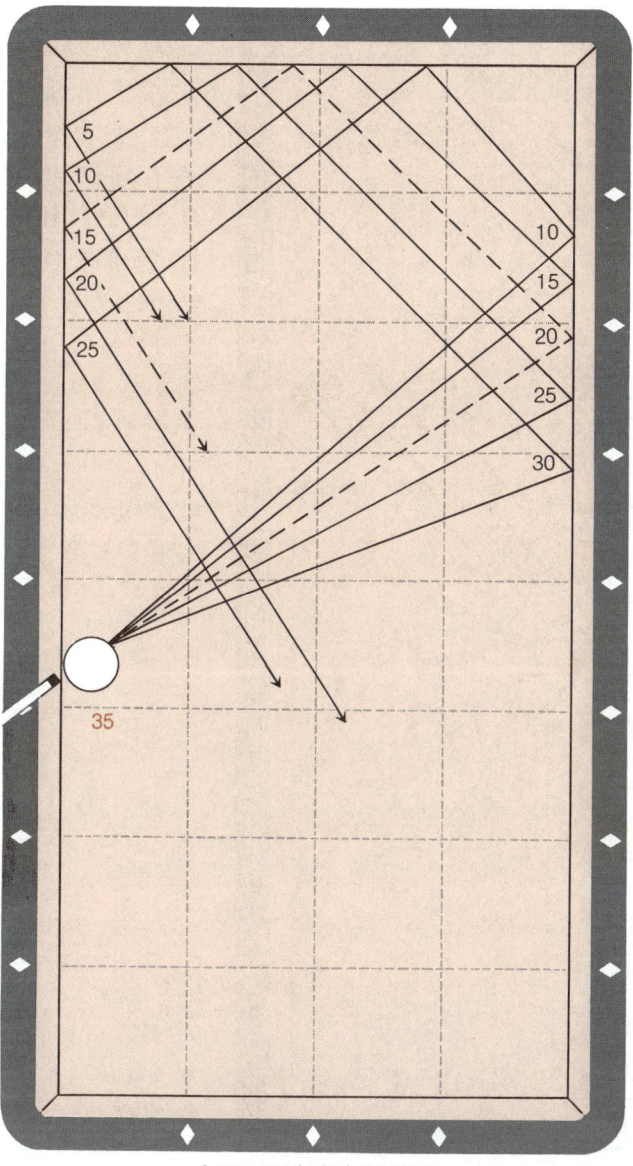

수구 35에서의 계산법

수구 － 제1쿠션
　　　 ＝ 제3쿠션

35 － 30 = 5
35 － 25 = 10
35 － 20 = 15
35 － 15 = 20
35 － 10 = 25

# 수구 40에서의 계산법

그림은 수구 40에서 드리 쿠션시킬 때의 계산 방법이다. 제1쿠션의 적구 포지션 30에 수구를 넣으면 제3쿠션의 적구 포지션 10에서, 또한 제1쿠션 25에 넣으면 제3쿠션 15에서, 제1쿠션 20에 넣으면 제3쿠션 20에서, 제1쿠션 15에 넣으면 제3쿠션 25에서, 10에 넣으면 30의 적구 포지션에서 드리 쿠션을 한다. 수구의 진로는 큐를 쳐내는 방법이나 힘 조절에 따라서도 달라짐을 유의하자.

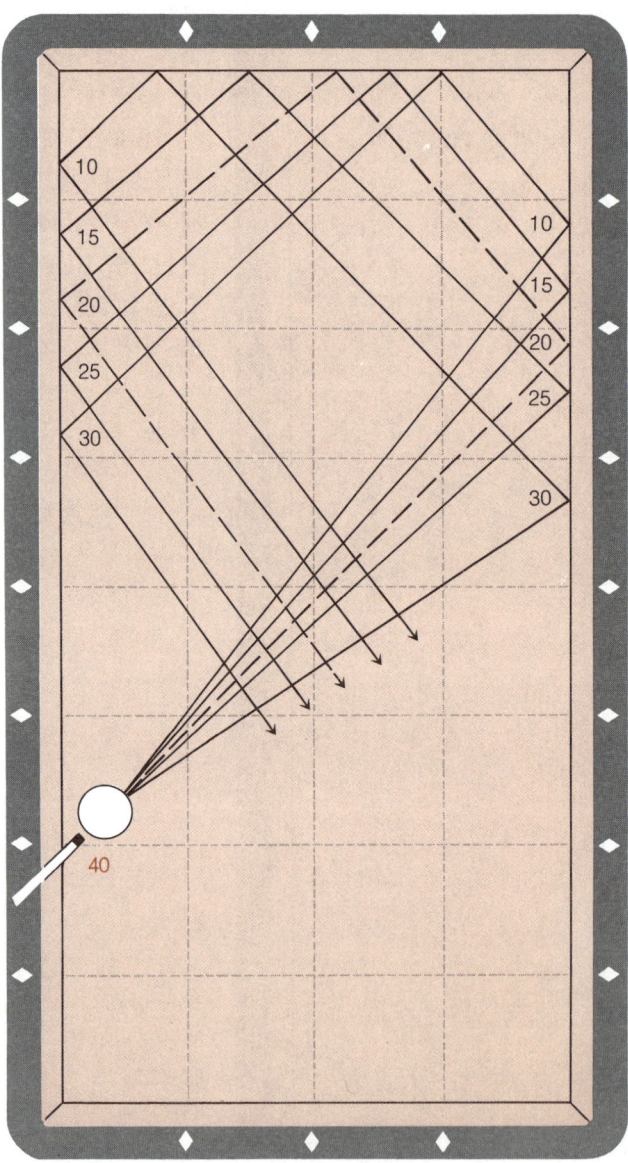

수구－제1쿠션
　　＝제3쿠션

40－30＝10
40－25＝15
40－20＝20
40－15＝25
40－10＝30

수구 40에서의 계산법

# 수구 45에서의 계산법

그림은 수구 45에서 드리 쿠션시킬 때의 계산 방법이다. 수구 포지션의 숫자는 적을수록 정확한 드리 쿠션이 되고, 많아질수록 어렵다.

제1쿠션의 적구 포지션 40에 넣으면 제3쿠션의 5에서, 또한, 제1쿠션 35에 넣으면 제3쿠션 10에서, 제1쿠션 30에 넣으면 제3쿠션 15에서, 제1쿠션 25에 넣으면 제3쿠션 20에서, 제1쿠션 20에 넣으면 제3쿠션 25에서, 제1쿠션 15에 넣으면 제3쿠션 30에서, 제1쿠션 10에 넣으면 제3쿠션 35의 적구 포지션에서 드리 쿠션을 한다.

수구 – 제 1 쿠션
      = 제 3 쿠션

45 – 40 = 5
45 – 35 = 10
45 – 30 = 15
45 – 25 = 20
45 – 20 = 25
45 – 15 = 30
45 – 10 = 35

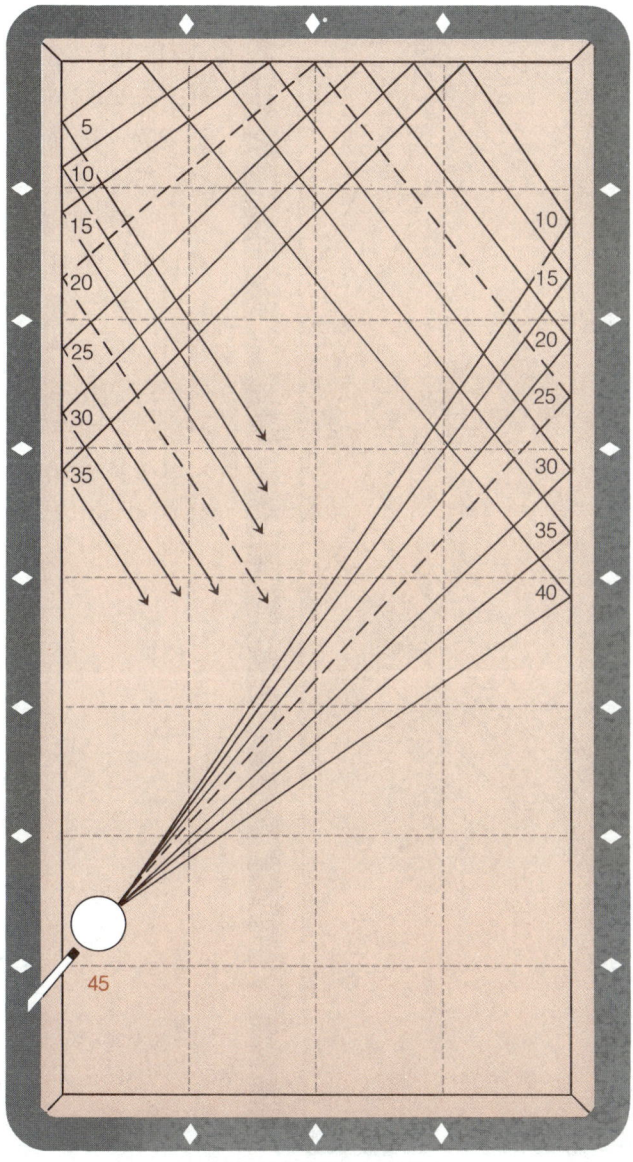

수구 45에서의 계산법

# 수구 50에서의 계산법

그림은 수구 50에서 드리 쿠션시킬 때의 계산 방법이다. 제1쿠션의 적구 포지션 40에 수구를 넣으면 제3쿠션의 10에서, 또한 제1쿠션 35에 넣으면 제3쿠션 15에서, 제1쿠션 30에 넣으면 제3쿠션 20에서, 제1쿠션 25에 넣으면 제3쿠션 25에서, 제1쿠션 20에 넣으면 제3쿠션 30에서, 제1쿠션 15에 넣으면 제3쿠션 35의 적구 포지션에서 드리 쿠션을 한다.

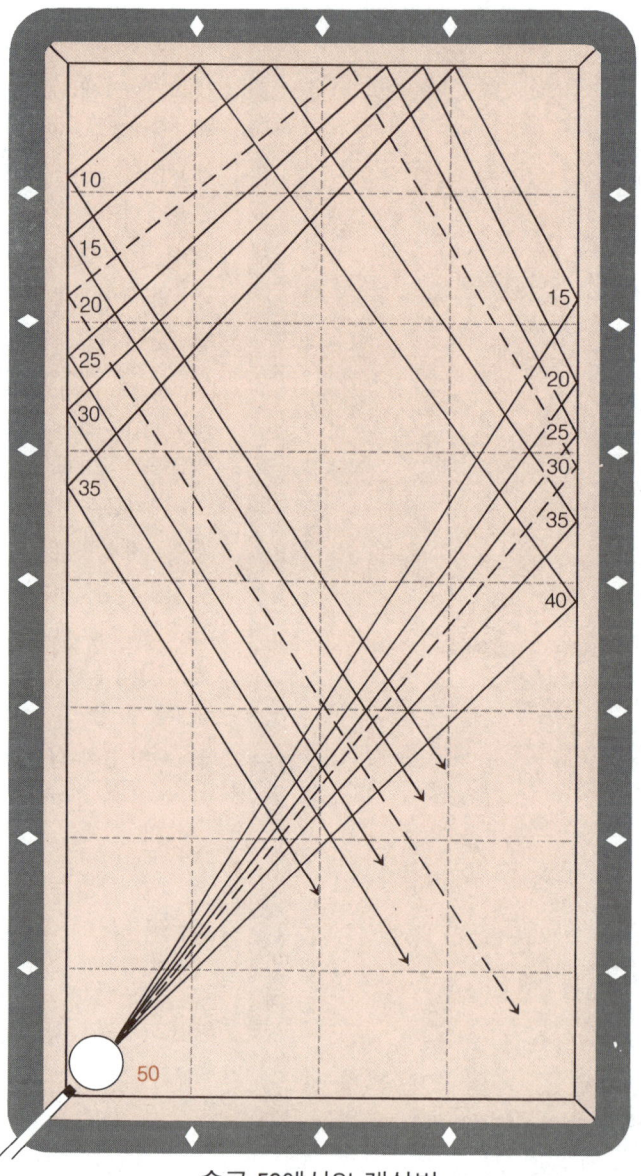

수구 50에서의 계산법

수구-제1쿠션
=제3쿠션
50-40=10
50-35=15
50-30=20
50-25=25
50-20=30
50-15=35

# 수구 60에서의 계산법

그림은 수구 60에서 드리 쿠션시킬 때의 계산 방법이다. 제1쿠션의 적구 포지션 50에 수구를 넣으면 제3쿠션의 적구 포지션 10에서, 또한 제1쿠션 45에 넣으면 제3쿠션 15에서, 제1쿠션 40에 넣으면 제3쿠션 20에서, 제1쿠션 35에 넣으면 제3쿠션 25에서, 제1쿠션 30에 넣으면 제3쿠션 30에서, 제1쿠션 25에 넣으면 제3쿠션 35에서, 제1쿠션 20에 넣으면 제3쿠션 40의 적구 포지션에서 드리 쿠션을 한다.

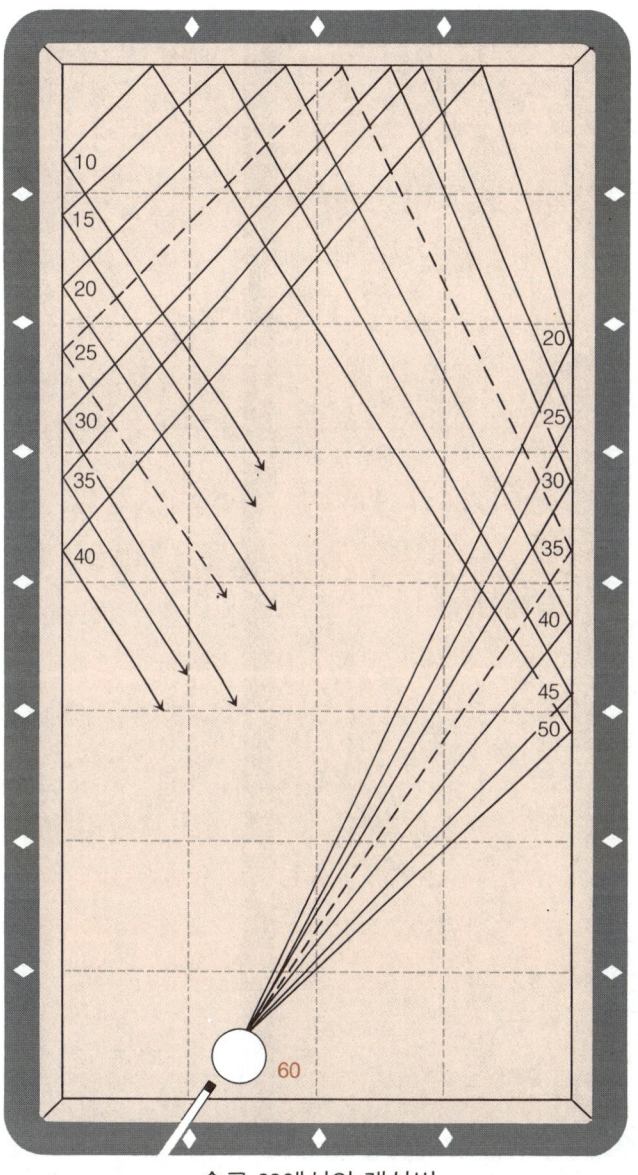

수구 60에서의 계산법

수구 — 제1쿠션
= 제3쿠션

60 — 50 = 10
60 — 45 = 15
60 — 40 = 20
60 — 35 = 25
60 — 30 = 30
60 — 25 = 35
60 — 20 = 40

# 수구 70에서의 계산법

그림은 수구 70에서 드리 쿠션시킬 때의 계산 방법이다. 제1쿠션의 적구 포지션 50에 수구를 넣으면 제3쿠션의 20에서, 또한 제1쿠션 45에 넣으면 제3쿠션 25에서, 제1쿠션 40에 넣으면 제3쿠션 30에서, 제1쿠션 35에 넣으면 제3쿠션 35의 적구 포지션에서 드리 쿠션을 한다. 고도의 기법을 익히지 않으면, 수구가 들어가는 제3쿠션의 적구 포지션에도 어긋남이 생긴다.

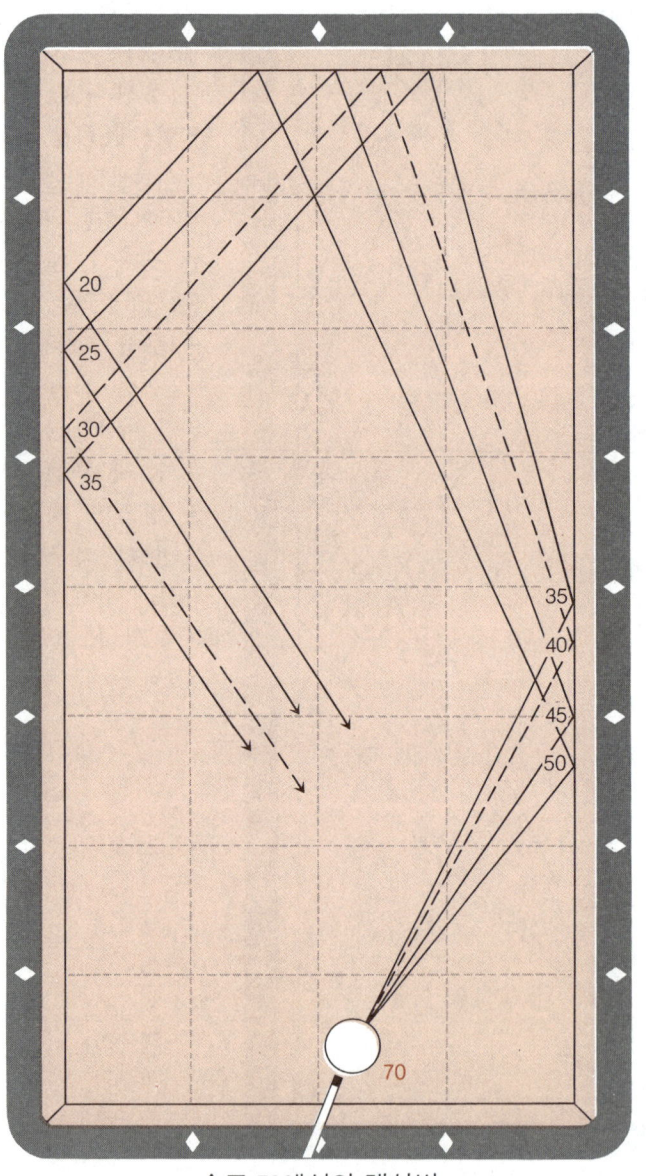

수구 70에서의 계산법

수구－제1쿠션
＝제3쿠션

70－50＝20
70－45＝25
70－40＝30
70－35＝35

# 수구 80에서의 계산법

그림은 수구 80에서 드리 쿠션시킬 때의 계산 방법이다. 제1쿠션의 적구 포지션 60에 수구를 넣으면 제3쿠션의 적구 포지션 20에서, 또한 제1쿠션 55에 넣으면 제3쿠션 25에서, 제1쿠션 50에 넣으면 제3쿠션 30에서, 제1쿠션 45에 넣으면 제3쿠션 35의 적구 포지션에서 드리 쿠션을 한다.

이와 같이, 파이브 앤드 하프 시스템은 제1쿠션과 제3쿠션에는 적구 포지션을, 제3쿠션과 아래의 짧은 쿠션에는 수구 포지션을 정하면서, 이 숫자에 의하여 드리 쿠션의 위치와 수구의 진로를 결정하는 시스템이다.

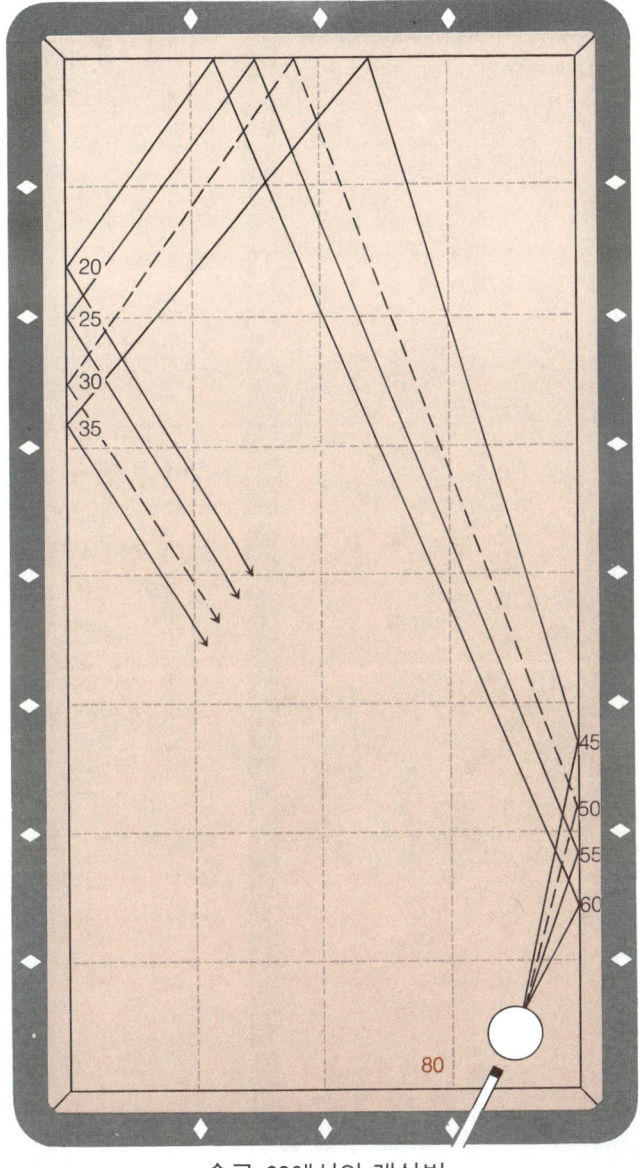

수구 80에서의 계산법

수구 - 제1쿠션
　　 = 제3쿠션

80 - 60 = 20
80 - 55 = 25
80 - 50 = 30
80 - 45 = 35

# 플러스 토우 시스템

플러스 토우 시스템은 파이브 앤드 하프 시스템을 보완하려고 미국의 버브 캐너펙스 선수가 창안한 드리 쿠션의 계산 방법으로써, 파이브 앤드 하프 시스템으로는 계산이 성립되지 않는 수구 포지션보다 적구 포지션의 수(數)가 클 때 이용된다.

그림은 플러스 토우 시스템의 적구 포지션과 수구 포지션을 예시한 것이다. 우선 제1쿠션과 제2쿠션의 코너 쪽에서 같은 간격의 적구 포지션을 정하고, 여기에 1에서 5까지의 숫자를 적용시킨다. 반대로, 왼쪽 코너에 적구 포지션을 옮겨, 수구 포지션을 바꾸어도 상관없다.

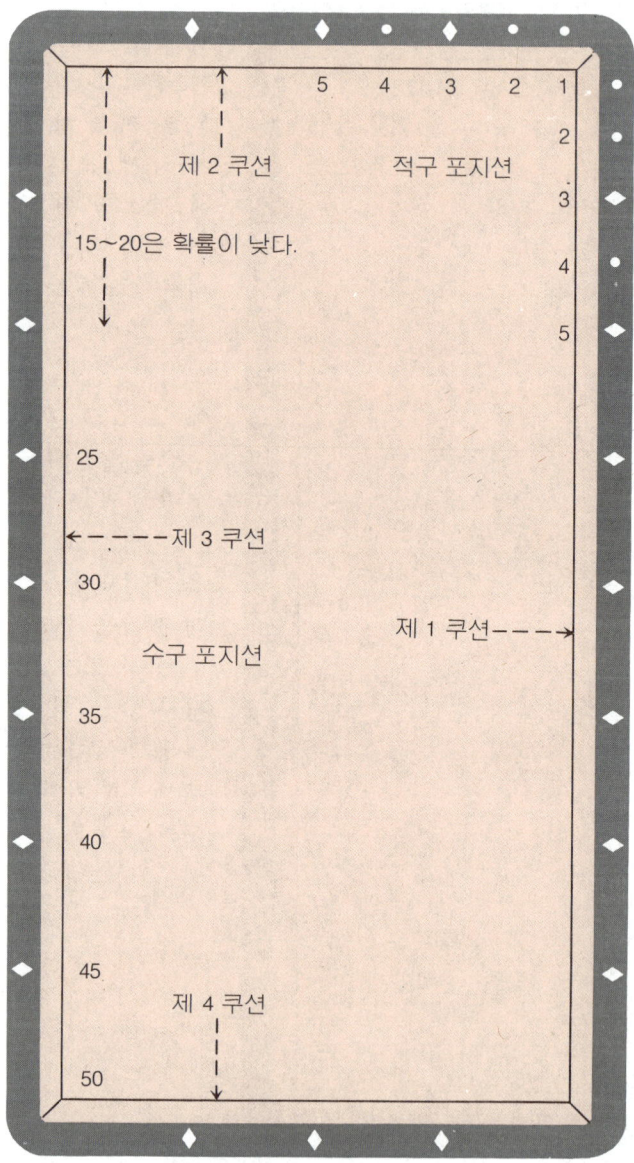

플러스 토우 시스템의 포지션

# 기본적인 겨냥법

이 시스템에서는 적구 포지션에 숫자를 적용시켜도 숫자에 의하여 계산할 필요는 없고, 짧은 쿠션의 1에 수구를 넣으면 긴 쿠션의 1에 반사시켜, 수구 포지션보다 아래쪽 제3쿠션에 돌려서 드리 쿠션을 시킨다.

이러한 이치로, 짧은 쿠션(제2쿠션)의 2에 넣으면 긴 쿠션(제1쿠션)의 2에 반사시킨다. 또 제2쿠션의 3에 넣으면 제1쿠션 3에, 제2쿠션의 4에 넣으면 제1쿠션의 4에, 제2쿠션의 5에 넣으면 제1쿠션의 5의 적구 포지션에 반사시키고 제3쿠션으로 경로를 잡는데, 수구 포지션의 숫자가 많아짐에 따라, 제3쿠션에서는 드리 쿠션을 하지 못하고 제4쿠션에서 맞게 된다.

또한, 원리대로 수구를 드리 쿠션시키려면, 왼쪽 옆(또는 수구 위치에 따라 오른쪽 옆)비틀기를 가한다든가 중심 타구를 할 것, 보통의 힘 조절로 큐를 부드럽게 쳐낼 것 등 이상 두 가지 점에 주의한다.

이 시스템은 파이브 앤드 하프 시스템보다는 응용 범위가 좁기 때문에 하찮게 여기기 쉽다. 그러나 드리 쿠션 경기의 고점자가 되려면, 이 시스템에 의해서도 드리 쿠션을 정확하게, 그리고 손쉽게 행하여 공 잡는 법에 폭 넓게 응용하지 않으면 안 된다.

**쿠션 겨냥의 숏**

# 수구 25에서의 겨냥법

그림은 수구 25에서 적구 포지션에 공을 넣었을 때의 드리 쿠션의 진로를 예시한 것이다. 적구 포지션에 수구를 넣었을 때는 짧은 쿠션에 약간 공이 스치는 정도로 넣어, 긴 쿠션의 적구 포지션에 반사시킨다. 이 적구 포지션 1에 한하여 짧은 쿠션 쪽에서 공을 넣거나 긴 쿠션 쪽에서 넣어도 적구 포지션 1에 반사하여 제3쿠션의 숏한(쳐낸) 수구 포지션의 아래쪽 포지션에 돌아와 드리 쿠션을 하게 된다.

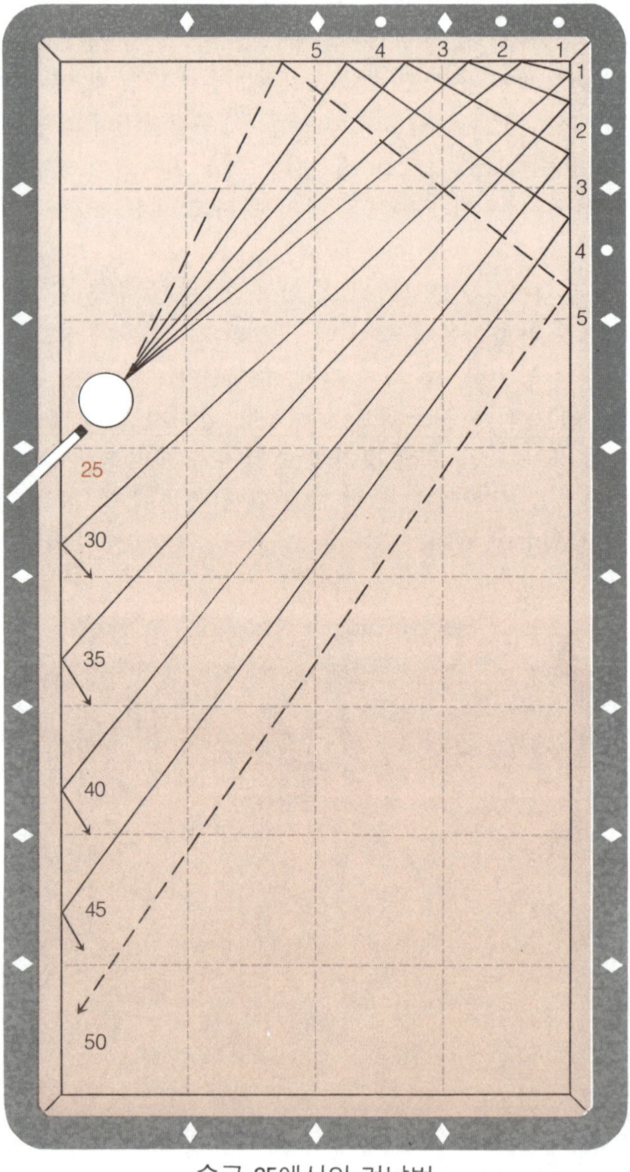

수구 25에서의 겨냥법

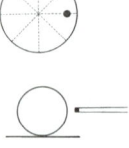

# 수구 30에서의 겨냥법

그림은 수구 30에서 적구 포지션에 공을 넣었을 때 드리 쿠션의 진로를 예시한 것이다. 적구 포지션 1에서는 짧은 쿠션에서 넣거나, 긴 쿠션에서 넣거나 간에 드리 쿠션을 하는 제3쿠션의 포지션이 같으므로, 이 그림에서는 긴 쿠션쪽에서 공을 넣은 것이다. 적구 포지션 4에 넣으면, 제3쿠션의 수구 포지션 50의 코너에서 드리 쿠션을 한다.

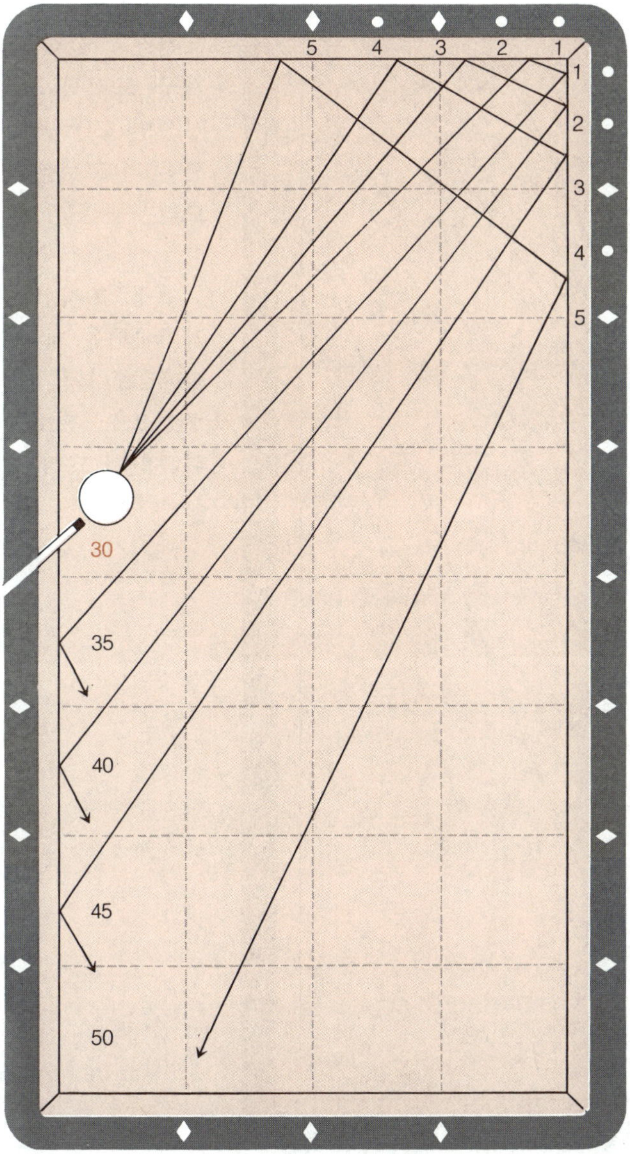

수구 30에서의 겨냥법

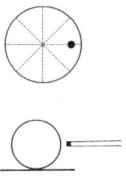

# 수구 35에서의 겨냥법

그림은 수구 35에서 적구 포지션에 공을 넣었을 때 드리 쿠션의 진로를 예시한 것이다. 적구 포지션 1에 넣으면 수구 포지션 40에서, 또한 2에 넣으면 수구 포지션 45에서, 적구 포지션 3에 넣으면 수구 포지션 50의 코너에서 드리 쿠션을 한다.

적구 포지션 4와 5에서는 제4쿠션에 왔다가 제3쿠션으로 진로를 취하면서 드리 쿠션을 한다.

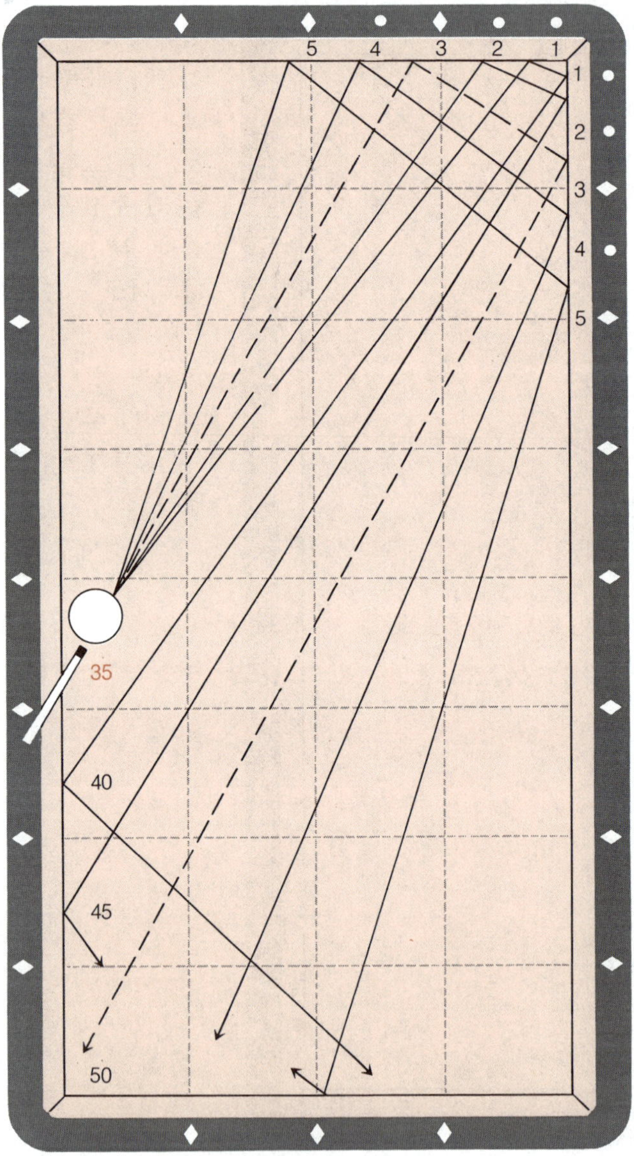

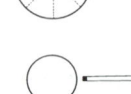

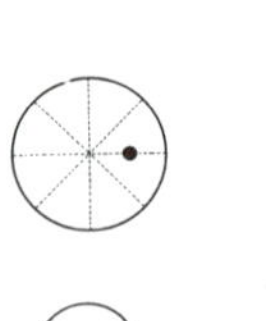

수구 35에서의 겨냥법

# 수구 40에서의 겨냥법

그림은 수구 40에서 적구 포지션에 공을 넣었을 때 드리 쿠션의 진로를 예시한 것이다. 적구 포지션 1에 공을 넣으면 수구 포지션 45에서, 또한 적구 포지션 2에 넣으면 수구 포지션 50의 코너에서 드리 쿠션을 한다. 적구 포지션 3, 4, 5에 넣으면 어느 것이나 모두 제4쿠션에 닿았다가 드리 쿠션을 한다.

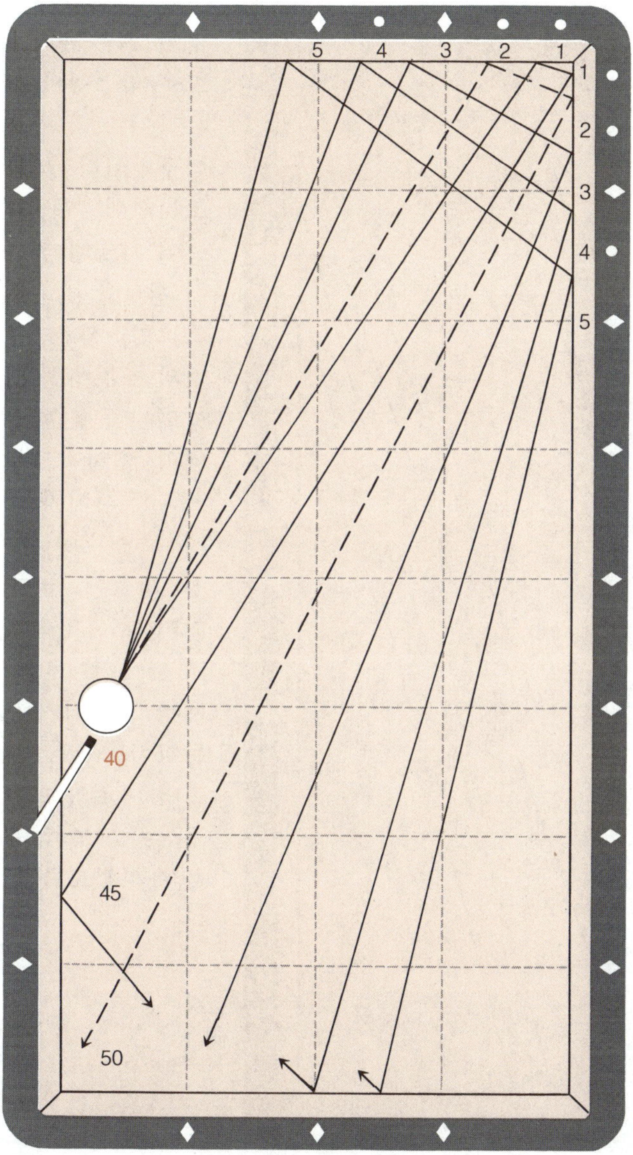

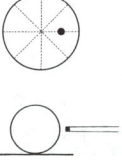

수구 40에서의 겨냥법

# 수구 45에서의 겨냥법

그림은 수구 45에서 적구 포지션에 공을 넣었을 때의 드리 쿠션의 진로를 예시한 것이다. 적구 포지션 2에 넣으면 수구 포지션 50의 코너에서 드리 쿠션한다.

이상은 플러스 토우 시스템의 기본적인 드리 쿠션 타구법이다. 적구 포지션에 수구를 넣어 시스템과 같이 진로를 취하게 하려면, 짧은 쿠션의 포지션을 겨냥하여 공을 넣을 때의 입사각도를 35~45°사이가 되게 하는 것이 가장 확률이 높다. 그러므로 입사각과 반사각이 너무 예각이 되거나, 둔각이 되면, 시스템 대로의 드리 쿠션이 되지 않음을 유의하도록 한다.

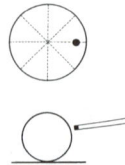

수구 45에서의 겨냥법

# 맥시멈 잉글리시 시스템

맥시멈 잉글리시 시스템은 플러스 토우 시스템과 마찬가지로, 파이브 앤드 하프 시스템의 보완으로 일본의 마쓰야마 선수가 창안한 시스템이다.

이 시스템은, 파이브 앤드 하프 시스템의 경우에 계산대로 드리 쿠션을 하지 못하는 공이 생기므로, 그 어긋나기 쉬운 공을 시스템대로 드리 쿠션을 시킬 수 있도록 수구에 최대한의 비틀기를 가해, 어긋남을 보완하는 방법이다.

일례로써 파이브 앤드 하프 시스템의 경우, 수구 포지션 40에서 제1쿠션의 적구 포지션 10에 넣어도 제3쿠션의 적구 포지션 30에 들어가 드리 쿠션이 되지 않는 경우가 있다.

이렇게 드리 쿠션의 포지션이 틀려지기 쉬운 공에 대하여, 어긋남이 생기지 않도록 올바른 적구 포지션인 30에서, 드리 쿠션을 시키는 것이 맥시멈 잉글리시(english=비틀기) 시스템이다.

## 시스템의 겨냥법

수구를 숏할 때, 오른쪽 아래(또는 왼쪽 아래) 당점에 순(順)비틀기를 충분히 걸고, 보통의 힘 조절로 타구한다. 비틀기를 최대한으로 걸지 않는다든가 강한 숏을 하면 겨냥을 정한 드리 쿠션은 빗나갈 수도 있다.

숏 장면

# 수구의 80과 70에서의 겨냥법

그림은 수구 포지션 80과 70에서 왼쪽 아래 순비틀기를 걸어 숏한 경우의 공의 진로와 드리 쿠션을 예시한 것이다. 수구 80에서 숏하면 적구 포지션 50에서, 또한 수구 70에서는 적구 포지션 60에 들어가 드리 쿠션을 한 다음, 각기 1포인트 옆으로 내려선 수구 포지션에 입사(入射)한다. 빈(空) 쿠션을 하려면, 드리 쿠션을 한 수구의 진로에 적구가 있을 때, 이 시스템을 응용한 공 잡는 법을 사용할 수 있다.

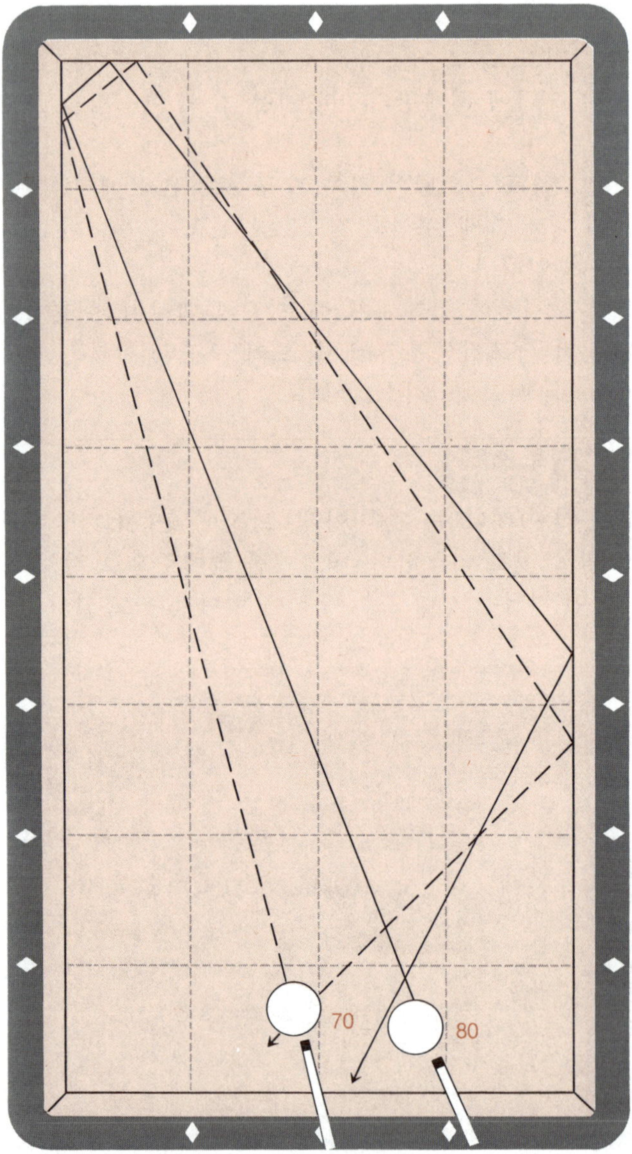

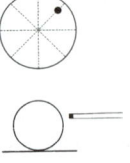

수구 80과 70에서의 겨냥법

# 수구 60과 50에서의 겨냥법

그림은 수구 포지션 60과 50에서 숏했을 때의 공의 진로와 드리 쿠션을 예시한 것이다. 어느 것이나 코너의 긴 쿠션에 먼저 입사시켜 드리 쿠션을 한 다음, 2 포인트 옆으로 올라간 수구 포지션을 향해 진로를 취하도록 한다. 수구를 넣는 코너가 다른 만큼 당점과 비틀기를 거는 법에 주의해야 한다.

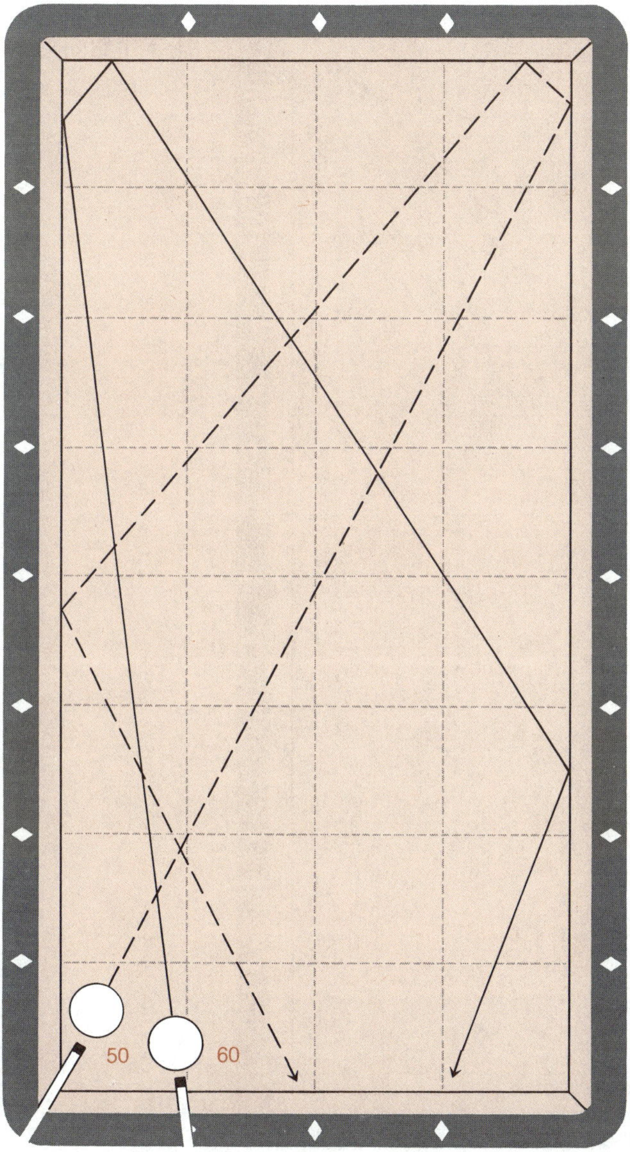

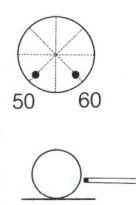

수구 60과 50에서의 겨냥법

# 수구 45와 40에서의 겨냥법

그림은 수구 포지션 45와 40에서 솟한 경우, 공의 진로와 드리 쿠션을 예시한 것이다. 1포인트의 간격밖에 없으므로, 드리 쿠션의 포지션도 반 포인트밖에 차이나지 않는다.

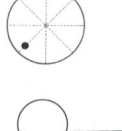

수구 45와 40에서의 겨냥법

# 수구 35와 30에서의 겨냥법

그림은 수구 포지션 35와 30에서 숏한 경우, 진로와 드리 쿠션을 예시한 것이다. 수구 35와 30에서는 드리 쿠션의 포지션이 반 포인트의 간격 차가 생긴다.

수구 35와 30에서의 겨냥법

# 수구 25와 20에서의 겨냥법

그림은 수구 포지션 25와 20에서 숏한 경우, 공의 진로와 드리 쿠션을 예시한 것이다. 이 수구 포지션에서는 특히 비틀기를 최대한 걸지 않으면 그림과 같은 드리 쿠션을 할 수 없게 된다. 비틀기를 최대로 걸려면, 당점을 중심 아래 쪽으로 정하고 약간 미끄러지듯이 타구해야 한다.

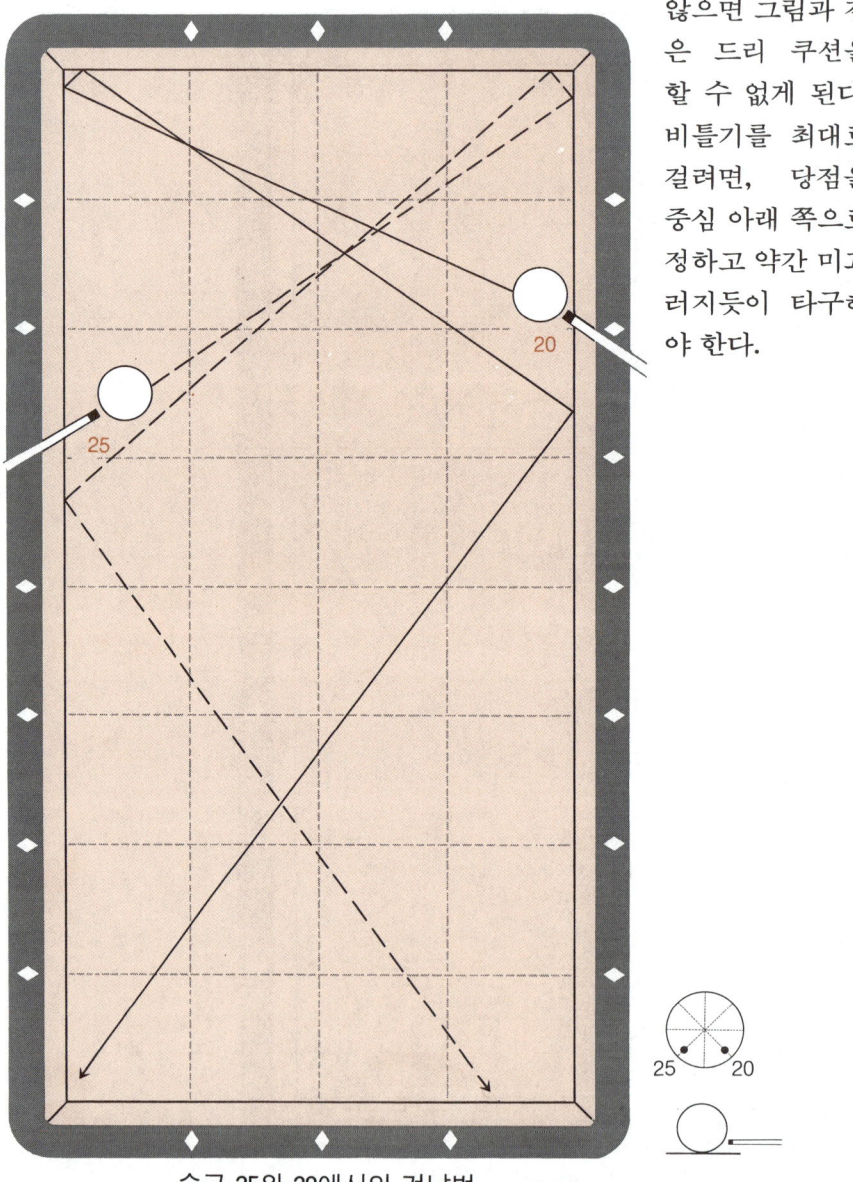

수구 25와 20에서의 겨냥법

# 수구 15에서의 겨냥법

그림은 수구 포지션 15에서 솟했을 경우의 공의 진로와 드리 쿠션을 예시한 것이다. 수구 15에서 1포인트 아래 포지션에서 드리 쿠션시키는 것은, 파이브 앤드 하프 시스템으로는 어렵기 때문에, 오른쪽 아래보다 약간 중심 아래를 쳐서, 순 비틀기를 최대한 걸 필요가 있다.

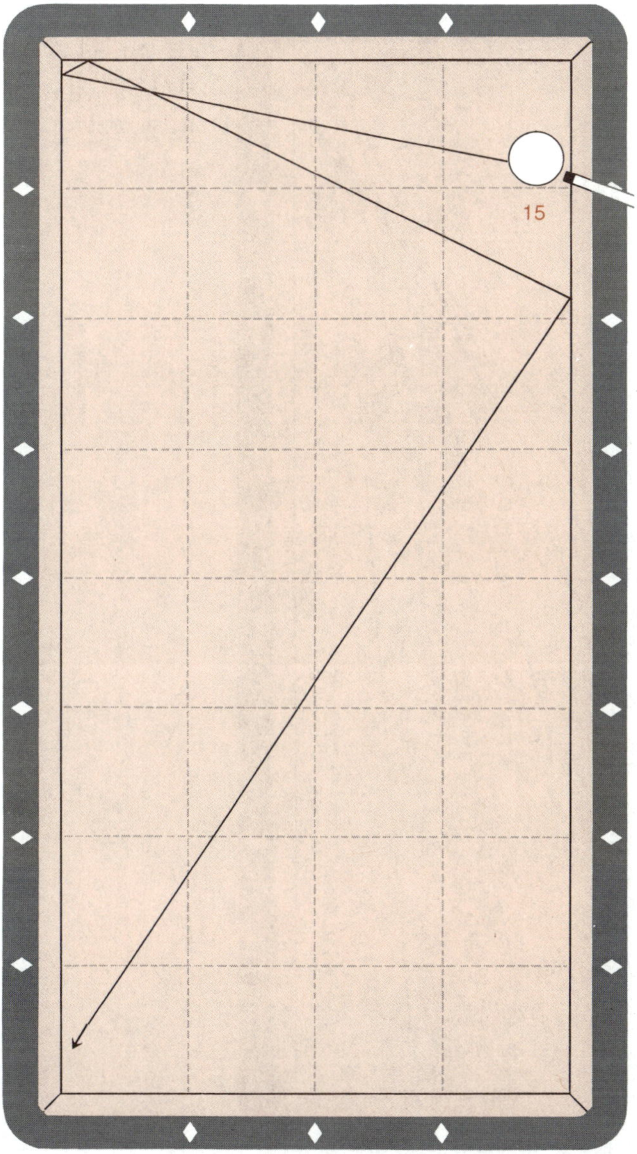

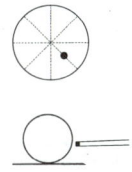

수구 15에서의 겨냥법

파이브 앤드 하프 시스템보다 더 정확하게 드리 쿠션시키려는 목적으로 창안된 맥시멈 잉글리시 시스템은, 빈(空) 쿠션을 할 때 더 위력을 발휘한다. 그림 1과 2는 이 시스템에 의한 공 잡는 법을 응용한 일례이다.

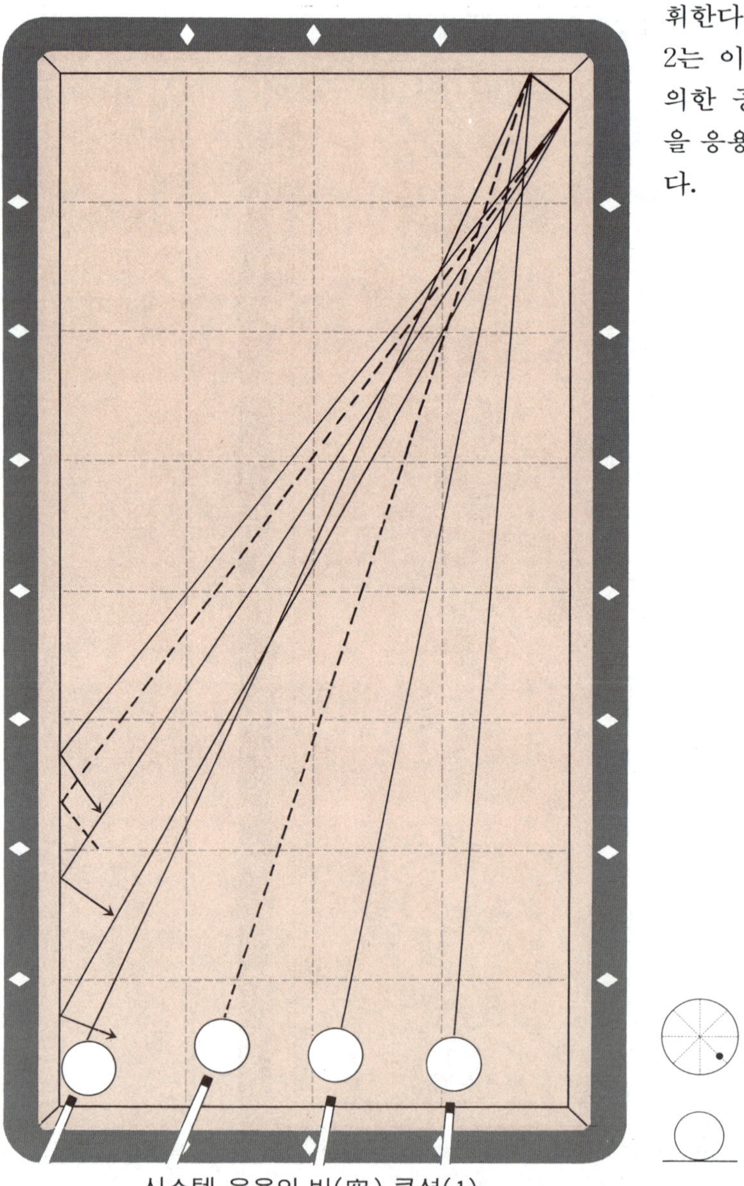

시스템 응용의 빈(空) 쿠션(1)

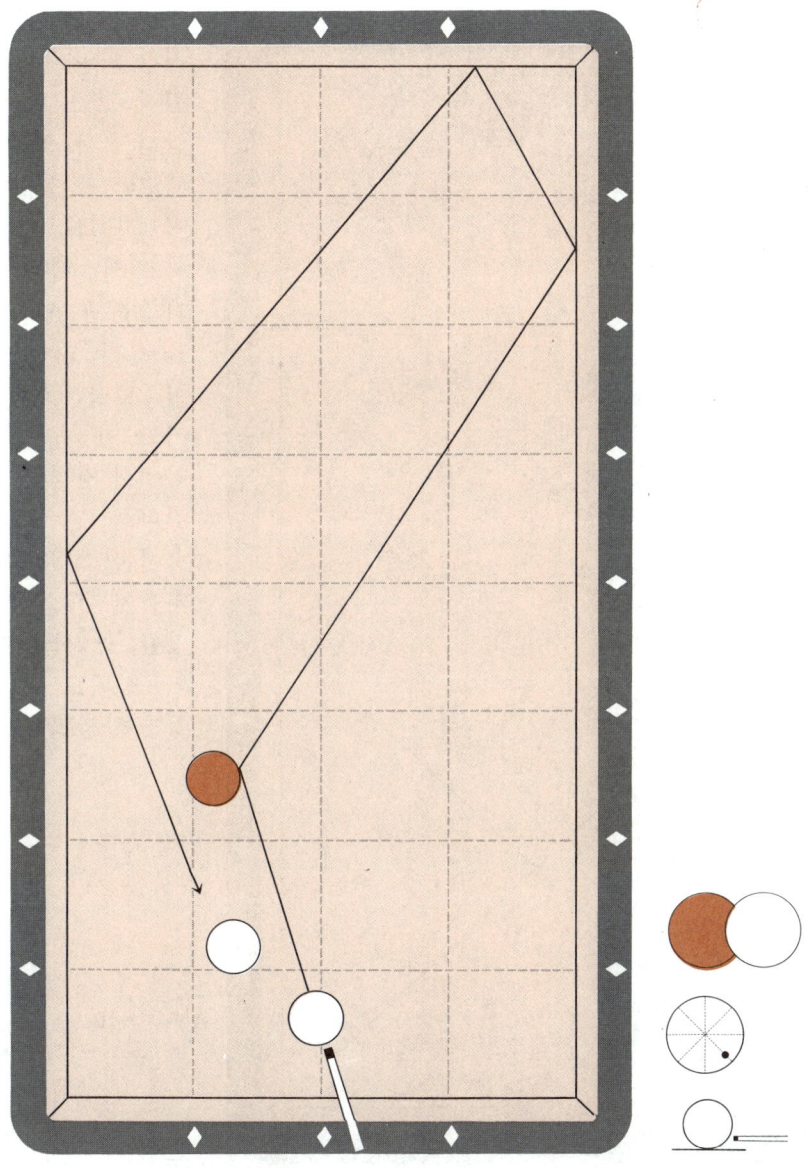

시스템 응용의 드리 쿠션(2)

# 리보이즈 시스템

일본의 마쓰야마 선수는, 앞에서 설명한 『맥시멈 잉글리시 시스템』 외에 역비틀기를 걸어 드리 쿠션시키는 리보이즈 시스템과, 다음에 설명하려는 공의 중심치기로 비틀기를 걸지 않는 노 잉글리시 시스템의 세 가지를 창안하여 파이브 앤드 하프 시스템과 플러스 토우 시스템을 포함, 다섯 개 시스템을 구하면서 드리 쿠션 게임에서 명성을 떨쳤다.

이 시스템은 역비틀기 시스템인 만큼, 공 잡는 법의 범위도 어느 정도 한정된다.

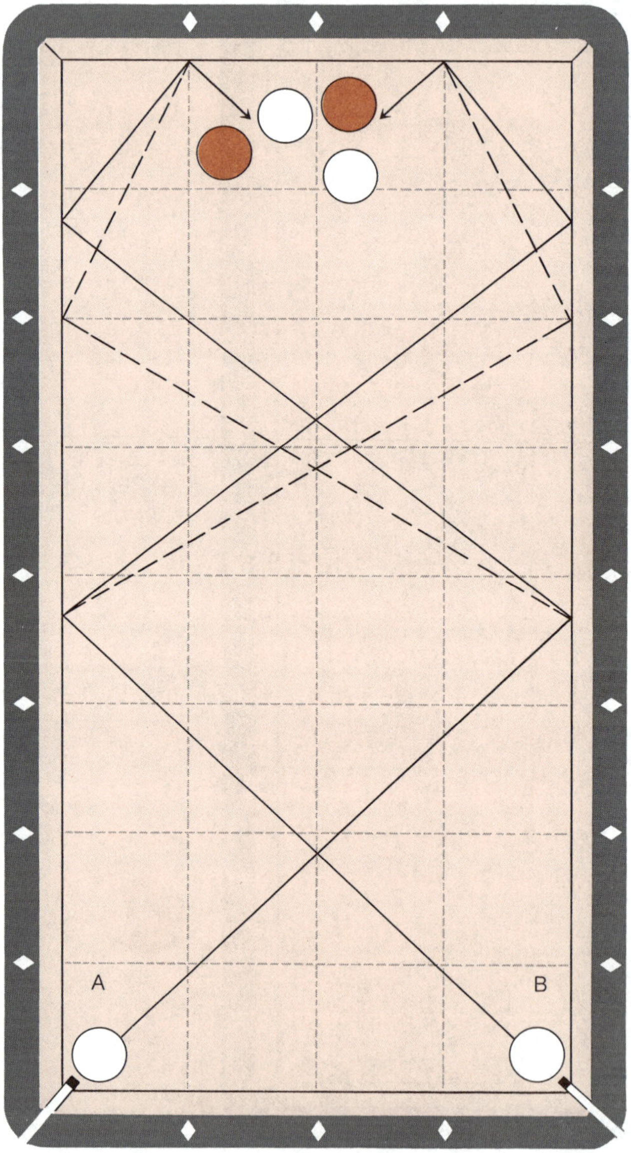

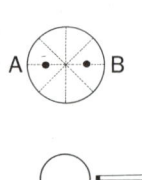

리보이즈 시스템의 공 잡는 법(1)

그림1과 2는, 리보이즈 시스템에 의한 역비틀기를 건 드리 쿠션의 일례이다. 이 시스템을 바탕으로 한 드리 쿠션은, 습기나 그 밖의 영향으로 인해, 꼭 그림과 같이 수구가 진로를 취하지 않을 수도 있다. 수구가 전진하면서 입사각과 반사각이 어긋나지 않도록 충분한 역비틀기를 걸도록 해야 한다.

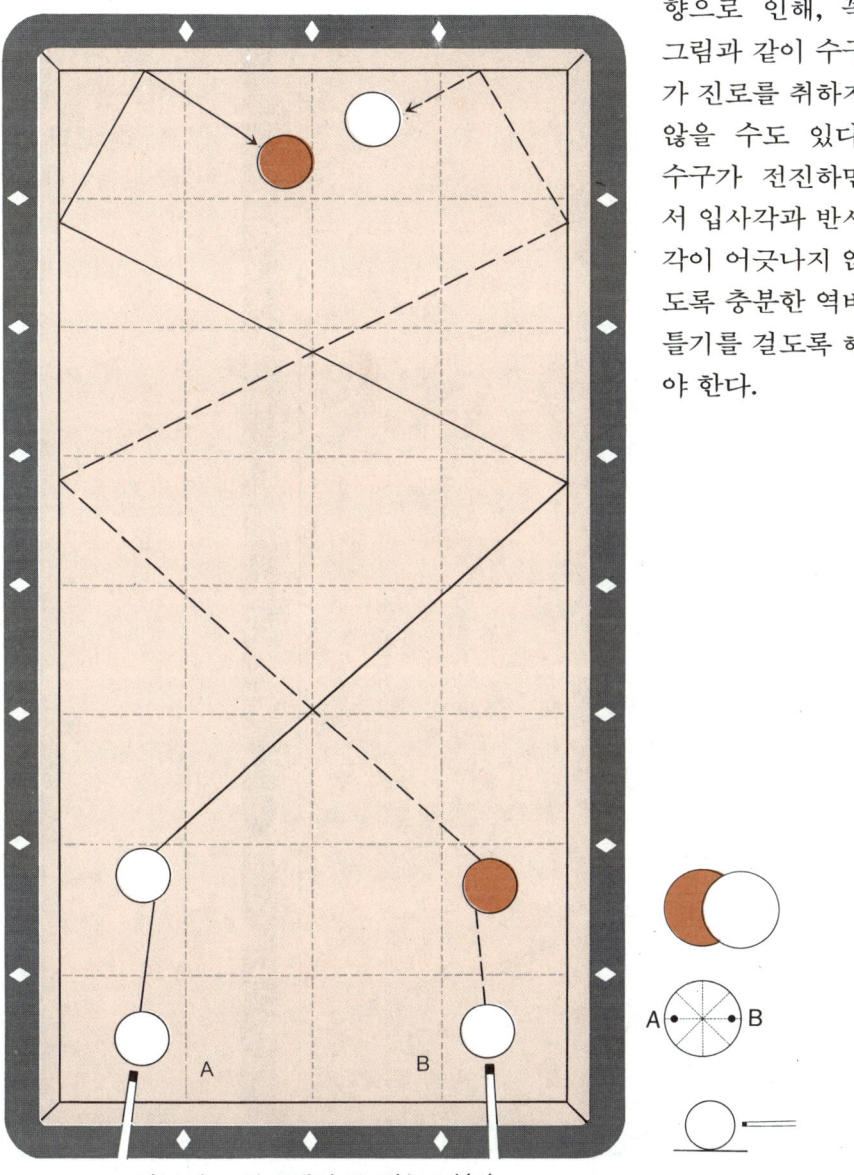

리보이즈 시스템의 공 잡는 법(2)

# 노 잉글리시 시스템

이 시스템은 비틀기를 전혀 걸지 않는 중심치기에 의해서 드리 쿠션시키는 시스템이다. 숏을 할 때는 힘 조절을 약하게, 큐 끝쪽을 잡고 좀 길게 쳐낸다.

그림1과 2는, 이 시스템을 바탕으로 한 드리 쿠션의 일례이다.

잉글리시 시스템 공 잡는 법(1)

중심치기에 의해 비틀기를 걸지 않는 이 시스템의 응용 범위는 그리 많지 않으므로 우선, 입사각과 반사각이 같다는 원리에 따라서 드리 쿠션이 될 수 있는가를 판단하면서, 공이 들어갈 드리 쿠션 포지션을 재빨리 읽어 숏하지 않으면 안 된다.

드리 쿠션 경기는, 이상에서 설명한 5개 시스템에 의한 기초 구성으로 하면 한층 경기에 강해질 수 있다.

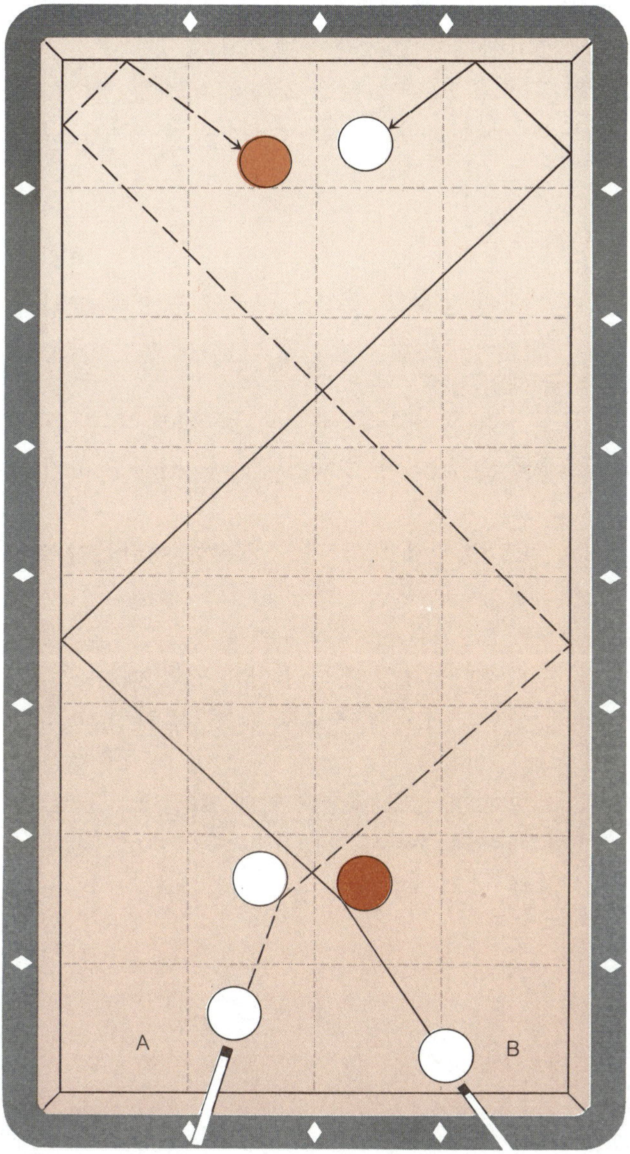

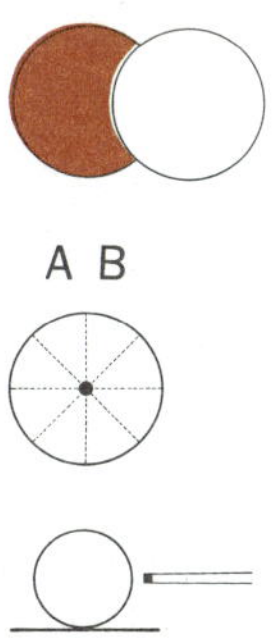

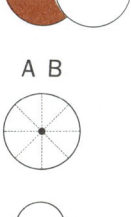

노 잉글리시 시스템의 공 잡는 법(2)

# ③ 보크라인 경기의 기초

오늘날 우리 나라에서는, 중급 이상의 실력자들은 드리 쿠션 경기를 주로하고 있는 실정이다.

이 보크라인 경기는 일부에서만 행하고 있으나, 현재 세계 선수권 대회에서 열리는 5종목 중 3종목까지가 보크라인 경기이다.

또한 우리 나라 당구계의 흐름도 멀지 않은 장래에 이러한 경기가 보급화, 될 추세에 있으므로, 여기서는 보크라인 경기의 판정 및 기초적인 기법을 다루기도 한다.

## 판정 방법

이 경기에서는, 공식 경기에서 주심이 판정할 경우에 다음과 같이 호칭한다.

### ① 공식대회에서 공을 바꿀 때의 경우

그림과 같이 수구와 적구가 같은 테두리 안에 있고, 다른 적구 1개가 다른 테두리 안에 있으면,『볼 아웃』이라 부르거나 아무 선언도 하지 않는다.

적구 2개와 수구가 같은 테두리 안에 있을 때는『볼 인』이라든가 또는 『볼 앵커 인』이라고 한다.

### ② 보통 플레이의 경우

서브한 다음에 수구와 적구 2개가 동일 테두리 안에 있을 때는『인』이라고 한다. 또, 앵커 안에 수구와 적구 2개가 있을 때는『앵커 인』이라고 한다.

1숏(타구) 후에 수구와 적구가 동일 테두리 안에 있거나, 동일 앵커 안에 있을 때는『세컨드』라고 부른다.

서브한 다음에 적구 1개가 다른 테두리 안에 있을 때는『아웃』이라고 부른다.

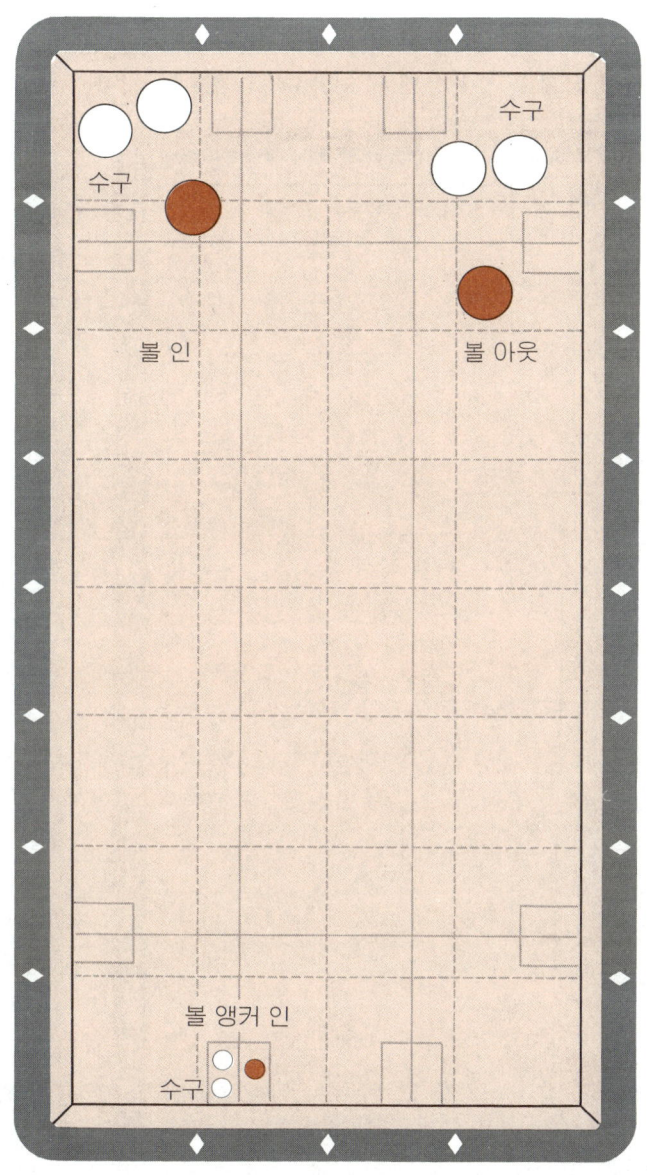

공의 배열과 호칭(1)

### ③ 특수한 플레이의 경우

그림과 같이 적구 1개가 한 번 테두리 밖으로 나갔다가 다시 테두리 안으로 들어왔을 때는 『아웃 앤드 인』이라고 한다. 적구 2개가 두 번째에 테두리 안의 앵커에 들어갔을 때는 『앵커 인』이 되어, 다시 2회 치기를 할 수 있으며, 이 숏으로 수구와 적구가 동일 테두리 안과 동일 앵커 안으로 들어갔을 때는 『세컨드』, 적구 1개가 다른 테두리 안으로 들어갔을 때는 『아웃』이라 한다.

또한 2숏째에 1개의 적구가 동일 테두리 안 앵커의 1부분에, 다른 적구의 1개가 다른 테두리 안의 앵커에 들어간 경우는 『아웃 앤드 앵커 인』이라 하며, 이 앵커 안에서 2 숏을 행할 수 있다.

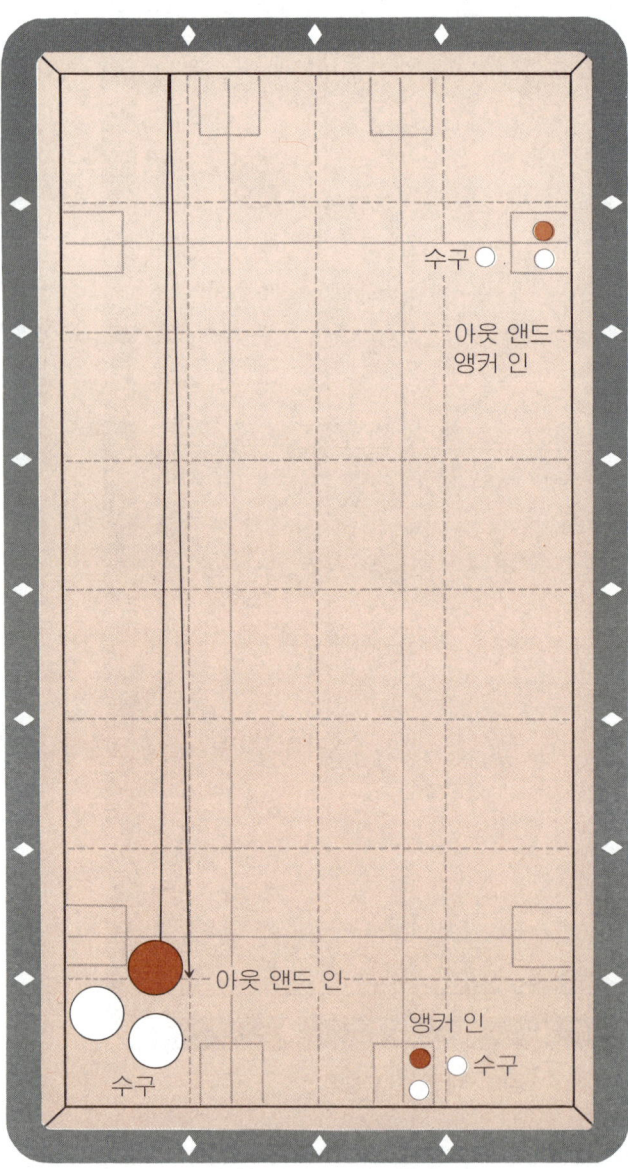

공의 배열과 호칭(2)

실제 플레이에서는 세컨드가 선언되고 나서 2숏째에 적구의 1개가 한 번 라인을 나가, 그림과 같이 미묘한 움직임을 하면서 동일 테두리 안으로 들어가는 수가 있다. 이러한 때도 『아웃 앤드 인』이 된다. 또한, 적구가 라인을 넘었는지 넘지 않았는지 판정하기 어려울 때나, 2회째에 테두리 밖으로 내 보내려한 공이 라인 위에 얹혀, 『아웃』인가 『인』인가를 판정하기 어려울 때는, 치는 사람이 불리하게 되도록 『파울』이 선언된다. 파울이 되면 플레이어는 교체된다.

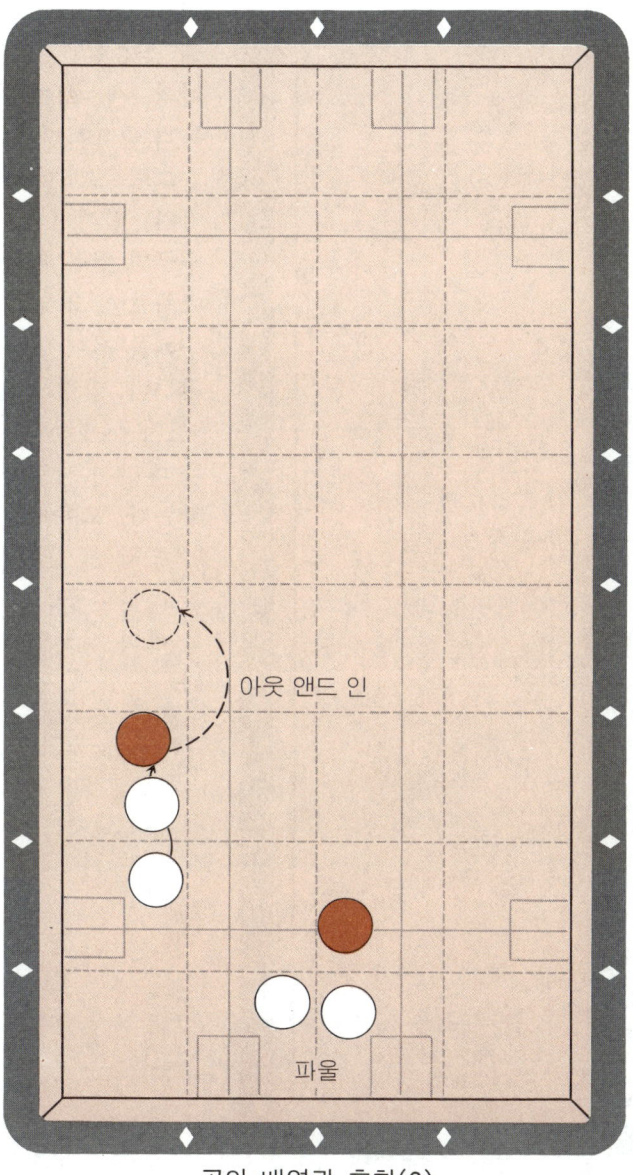

공의 배열과 호칭(3)

# 보크라인 경기의 공 잡는 법

보크라인 경기의 공 잡는 법에서는 모아치기를 최대한으로 이용할 것, 공을 쿠션에 넣어 되돌아오는 힘의 조절에 주의할 것, 계속칠 수 있는 세리의 공 잡는 법을 응용할 것 등 이상 세 가지가 특히 중요하다.

그림은, 모아치기의 일례이다. 수구의 왼쪽 위를 당점으로 하여 $\frac{1}{2}$ 두께를 걸어 밀어 내듯이 맞힐 때, 제1적구는 쿠션을 따라서 진로를 잡는다. 모아치기가 수월한 경우와 장소에서 공을 모을 때의 타구법이다.

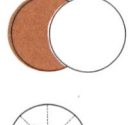
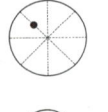

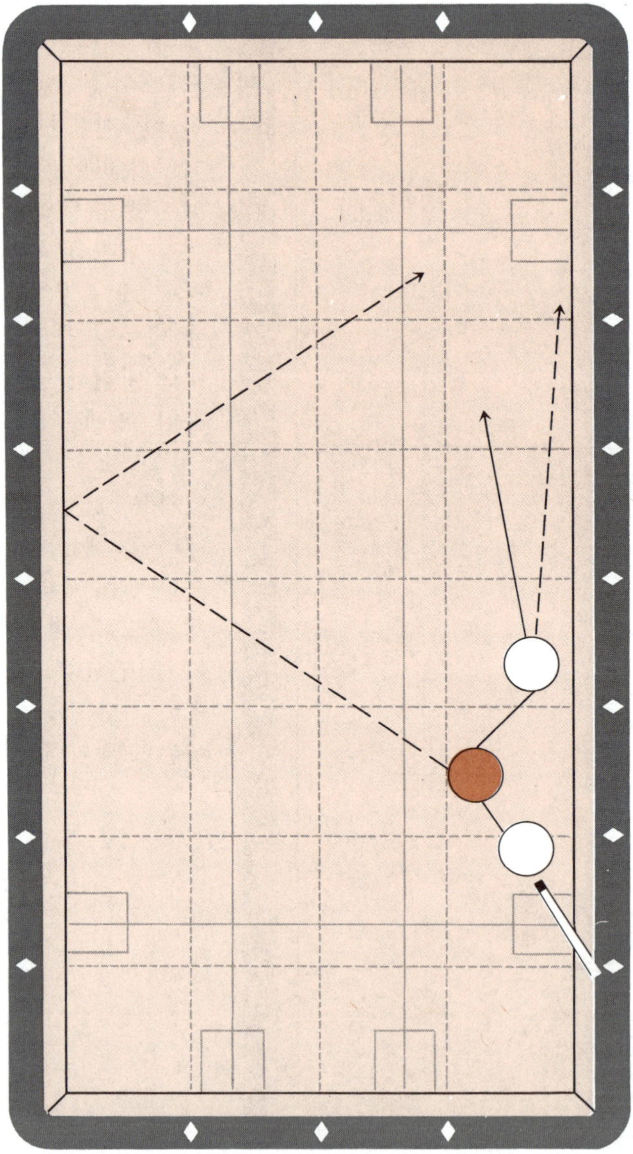

공 모으는 법 (1)

그림은, 제2적구가 쿠션에서 약간 떨어져 있는 경우의 모아치기 방법이다. 왼쪽 아래치기를 당점으로 하며 비틀기를 걸면서 $\frac{3}{4}$의 두께를 가하면, 제1적구는 드리 쿠션을 하고 테두리 안에 되돌아오고, 다음 득점이 수월하도록 공이 모아진다.

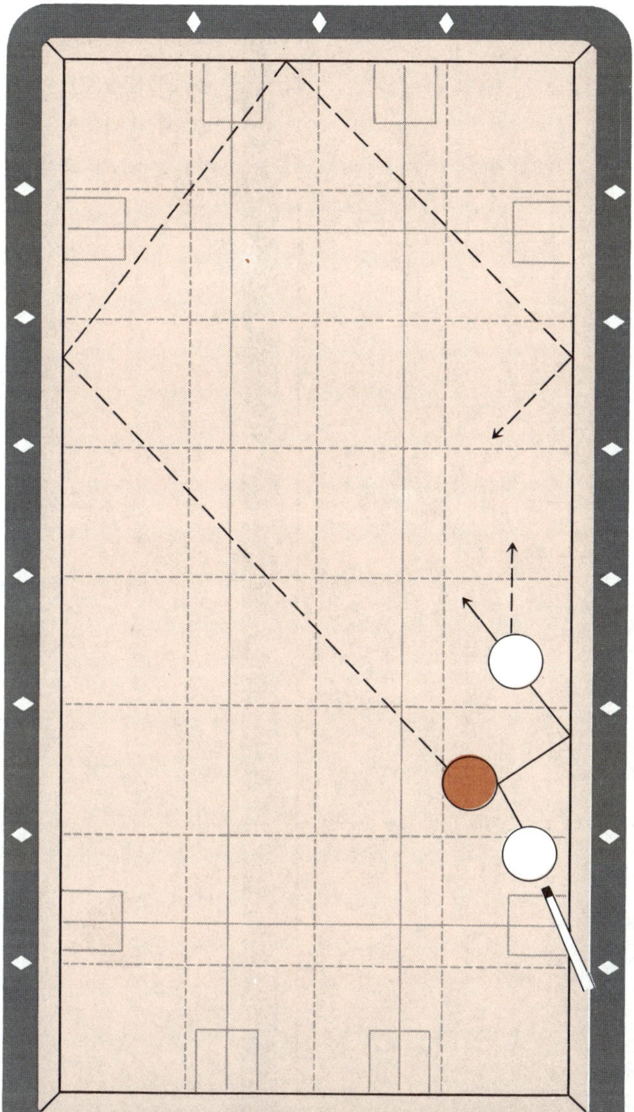

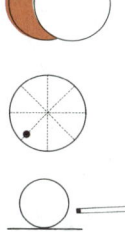

공 모으는 법(2)

이 그림도 역시 모아치기를 하기에 좋도록 코너 쪽으로 공을 모으려는 방법이다. 오른쪽 위를 당점으로 하여 $\frac{1}{2}$의 두께를 걸면, 수구는 드리 쿠션을 하고 제2적구에 맞는다. 모아진 공의 모양이 흩어지지 않도록 힘 조절에 주의한다.

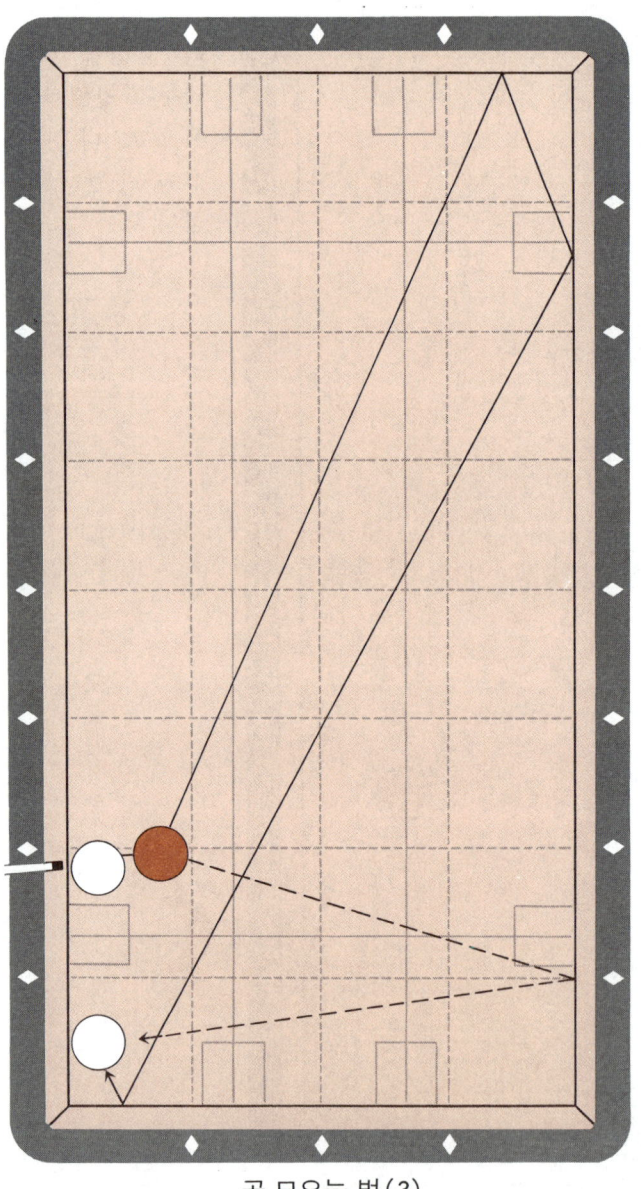

공 모으는 법(3)

그림은 수구의 중심에서 약간 아래치기를 하여 제1적구의 정면에 맞힐 때의 공 잡는 법이다. 제2적구를 테두리 안에 머물게 하도록 힘 조절에 주의하면 수월하게 잡을 수 있고, 후구(後球)도 좋아진다. 이상은 1회치기 경기에서는 1숏마다, 2회치기 경기에서는 2숏째에 적구 2개 중 1개를 테두리 밖으로 내보내어 공을 모으는 경우의 공 잡는 법의 일례이다. 보크라인 경기의 공 잡는 법에서는 모아치기 방법이 중심이 되기 때문에, 제한 테두리와 앵커의 라인을 고려해 가면서 모아치기의 기법을 충실히 익히도록 한다.

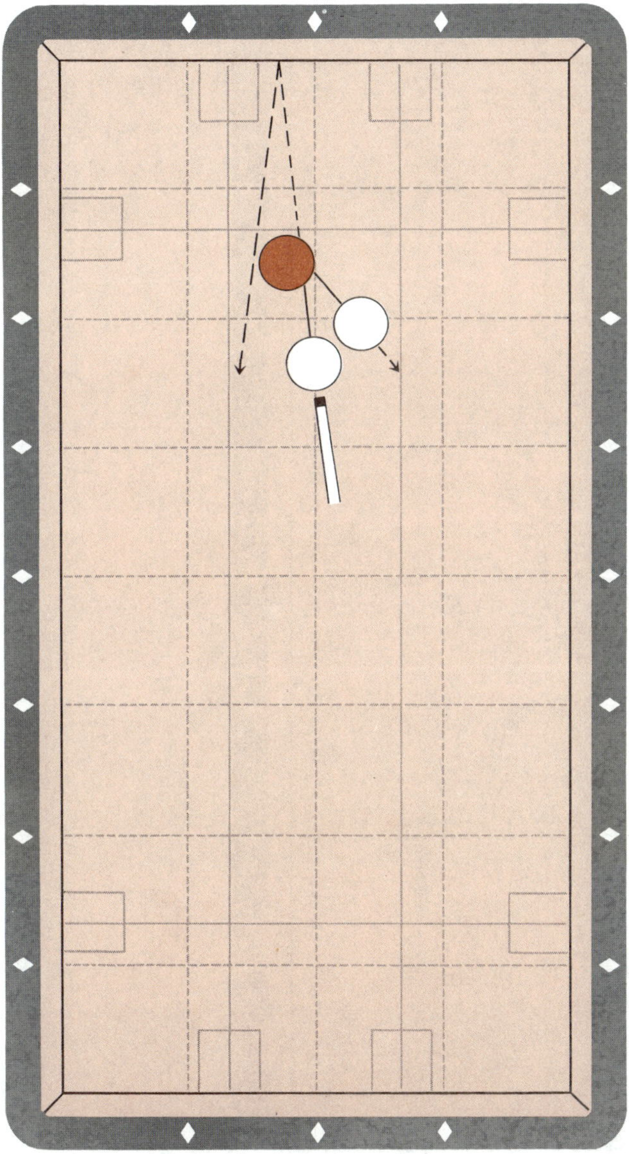

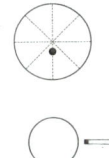

공 모으는 법(4)

그림 5와 6은, 2회치기 경기 때 동일 테두리 안에서 득점하는 모아치기 방법의 일례이다. 이러한 공 배열일 경우에는 공을 쉽게 잡을 수 있는 반면에 적구 1개를 테두리 밖으로 내보내면 가장 유리한 공이 모인다. 공을 좁게 모아서 잡는 일례이다.

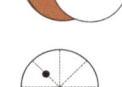
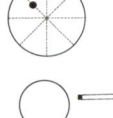

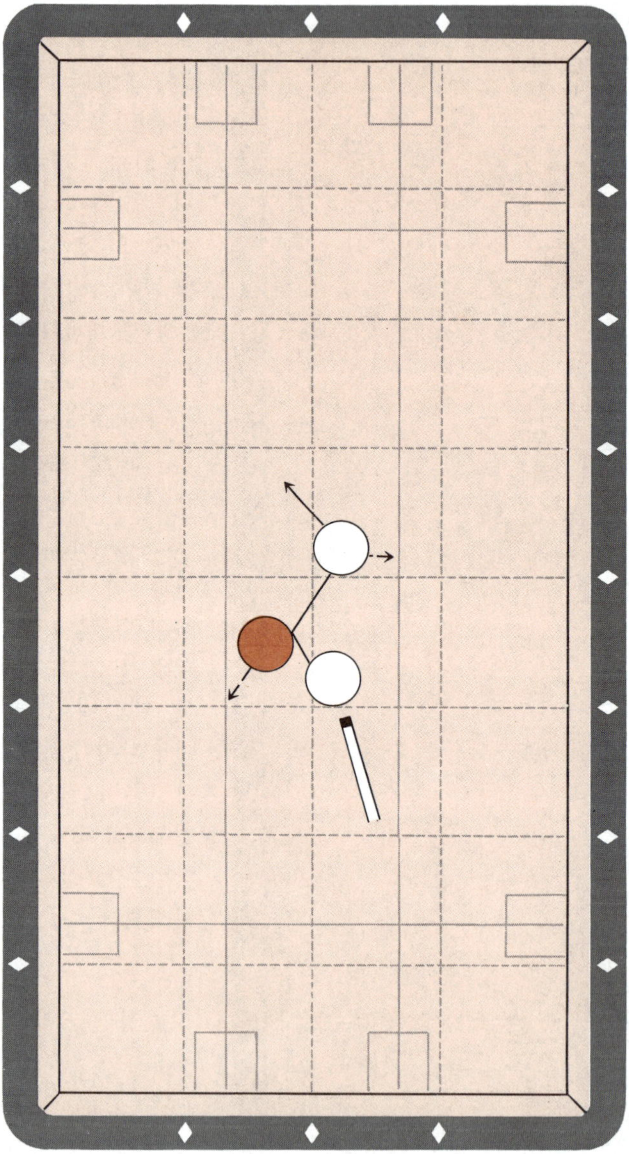

공 모으는 법(5)

보크라인 경기의 공 잡는 법에서는 특히, 후구(後球)의 위치를 감안하여 공을 모을 수 있도록 해야 한다.

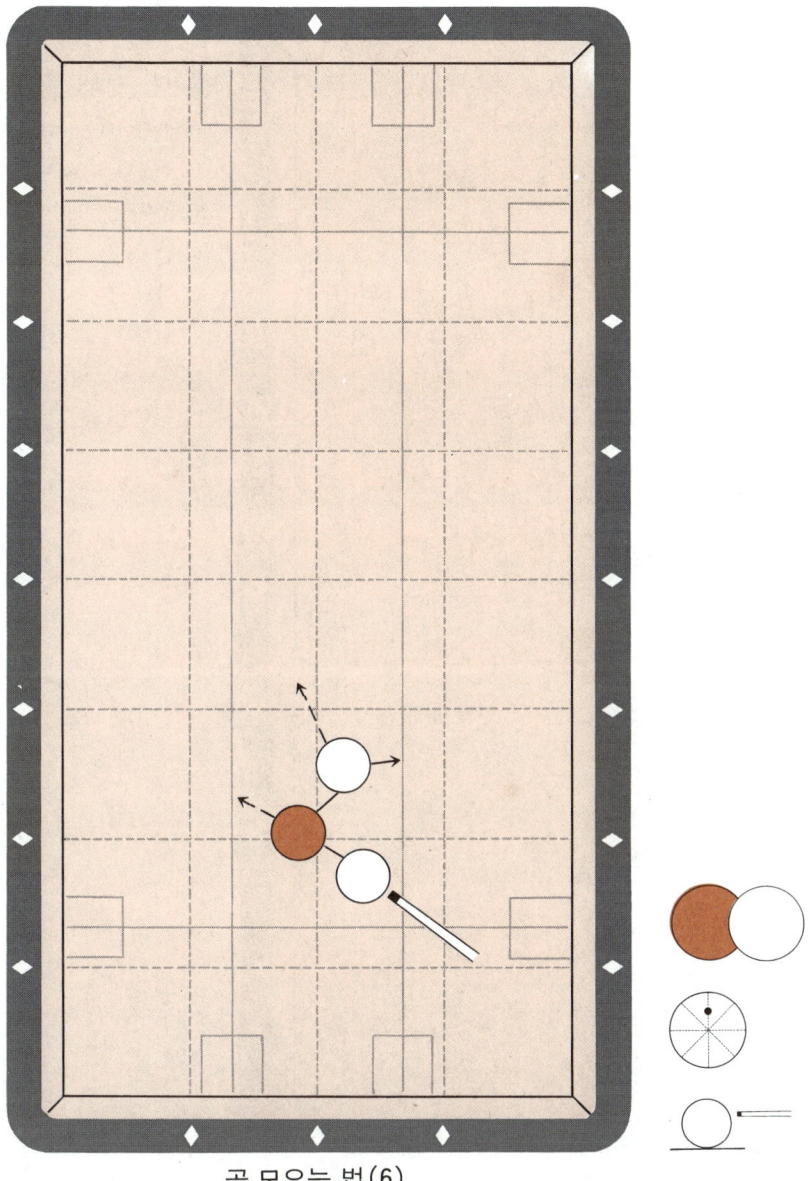

공 모으는 법(6)

그림도 동일 테두리 안에서 득점하기 위한 모아치기의 방법이다. 평범한 공 배열이므로 공을 잡기는 쉬우나 반드시 좋은 후구가 될 수는 없다.

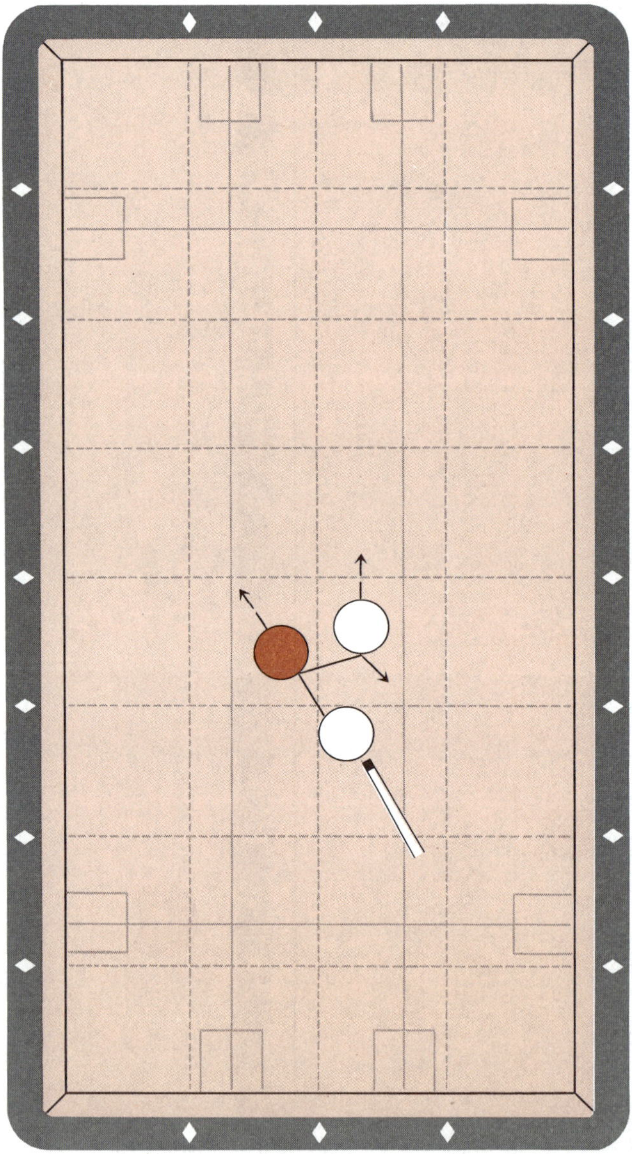

따라서 힘 조절에 주의하면, 다음번 숏할 때는 적구를 테두리 밖으로 내보내다가 되돌아올 때는 유리한 공 배열이 된다.

수구의 중심 위를 쳐서 제1적구의 정면에 맞힌다.

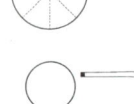

공 모으는 법(7)

그림은 중심보다 약간 위를 쳐서 두껍게 맞히지 않으면, 그림과 같이 제1적구가 되돌아오지 않는다.

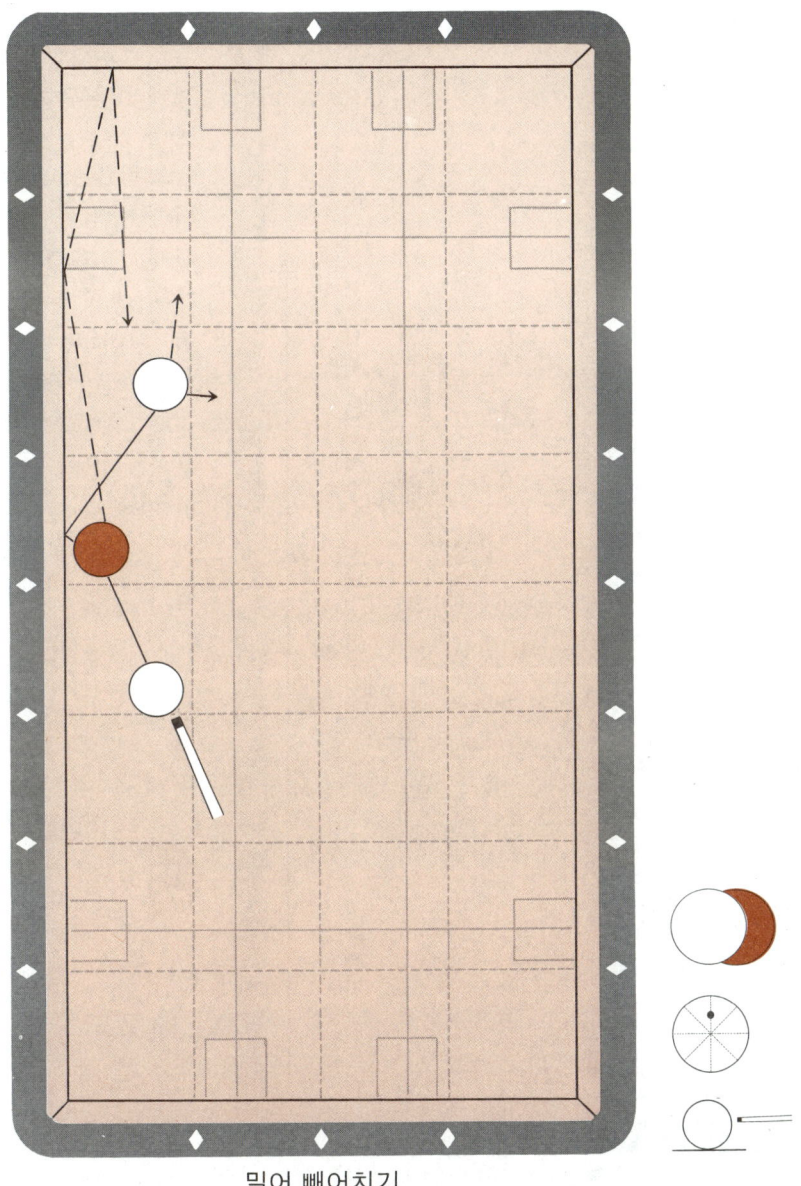

밀어 빼어치기

그림은 비틀기를 걸어 공 잡는 법이다. 그림에서 A의 경우 잡는 법에서는 오른쪽 옆 당점에 순비틀기를 걸어 제1적구에 얇게 맞힌다. 그러면 제1적구와는 역방향으로 나가 쿠션에 맞고 되돌아온다.

그림B는 왼쪽 아래 당점을 충분하게 역비틀기를 걸어 $\frac{1}{3}$의 두께를 건 것이다. 두껍게 맞히면 제1적구에는 오른쪽 비틀기가 걸려 테두리 안으로 되돌아와 후구가 좋게 된다.

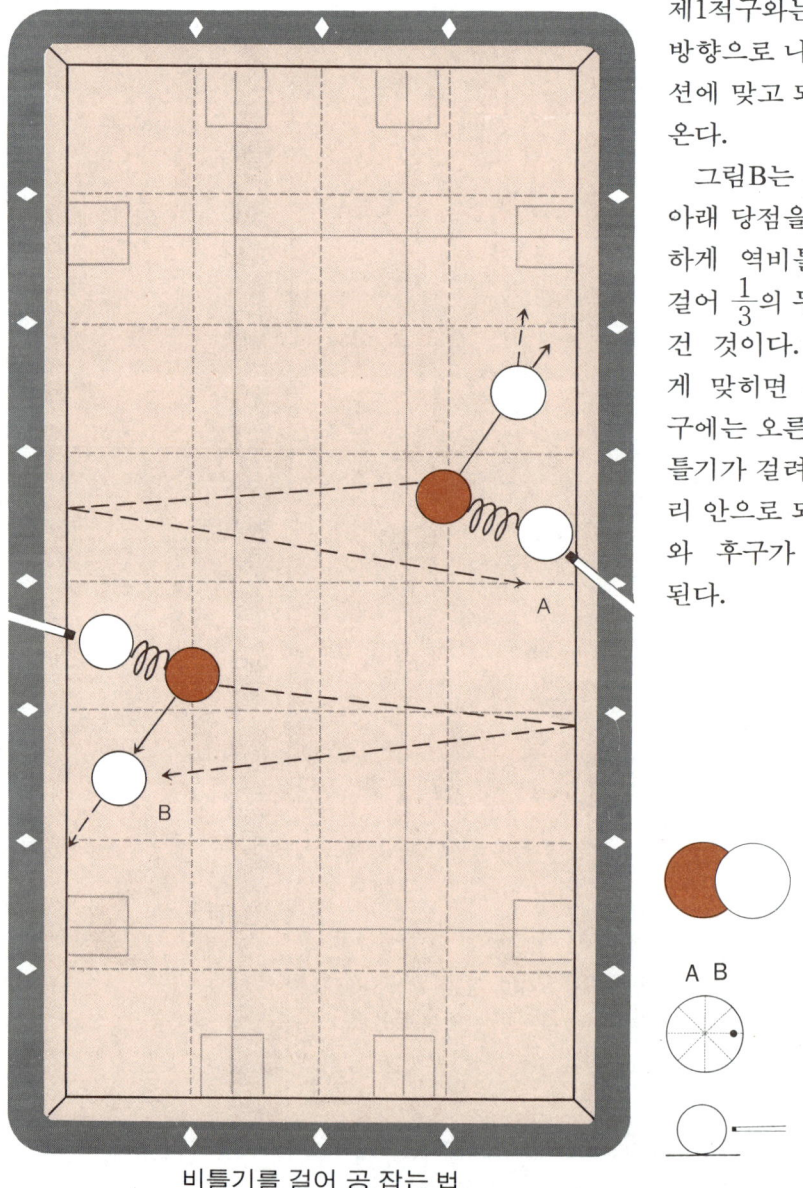

비틀기를 걸어 공 잡는 법

보크라인 경기의 공 잡는 법의 일례를 들었으나, 이 경기는 4구 경기에 중급 정도 이상의 실력자가 해볼 만한 경기이다. 그런 만큼 지점(持點)이 낮으면 실력의 격차가 생기게 마련이다.

여하튼 제한 테두리나 앵커를 의식하면서, 모아치기를 중심으로 한 공 잡는 법을 연구하고, 앵커나 제한 테두리에 의한 규제도 구애됨이 없을 정도의 공 잡는 실력을 기르도록 해야한다.

보크라인 경기

3. 기법 응용편 239

# 4 포켓 경기의 기초

 포켓 경기(pocket game)에는 종류가 십여 종목이나 되는데, 각국의 선수권 대회나 공식 경기에서 행하고 있는 것이 로테이션 경기(rotation game)이다. 로테이션 경기 외에 14−1(fourteen one) 래크 경기는 세계 선수권 대회가 이를 행하고 있다.

포켓 경기

## 포켓하는 방법

포켓 경기는 구대 위에 래크(rack=공의 집단)한 적구를 시구(始球)하여 흩어지게 하면서 적구에 수구를 맞혀, 구대의 포켓에 넣는다. 적구를 어떠한 방법으로 포켓시키느냐가 포켓 경기의 기본이 되므로, 포켓시키는 방법부터 설명하기로 한다.

### ① 뱅크 숏에 의한 포켓
수구에 맞은 적구를 포켓에 직접 넣지 않고, 한 번 이상 쿠션에 넣었다가 포켓시키는 방법

### ② 컴비네이션 숏에 의한 포켓
목표한 적구를 직접 포켓할 수 없을 경우에 다른 적구에 수구를 맞혔다가 목표한 적구를 포켓시키는 방법

### ③ 키스 숏에 의한 포켓
포켓에 넣으려는 목표한 적구를 다른 적구에 접촉시켰다가 포켓시키는 방법

### ④ 캐논 숏에 의한 포켓
4구 경기와 마찬가지로 제1적구, 제2적구를 정한 다음 적구를 차례로 맞혀 최종적구를 포켓시키는 방법

적구를 잡는 방법을 크게 나누면, 이상 네 가지로 구분한다.

## 두께를 거는 법과 겨냥법

포켓 구대에는 코너와 사이드에 6개의 포켓이 달려 있다. 이 포켓에 적구를 집어 넣을 때는 적구에 수구를 맞혔을 때의 두께를 거는 법에 따라 수구와 적구의 진로를 파악할 줄 알아야 한다.

그림은 수구의 중심치기를 하여 적구에 맞혔을 때의 수구와 적구의 분리각과 진로를 예시한 것이다.

그림과 같이 적구 끝에 수구가 약간 접촉하면, 수구의 중심선에 대하여 적구는 90°로 분리한다. 그런데 두께를 가할수록 반사각도 적어지며, 수구를 적구 정면에 맞히면 적구는 0°로 되어 직진한다.

이와 같이 두께를 거는 방법에 따라 달라지는 90°의 범위가 포켓에 적구를 집어 넣을 수 있는 범위이다.

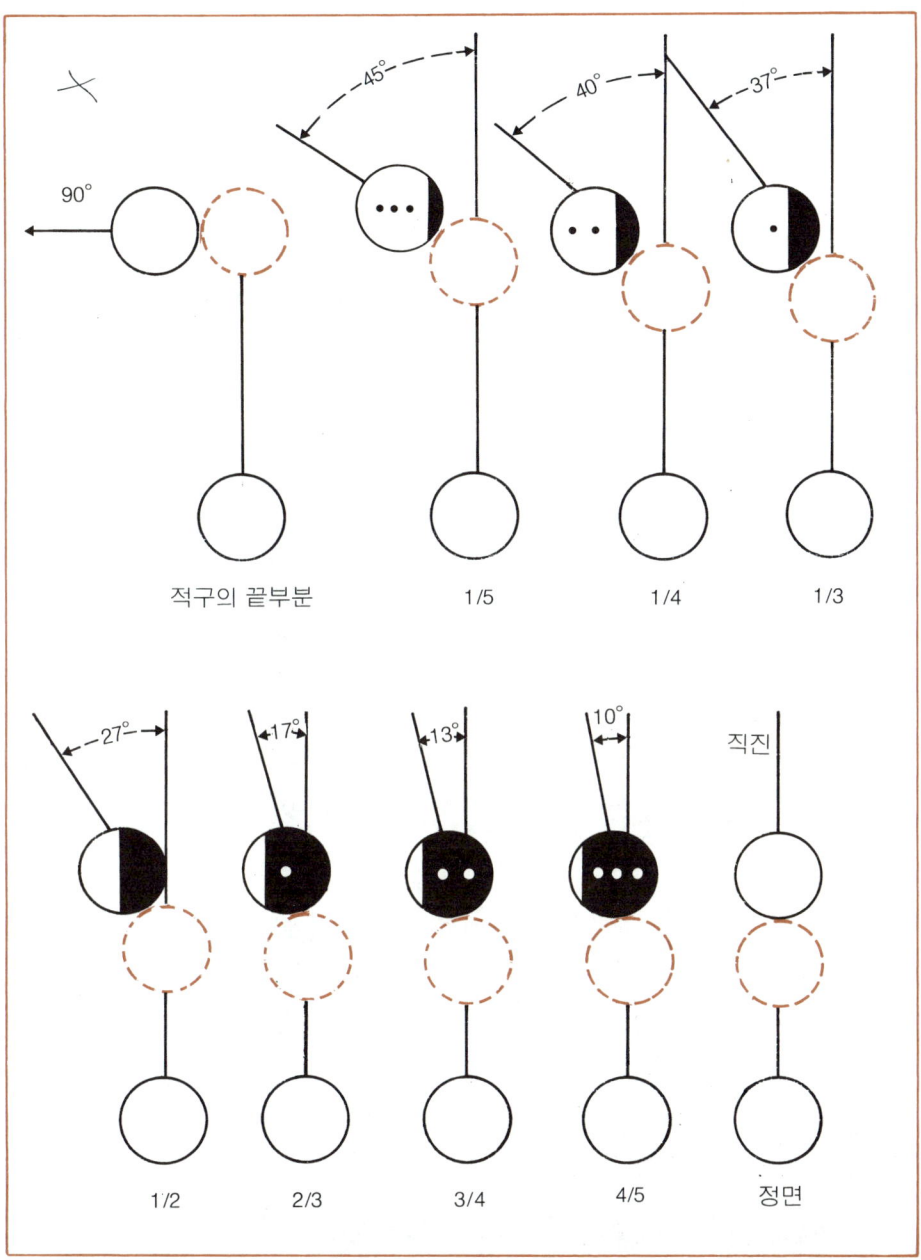

두께와 적구의 분리각

그림은 90°범위에서 적구를 포켓시키는 경우의 수구 위치를 알기 쉽게 표시한 것이다. 4구 경기에서는 공 잡는 방법의 차이에 따라 겨냥점도 여러 가지로 나누어지는데, 포켓 경기에 있어서 보통의 힘 조절로 중심치기를 했을 때는, 포켓하는 적구에 대하여 직선이 되도록 수구를 맞힌 경우의 접점이 겨냥점이 된다. 따라서, A·B·C·D의 위치에 수구가 있는 경우에도, 그 접점을 겨냥하여 수구의 중심을 맞히도록 해야 한다.

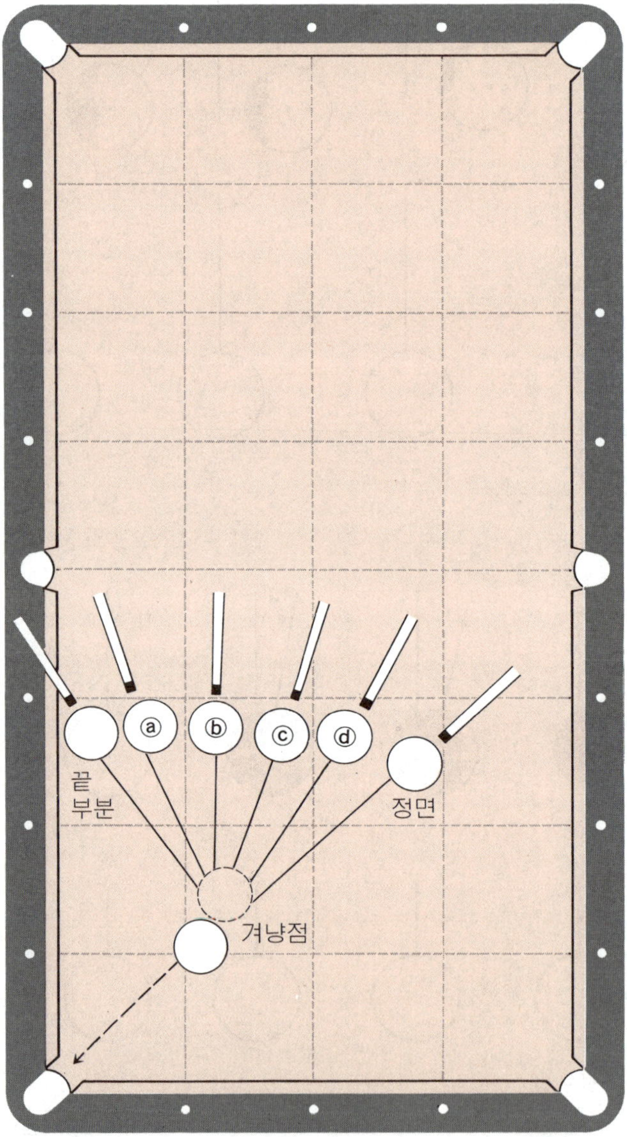

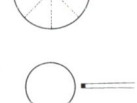

적구의 겨냥법

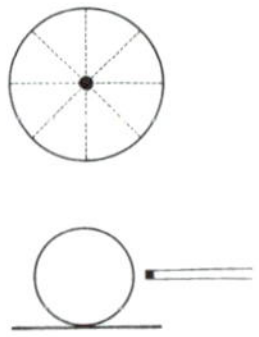

이상 설명한 적구의 겨냥점은 보통의 힘 조절로 중심치기를 한 경우의 일례인데, 수구의 오른쪽 치기로 비틀기를 걸어 맞히면, 적구의 진로는 왼쪽으로 기울어간다.
　그 반대로 수구의 왼쪽 옆치기로 적구를 맞히면, 적구는 오른쪽으로 진로가 기운다.
　수구의 위치가 그림과 같이 90° 범위에 들어가지 않을 때는, 비틀기를 걸면 포켓될 수 있는가를 확실히 판단하여 왼쪽 또는 오른쪽 비틀기를 걸어 적구를 포켓에 넣도록 한다.

# 브레이크 볼

　포켓 경기는, 뱅킹에 의해 승자를 정하며, 이 승자에 브레이크(初球)의 선택권이 주어진다.
　그런데 처음 브레이크를 행하는 플레이어는 구대의 정위치에 래크한 적구 중, 정점 위에 놓인 최소 번호(①표시의 적구)부터 맞혀야 한다.
　로테이션 경기는 최소 번호의 적구부터 맞히고 포켓하지 않으면 안 되는 만큼, 브레이크한 볼 1개 이상이 어느 포켓에나 들어가게 하고, 또 래크를 흩어지도록 브레이크할 필요가 있다.

브레이크 볼

# 포켓 경기의 기법

포켓 경기는 적구를 어떤 방법으로 포켓시키느냐가 기본이 되므로, 앞에서 말한 적구를 포켓에 넣는 기초적인 기법을 알아보기로 한다.

## 뱅크 숏

뱅크 숏은, 적구를 한 번 이상 쿠션에 넣었다가 포켓시키는 기법이다. 적구를 쿠션에 넣었을 때의 입사각과 반사각은 똑같다는 원칙을 응용하여 2등변3각형이 되는 적구 진로에 포켓이 있나 없나를 살피고, 2등변3각형의 반사각일 때는 그 3각형의 정점인 쿠션에 목표한 적구를 넣도록 수구를 맞힌다. 단, 보통의 힘 조절로 수구를 숏하지 않으면 2등변3각형의 반사각이 되지 않는다. 같은 조건의 중심치기를 해도, 강한 숏을 하면 반사각은 예각이 되며, 슬로우 숏을 하면 둔각이 된다.

또한, 수구에 역비틀기를 걸어 적구에 맞히면 적구의 반사각은 예각이 되며, 순비틀기를 걸면 적구의 반사각은 둔각이 된다.

뱅크 숏에 의해 적구를 포켓에 넣을 경우에는 수구의 중심치기로 맞힌 적구가 2등변3각형의 반사각에 의해 스크래치(scratch=수구가 포켓에 떨어짐)될 염려가 있는가 없는가를 판단하고, 포켓구에 스칠 경우에는 강한 숏이나 슬로우 숏 또는, 순비틀기나 역비틀기를 걸어 적구에 맞히도록 해야 한다.

그림 1과 2는 수구의 중심치기로 적구에 두껍게 맞히는 경우와, 역비틀기를 걸어 얇게 맞힌 경우의 뱅크 숏에 의한 포켓의 일례이다.

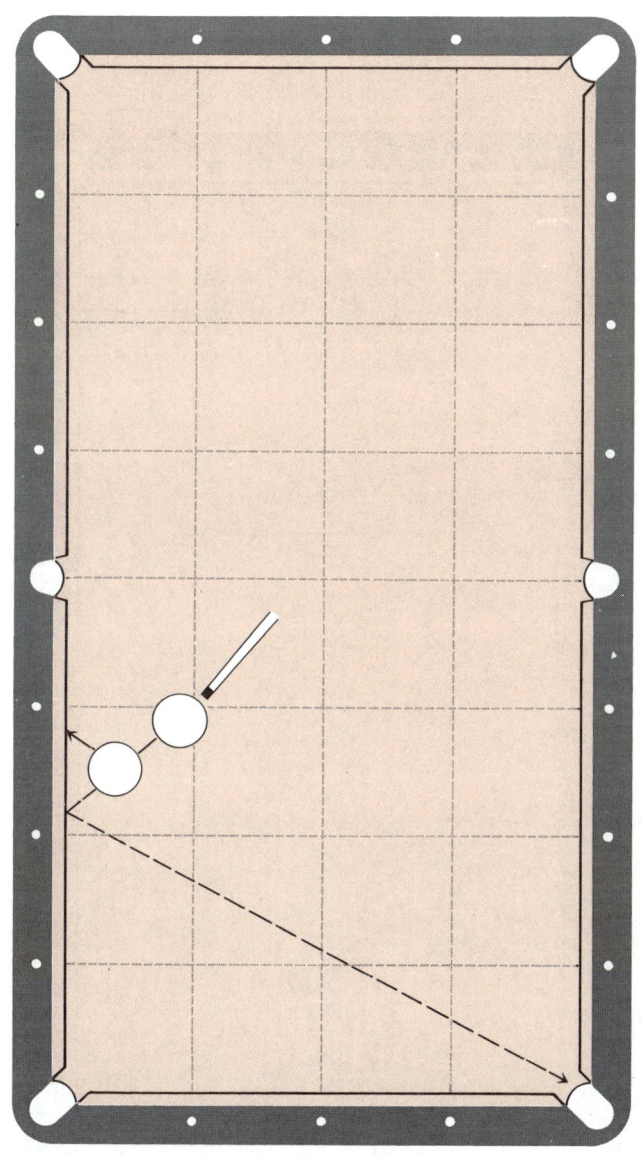

뱅크 숏의 포켓(1)

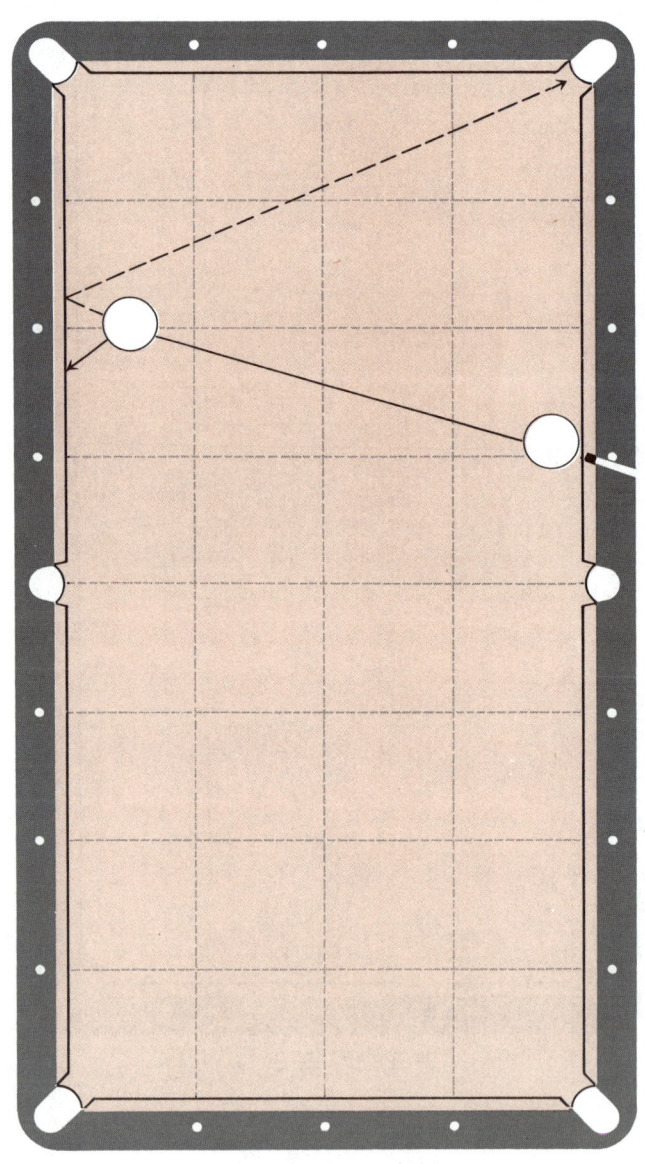

뱅크 숏의 포켓(2)

# 키스 숏

키스 숏으로 적구를 포켓하려면 그림의 B와 같이 목표한 적구에 수구를 맞혀 다른 적구와 키스시켜 목표한 적구를 포켓에 넣는다. 이 경우, 키스시키는 겨냥점은 목표한 적구와 다른 적구에 맞았을 때의 접점을 겨냥점으로 하지 않으면 목표한 적구는 포켓되지 않는다. 그림의 A는 목표한 적구가 다른 적구와 키스했을 때의 일례이다. 이 경우에도 목표한 적구와 키스한 다른 적구의 중심을 잇는 선에 대하여 목표한 적구는 직각의 진로를 취하면서 포켓에 들어간다. 어느 경우이든 수구의 진로에 대하여 포켓시키는 진로는 45°가 된다.

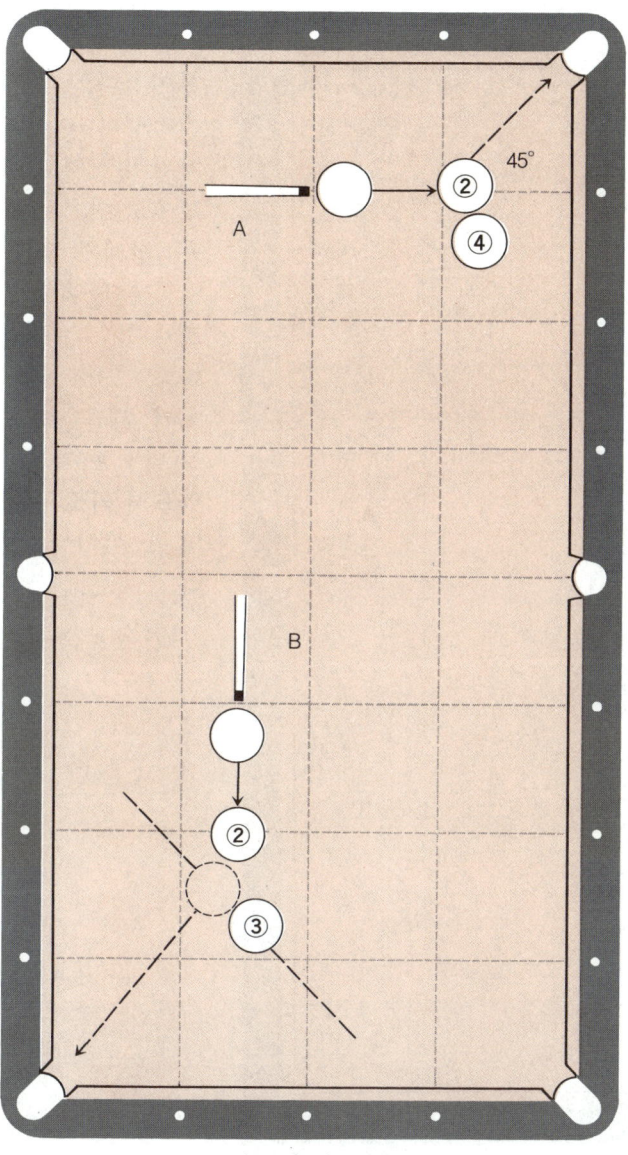

키스 숏의 포켓

# 컴비네이션 숏

컴비네이션 숏에 의한 적구의 포켓은 그림과 같다. A · B · C 와 같이 적구가 겹쳐 있는 경우에는, 첫번째 적구의 중심을 잇는 선 방향으로 첫번째 적구가 진로를 잡고 포켓에 들어간다.

적구의 사이가 약간 떨어져 있는 경우도 대체로 같은 상태가 되어 맨 끝의 적구를 포켓시킬 수 있다.

이 경우, 최초로 맞히는 적구는 반드시 최소 번호의 공이어야 한다.

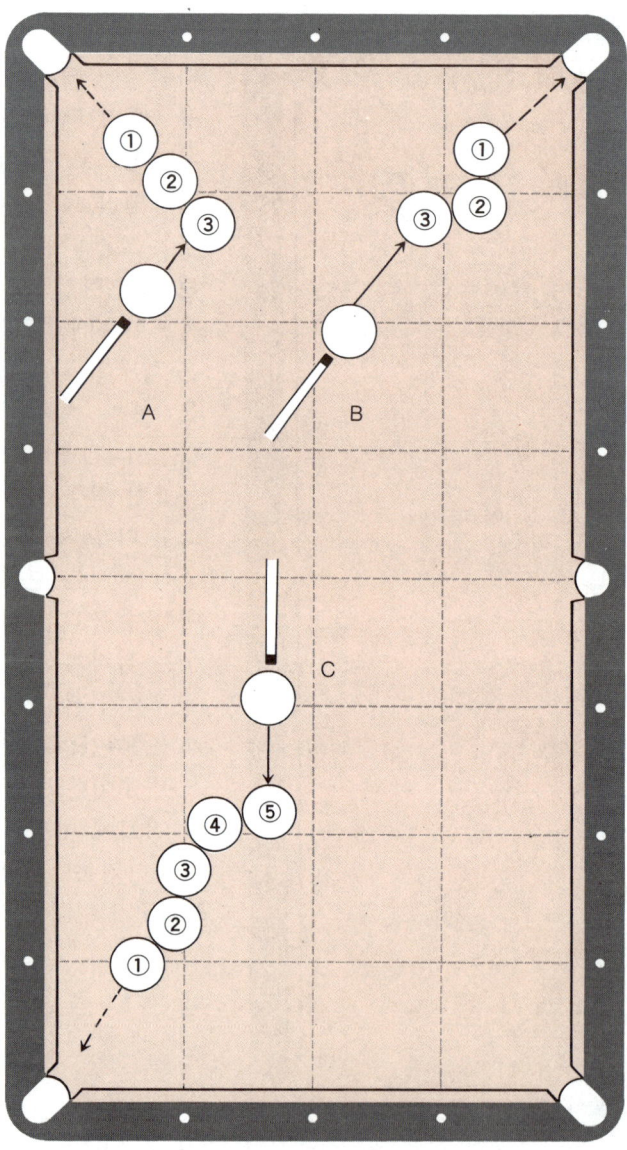

컴비네이션 숏의 포켓

# 캐논 숏

수구를 최소 번호의 적구에 맞힌 후, 다른 적구에 맞혀 포켓시키는 것이 캐논 숏이다. 4구 경기의 공 잡는 방법으로 최소 번호 이 외의 다른 적구를 포켓시키는 것이므로, 응용 범위가 매우 넓은 공 잡는 법이다.

그림1과 같은 공 배열인 경우에는 수구의 중심을 숏하여 $\frac{1}{2}$의 두께를 걸면서 포켓시킨다. 수구를 다음 숏에 유리하도록 보내려면 힘 조절에 주의해야 한다.

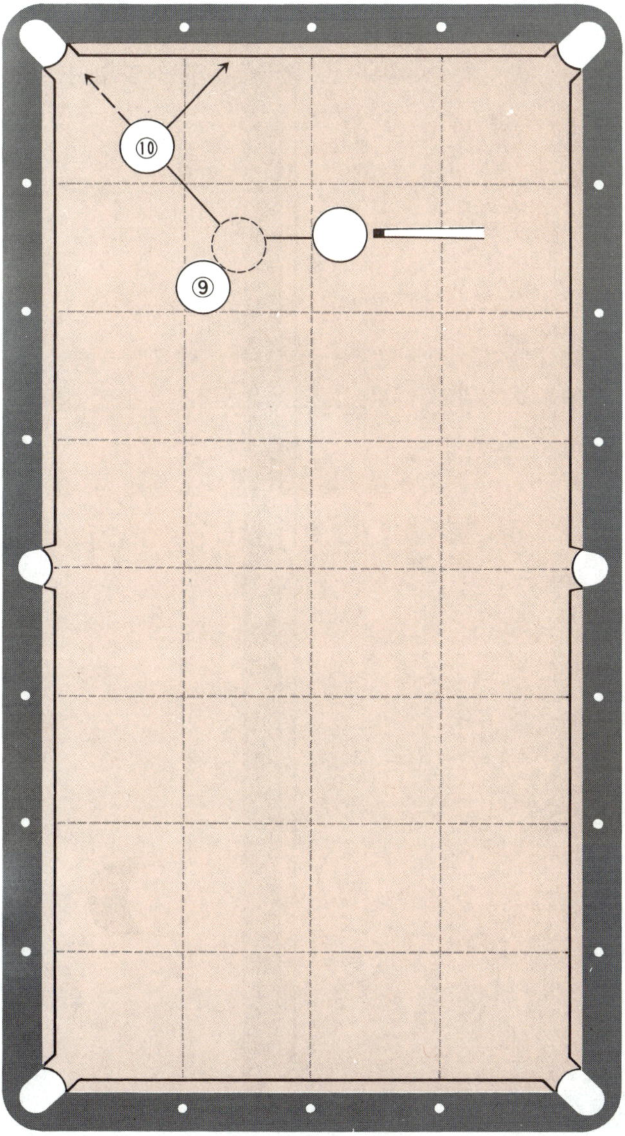

캐논 숏의 포켓(1)

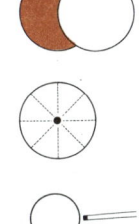

그림 2는 수구의 오른쪽 위를 숏하여, $\frac{1}{2}$의 두께를 걸어 포켓시키는 방법이다. 보통치기보다 약간 약하게 숏하여 최소 번호의 적구에 맞힌 다음, 원 션시켜 겨냥한 적구에 맞힌다.

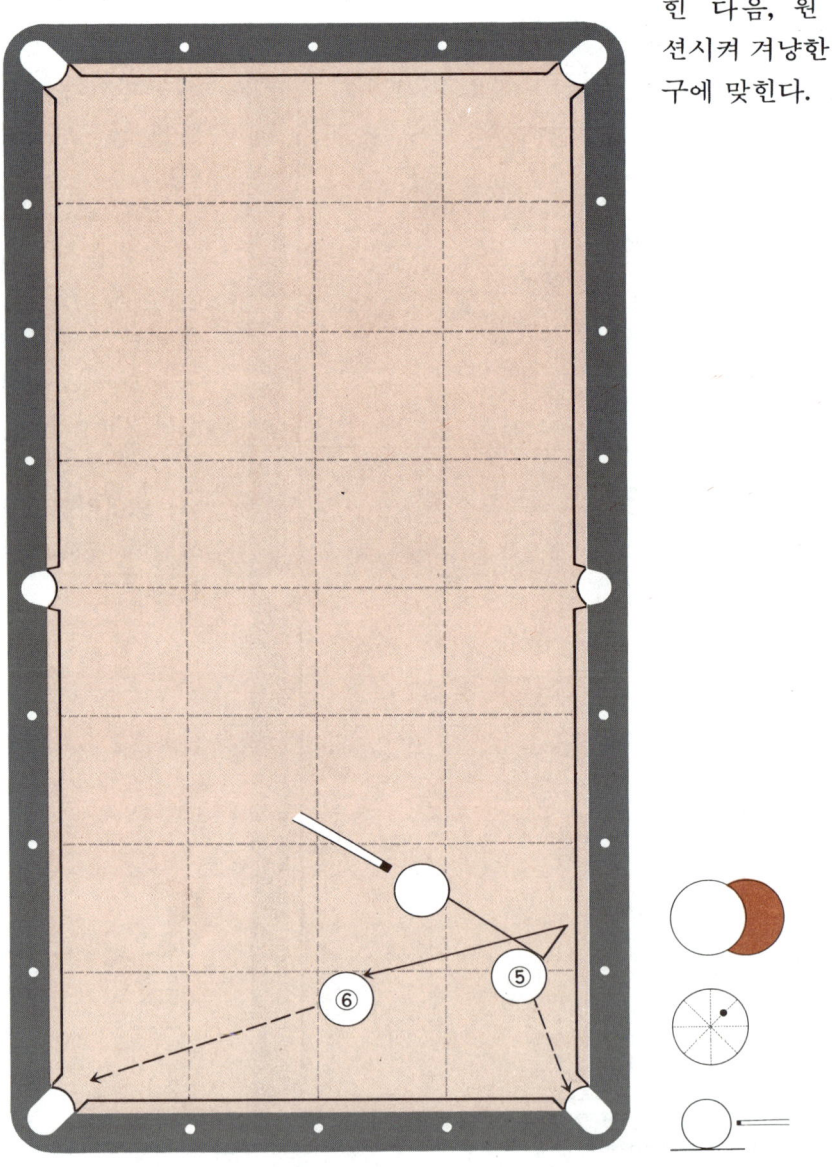

캐논 숏의 포켓(2)

그림3의 A는 오른쪽 비틀기를 걸어 최초 번호의 적구에 맞힌 다음, 다른 적구를 포켓시키는 일례이다. B와 같은 위치에 있을 때는 왼쪽 비틀기를 걸어 숏한다. 실제의 경기에서 중심치기보다 수구에 비틀기를 걸어, 겨냥한 적구를 포켓시켜야 하므로, 4구 경기의 공 잡는 법을 응용하는 연습이 필요하다.

이상은, 적구를 포켓시키는 기초적인 기법이다. 이 기법은 포켓 경기 전반의 적구 포켓에 응용할 수 있다. 기초적 기법의 습득이 중요하므로, 이론대로 연습을 쌓아 익히도록 해야 한다.

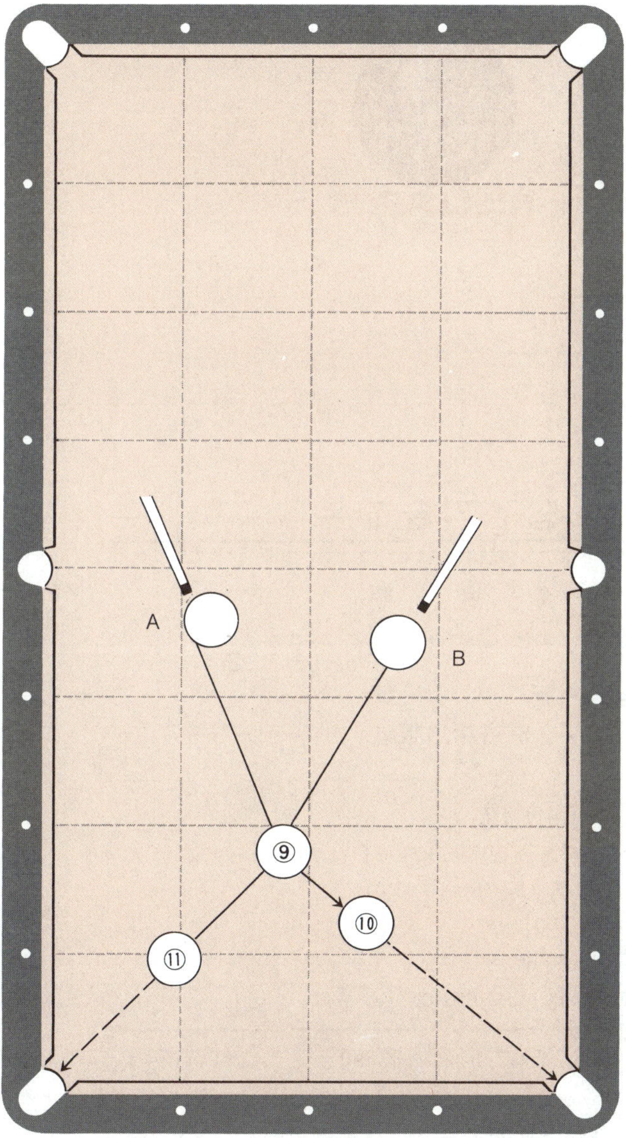

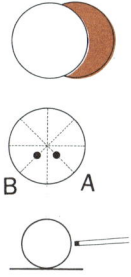

캐논 숏의 포켓(3)

# 당구 기술 교본

- 저　자 / 赤　垣　昭
- 편역자 / 一信 스포츠서적편집실
- 발행자 / 남　　　용
- 발행소 / 一信書籍出版社

주소 : 121-110
　　　서울 마포구 신수동 177-3
등 록 : 1969. 9. 12. (No. 10-70)
전 화 : 703-3001~6
FAX : 703-3009

　　　　© ILSIN PUBLISHING Co.

ISBN 89-366-0947-5　　　33690

값 12,000원